ro
ro
ro

rororo

Aldi – das ist das Vorbild aller Discounter und für viele Kunden inzwischen Kult. Aldi setzt Maßstäbe. Seine Gründer wurden zu den reichsten Deutschen. Ganz im Stillen. Denn noch nie gelang ein tiefer Blick hinter die Kulissen. Der ehemalige Aldi-Süd-Manager Andreas Straub bricht jetzt die Mauer des Schweigens. Erstmals enthüllt ein Insider aus eigener Erfahrung, wie er den Arbeitsalltag bei Deutschlands Discounter Nummer eins erlebt hat. Extrem hoher Arbeitsdruck, Einschüchterung und Willkür, Entlassungen als Personalpolitik, perfide Überwachungsmethoden und Spitzeleien, Kostendruck und der rigide Umgang mit den Lieferanten: Straubs Bericht aus der Innenwelt der Billigpreise ist ein schockierendes Beispiel für die Verrohung in der Arbeitswelt.

Andreas Straub, Jahrgang 1984, absolvierte nach dem Abitur ein Studium der Internationalen Betriebswirtschaftslehre und war von 2007 bis 2011 zunächst als Trainee, später als Bereichsleiter bei Aldi Süd angestellt. Derzeit betreibt er als Gründer und Geschäftsführer das Modelabel GreySolid (www.greysolid.com) und ist als freier Autor (www.andreasstraub.com) tätig.

Andreas Straub

ALDI

Einfach billig

Ein ehemaliger Manager packt aus

Rowohlt Taschenbuch Verlag

Originalausgabe
Veröffentlicht im Rowohlt Taschenbuch Verlag,
Reinbek bei Hamburg, April 2012

Lektorat Frank Strickstrock
Umschlaggestaltung ZERO Werbeagentur, München
(Foto: Thorsten Wulff)
Satz Olympian PostScript (PageOne) bei
Dörlemann Satz, Lemförde
Druck und Bindung CPI – Clausen & Bosse, Leck
Printed in Germany
ISBN 978 3 499 62959 4

Das für dieses Buch verwendete FSC®-zertifizierte Papier
Lux Cream liefert Stora Enso, Finnland.

Inhalt

Zum Geleit

Was Sie jetzt lesen, habe ich nicht geplant zu schreiben. Aber irgendwann, nachdem ich ein wenig Abstand von meiner Tätigkeit bei Aldi Süd hatte, wurde mit klar, dass ich meine Erlebnisse und Erfahrungen aufschreiben muss. Ich hatte mich verändert. Mein Manager-Job bei Aldi hatte mich verändert. Und nicht zum Guten.

Ich schreibe über meine persönlichen Erfahrungen. Aber nicht nur. «Aldi – Einfach billig» ist ein auf zahlreichen Belegen, Dokumenten, umfangreichen Notizen und Tagebucheinträgen basierendes Memoire. Sämtliche Inhalte und noch die kuriosesten Geschichten, die jetzt folgen, beruhen zumeist auf meinen Erlebnissen oder bisweilen zumindest auf detaillierten Berichten. Ich habe sie nachgeprüft, im Nachhinein recherchiert und dann nach bestem Wissen und Gewissen aufgeschrieben.

Von Günter Wallraff habe ich gelernt, dass gerade ein Buch, welches Missstände aufdeckt, spannend und unterhaltsam geschrieben sein sollte. Ich versuche, es so zu schreiben, dass es einer möglichst großen Leserschaft zugänglich wird. Unter anderem deshalb verwende ich viel wörtliche Rede. Sie stellt indessen keine Zitation im strengen Sinne dar. Die Dialoge wurden zwar möglichst detailgetreu, basierend auf meiner Erinnerung und den Aufzeichnungen, niedergeschrieben, dennoch dienen sie vorwiegend dazu, die Ereignisse «miterlebbar» zu machen. Meine Leser sollen hautnah dabei sein.

Natürlich habe ich alle Namen geändert, die in diesem Buch vorkommen. Das gilt auch für charakteristische Beschreibungen der vorkommenden Personen. Nichts davon ist erfunden, aber bisweilen habe ich früheren Kollegen Merkmale zugeschrieben, die zu anderen gehören. Persönlichkeitsschutz war mir wichtig. Es geht mir nicht darum, diese Menschen bloßzustellen. Es soll deutlich werden, was die Arbeitsbedingungen bei Aldi, die ich erlebt habe, mit Menschen machen. Ich habe deshalb auch jeden Hinweis vermieden, der Außenstehenden – und sicher auch den meisten «Insidern» – verraten könnte, an welchen Orten der Bericht spielt.

Auch dass dieses Buch in der Gegenwart geschrieben ist, dient der besseren Einfühlung und Verständlichkeit. Diese Gegenwart dauerte von 2007 bis 2011. In der Zeit war ich bei Aldi beschäftigt, genauer: in einer von über 30 Regionalgesellschaften bei Aldi Süd. Auf diese Zeit und diese Region beziehen sich meine Beschreibungen von Strukturen, Bedingungen und Abläufen. Details mögen sich geändert haben, das Große und Ganze wohl nicht.

Der Leser wird hoffentlich schnell merken, dass ich keinerlei «Rachegefühle» gegen Aldi und meine früheren Kolleginnen und Kollegen hege. Ich schreibe dies nicht zuletzt, weil ich es mir heute erlauben kann. Und so viele andere, die unter diesen Bedingungen leiden, bedauerlicherweise eben nicht.

Andreas Straub, März 2012

Billig kostet!
Vorwort von Günter Wallraff

Ein 27-jähriger, studierter Betriebswirt schreibt ein Buch? Vieles kann man da erwarten, aber nicht das hier. Andreas Straub ist ein politisch interessierter Zeitgenosse, allerdings keiner, der sich für «die da unten» besonders engagiert oder gar am kapitalistischem System Grundsätzliches auszusetzen gehabt hätte. Bei Aldi, so findet er nach dem Studium, ist Schwung drin. Er heuert dort an und wird mit 23 Jahren einer der jüngsten Bereichsleiter des Konzerns, eine Art Leitender Angestellter mit der Befugnis, Mitarbeiter zu entlassen. «Ich war vom Discountprinzip fasziniert», sagt er über seine Einstellung. Und jetzt stellt er Aldi, die Mutter aller Discounter, als Urübel hin? Obwohl Aldi doch wirklich nicht Lidl oder Schlecker ist! Das sind die Schmuddelkinder der Branche. Aber Aldi! Aldi ist doch der Saubermann, wenn auch der Saubermann unter den Billigheimern.

Aber auch dieser Discounter, zu dem geizgeile pelzbehangene Damen ebenso laufen wie die mit jedem Euro rechnenden Hartz-IV-Empfänger, hat reichlich viel Dreck am Stecken. Oder anders gesagt: Leider sorgt auch Aldi dafür, dass es seinen Beschäftigten sehr dreckig gehen kann, wenn sie dort ihr Brot verdienen müssen.

Das Preisdiktat für Firmen, die von so einem Discountmoloch abhängig sind, wird nicht zuletzt auch von der «Geiz ist Geil-Mentalität» und somit von uns Konsumenten gefordert und gefördert. Daraus resultiert eine Abwärtsspirale, die unmittelbare Konsequenzen für die Qualität der Waren und die Arbeitsbedingungen der Beschäftigten hat. Denn die Niedrigpreispolitik – das ist ja der Kern dieses Prinzips – wirkt sich auf vielfältige Weise fatal aus. Zum einen für die Zuliefererbetriebe, einschließlich der Logistikunternehmen und der Landwirte. Denn ihnen diktieren die Einzelhandelskonzerne, die 90 Prozent des Marktes beherrschen[1], die Produktionsbedingungen: billig, billig, billig.

Das hat sogar das Europäische Parlament auf den Plan gerufen; es beklagt die negativen Folgen der Supermarktmacht für die Arbeitsbedingungen in der Nahrungsmittelindustrie, für die Landwirtschaft und für die Umwelt.[2] Und zwar hierzulande sowie besonders auch bei Zuliefererbetrieben in den Ländern des Südens. In der EU-Erklärung heißt es, «dass große Supermärkte ihre Kaufkraft dazu missbrauchen, die an Zulieferer (sowohl innerhalb als auch außerhalb der EU) bezahlten Preise auf unhaltbare Niveaus zu drücken und ihnen unfaire Bedingungen zu diktieren». Dieser Missbrauch habe «nachteilige Folgewirkungen sowohl auf die Qualität der Beschäftigung als auch auf den Umweltschutz». Denn die Einkäufer der Supermärkte erzwingen durch erpresserische Preisdiktate bei den Bauern hochindustrialisierten Ackerbau und Billigviehzucht – beides zerstört die Böden, verunreinigt das Wasser und die Luft. Auf diese Weise machen die Supermärkte zwar die Ernährung billig – aber auf Kosten der Gesundheit.

So sind die Produkte vom Acker und aus dem Stall häufig mit Spritzmitteln und Antibiotika belastet. Werden sie industriell weiterverarbeitet, erzwingt das Billigprinzip von den Nahrungsmittelherstellern höchst durchrationalisierte Massenproduktion, bei der nicht nur regionale Vielfalt und die

[1] http://www.supermarktmacht.de

[2] http://www.europarl.europa.eu/sides/getDoc.do?pubRef=-//EP//NONSGML+WDECL+P6-DCL-2007-0088+0+DOC+PDF+V0//DE&language=DE

regionale Anbindung an Produzenten verloren geht. Mit dem Einsatz von Konservierungsmitteln, Geschmacksverstärkern, Aromastoffen und diversen Zusatzprodukten aus der Chemieküche – alle natürlich von den einschlägigen Behörden zugelassen – kommen Lebensmittel auf unseren Tisch, die häufig nicht gesundheitsförderlich sind.[3] Die Bundesländer haben deshalb sogar eine eigene Internetseite eingerichtet, auf der sie ständig aktuelle Warnungen vor dem Verzehr bestimmter Lebensmittel veröffentlichen, www.lebensmittelwarnung.de.[4]

Es ist zum Gruseln. Und es ist eben auch eine Folge des «Discountprinzips». Genauso wie die dauerhaften Niedrigstlöhne in den Zuliefererbetrieben in China, der Türkei oder sonstwo eine Folge der Marktmacht der Discounter sind. In diesen Ländern lässt zum Beispiel auch Aldi Textilien nähen. Und behauptet, mit Monatslöhnen von 30 Euro bei 12 Stunden täglicher Höchstleistungsarbeit habe er nichts zu tun (so berichtet der Aldi-Check des WDR, nachzuhören bei you tube[5]).

Nicht zuletzt zahlen die Beschäftigten des Einzelhandels beim «Discountprinzip» drauf: die Arbeits- und Lohnbedingungen sind im gesamten Einzelhandel miserabel. Auch wenn Aldi besser zahlt als mancher Konkurrent: die brutale Personalpolitik sorgt immer wieder für negative Schlagzeilen. So strahlte der NDR vor zwei Jahren eine Dokumentation über den Discounter aus[6], in der Beschäftigte darüber klagen, wie sie schikaniert und gemaßregelt wurden. Auch der Aldi-Check des WDR berichtet von unbezahlten Überstunden, unbezahlten Pausen und unbezahlten Vor- und Nacharbeiten. Eine

[3] http://foodwatch.de/buch_essensfaelscher/index_ger.html;

[4] http://www.lebensmittelwarnung.de/bvl-lmw-de/app/process/warnung/start/bvllmwde.p_oeffentlicher_bereich.ss_aktuelle_warnungen

[5] http://www.youtube.com/watch?v=jSKP_55N5ys&feature=related

[6] http://www.youtube.com/watch?v=j7O8ZRATZtk

exakte Arbeitszeiterfassung gebe es bei Aldi nicht, Aldi sei auch nicht daran interessiert.[7]

Andreas Straub gehört nicht zum Kreis derer, die das schon immer wussten. Gerade das macht seine Geschichte, die er hier erzählt, so glaubwürdig und wertvoll. Man kann ihm eben weder vorwerfen, er sei einer von diesen typischen Kritikastern und habe ja schon immer nur das Negative sehen wollen. Noch kann man ihm vorhalten, er wolle sich nachträglich an seinem Arbeitgeber rächen, weil er seinen Job verloren habe. Dafür ist sein Buch zu sachlich, zu faktenreich und erkennbar ohne jeden Versuch geschrieben, sich im Nachhinein zu rechtfertigen.

Dazu hätte es Anlass gegeben. Denn Andreas Straub hat ja den harten Stil des Hauses Aldi eine ganze Zeit lang mit gemacht. Schon seine ersten Tage beginnen in einem Klima von Einschüchterung und Denunziation, die ihm die Augen hätten öffnen können. Gut, dass er sie geschlossen hielt, möchte ich sagen, sonst würden wir nicht erfahren, dass der Zusammenschiss, den sein kleiner Vorgesetzter vom größeren Vorgesetzten einzustecken hatte, tatsächlich Alltag war. Besonders die sogenannten «Trennungsgespräche» – das erste hat Straub an seinem zweiten Tag miterleben dürfen – haben bei Aldi nach dem Zeugnis des Autors etwas derart Verachtendes und Zerstörerisches an sich, dass selbst mir beim Lesen der Atem stockte. Das Ziel dieser Gespräche: Der Angegriffene soll freiwillig aufgeben, Aldi will keinen Kündigungsschutzprozess, in dem sich das Unternehmen öffentlich vor Gericht rechtfertigen muss. Der «Überflüssige» soll einen Aufhebungsvertrag unterschreiben, Schweigegebot inklusive. Dann gibt es für die Personalverantwortlichen keine Scherereien mehr. Gegenüber Straub brüs-

[7] http://www.youtube.com/watch?v=jSKP_55N5ys&feature=related

tet sich der Verkaufsleiter ganz ungeniert: «Unzählige habe ich rausgenommen. Ich habe noch nie die Freisetzung eines Mitarbeiters bereut. Es war immer richtig und gerechtfertigt.»

Ich will nicht weiter vorgreifen. Lesen Sie selbst. Sie werden bei Ihrem nächsten Aldi-Filialbesuch, sollten Sie doch wieder rückfällig werden, anders in die Runde schauen, den Beschäftigten wissender und verständnisvoller begegnen. Vielleicht entschließen Sie sich auch, fortan zur Konkurrenz zu gehen. Ach nein, Unsinn, dort ist es ja auch nicht besser. Das wissen wir zum Beispiel von Ulrike Schramm de Robertis, seit sie 2010 ihr Buch «Ihr kriegt mich nicht klein» veröffentlicht hat.[8] Die Einzelhändlerin hat fünf Kinder, einen bewundernswerten Kampfesmut und eine Lebensfreude, von der sich ihre Kolleginnen immer wieder anstecken ließen und die auch die Fernsehzuschauer bewundern konnten, als die erste Betriebsrätin des Lebensmitteldiscounters Lidl in den Talkshows von Maischberger bis Anne Will auftrat.

Schikanieren, anschreien, um Überstundenvergütung betrügen, bespitzeln, überwachen, ja sogar testklauen – von solchen Methoden hat auch sie geschrieben. Es sind die Methoden, denen heute im Prinzip fast alle Beschäftigten im Einzelhandel ausgesetzt sind, wenn sie unter der Fuchtel großer Konzerne wie der Lidl/Schwarz-Gruppe, Tengelmann/Plus/Kik/Schlecker oder Aldi stehen. Nicht jeder muss das schon erlebt haben. Aber die Gefahr, gezielt gemobbt zu werden, besteht zu jeder Zeit. Und das weiß, wer dort arbeitet, und das macht sie oder ihn gefügig.

Andreas Straub hat sozusagen von einer «höheren» Warte aus erlebt, und später selbst erlitten und analysiert, dass sol-

[8] http://www.kiwi-verlag.de/das-programm/einzeltitel/?isbn=978-3-462-04185-9

che Erfahrungen nicht auf einzelne Choleriker oder ein paar besonders gemeine Vorgesetzte zurückzuführen sind. Straub schildert uns, wie im mittleren Management dieser Firmen ganz zwangsläufig und bewusst ein «Führungs»-Stil herausgebildet wird, der verantwortlich für das harsche bis brutale Regime in den Filialen ist, in manchmal ekelerregenden Formen.

Bei Aldi werden zum Beispiel sogenannte «Testkäufe» durchgeführt, um die Fehlerquote bei den Kassiererinnen und Kassierern festzustellen. Dabei ist es durchaus möglich, Beschäftige an den Kassen gezielt «hereinzulegen», etwa, indem in einen Karton mit Nudeln das ein oder andere Produkt gepackt wird, das ähnlich aussieht, aber teurer ist. Je nach «Schärfe» der Kontrolle, so Straub, können 10 bis 20 Prozent Fehler «produziert» werden. «Die Testkäufe bringen für Aldi einen sehr angenehmen Nebeneffekt. Durch die konsequente Abmahnpolitik sind viele Mitarbeiterakten mit gerichtsrelevantem Material ‹angefüttert›. Selbst wenn nur eine oder zwei Abmahnungen vorliegen, ist es in den Trennungsprozessen besser, als gar keine zu haben. So können Kassenkräfte leicht ‹freigesetzt› werden.» Auch er habe zahlreiche Abmahnungen geschrieben, bekennt Andreas Straub.

Filialleiter zur Übung, Bereichsleiter, Jahresgehalt 80 000 Euro, Prokurist in spe – auf diesen, nach oben zeigenden, Aldi-Hierarchieebenen bewegte sich der Autor dieses Buches. Unten mussten die Verkäufer und Verkäuferinnen, die die Umsätze machen, ausbaden, was oben verhackstückt und ausgeheckt wurde. Und es ging und geht immer um dasselbe: Steigerung der Umsätze und Verringerung der Kosten. Kosten können durch billigere Einkäufe gesenkt werden – das ist das Geschäft der Einkaufsabteilung und Thema für ein Fortsetzungsbuch. Für die Verkaufsabteilung heißt Kostensenkung in erster Linie: die Personalkosten verringern, älteren, teureren Beschäftigten kündigen, die anderen zu Höchstleistungen antreiben und jeden Ansatz von Gegenwehr unter den Beschäftigten unterbinden.

Ein ehemaliger Regionalverkaufsleiter eines Konkurrenzdiscounters berichtet mir beispielsweise, wie dort teilweise mit unliebsamen Mitarbeitern verfahren wird. In einem besonders eklatanten Fall erhielt er von seinem Vorgesetzten die Anweisung, einer langjährigen Betriebsrätin, die «weggeschossen» werden sollte, eine Flasche Schnaps in die Tasche zu legen, die sie in ihrem Spind deponiert hatte. Beim Verlassen der Filiale musste sie eine Taschenkontrolle über sich ergehen lassen, bei der sie «des Diebstahls überführt» wurde. Sie wurde fristlos entlassen.

Der verantwortliche Regionalleiter, der mir diesen und ähnliche Fälle gebeichtet hat und selber daran psychisch zerbrochen ist, bemüht sich nun um Wiedergutmachung. Als Erstes bereite ich ein Treffen mit der gekündigten Mitarbeiterin vor.

Auch mehrere Aldi-Angestellte erzählen mir während meiner Recherchen von grausamen Zuständen. Sie berichten von Mobbing, Strafversetzungen, Einschüchterungsversuchen und willkürlichen Schikanen. Es sind viele und individuelle Fälle, sogenannte «Einzelfälle». Doch drängt sich da der Eindruck auf, hinter den immer gleichen Geschichten steckt Methode und System. Straubs Buch jedenfalls zeigt die Strukturen und Zusammenhänge auf. Als Manager erhielt er Einblicke, die der Öffentlichkeit bislang verwehrt blieben. Bislang.

In den meisten Filialen von Aldi Süd existieren keine Betriebsräte. In den Filialen, die Andreas Straub unter sich hatte, gab es auch keine. Am Ende seines Buches fordert er, dass bei Aldi und den anderen Einzelhandelsriesen endlich

Interessenvertretungen der Arbeitnehmer gegründet werden müssen. Ich stimme ihm da voll zu. Zwar gibt es bei Aldi Nord Betriebsräte, jedoch gilt ihre interne Stellung als äußerst schwach. Die Einzelhandelskonzerne behandeln ihre Beschäftigten nämlich auch deshalb so überdurchschnittlich schlecht, weil sie, landauf, landab betriebsratsfreie Zonen schaffen. Bei Aldi nicht anders; der Aldi-Check des WDR berichtete zum Beispiel von einer versuchten Betriebsratswahl in München, die unter anderem dadurch verhindert wurde, dass Leitende Angestellte von Aldi Süd ihre Mitarbeiter gedrängt haben, gegen die Wahl zu stimmen und zwar auf einer Versammlung, zu der mehr als dreißig Mitarbeiter per Taxi auf Firmenkosten hingekarrt wurden.[9]

Aber zu einer erfolgreichen Betriebsratsarbeit gehört auch, dass die Beschäftigten sich in Gewerkschaften zusammenschließen. Andreas Straub hat manches Mal mit ansehen müssen, wie erfolgreich einzelne Kollegen von ihren Vorgesetzten fertig gemacht wurden. Der Grund: In der Filiale bestand keinerlei Solidaritäts- und Verantwortungsgefühl füreinander. Jeder duckte sich weg, jeder hoffte, dass er nicht der nächste sein würde, und viel zu viele waren bereit, denjenigen fallen zu lassen, den der Chef gerade zum Abschuß freigegeben hatte.

Ich komme deshalb noch einmal auf Ulrike Schramm de Robertis zurück. Sie hat erfahren, dass ein Konzern zum Nachgeben gezwungen werden kann und zum Beispiel Betriebsratswahlen dulden musste – und dann sogar eine wie sie als Vorsitzende. Die Angst der Oberen vor solcher Gegenwehr, das erleben selbstbewusste Beschäftigte hautnah, nimmt mit-

[9] http://www.youtube.com/watch?v=jSKP_55N5ys&feature=related; Aldi-Süd hat auch auf Anfrage des WDR dieser Darstellung nicht widersprochen.

unter lächerliche Züge an. Sie legt die zentrale Schwäche einer Personalpolitik bloß, die Methoden der psychologischen Kriegsführung und des Mobbing einsetzt. Wenn diese Methoden nämlich nicht ziehen, wenn Kündigungsvorhaben der Personalmanager und ihre Attacken auf Mitarbeiter nicht so laufen, wie sie es sich vorstellen, Mitarbeiter sich zur Wehr setzen oder sich gegenseitig beistehen, reagieren sie verunsichert, sind plötzlich mit ihrem Latein am Ende, stehen kleinlaut und armselig da.

Es ist erstmal ein Zeitgewinn, bis sie dann unter Umständen zum nächsten Schlag ausholen. Wenn bis dahin keine Verteidigungslinie unter den Beschäftigten steht, wird es existenziell gefährlich. Das hat auch Andreas Straub zu spüren bekommen. Als sein Verkaufsleiter ihn, der zunehmend selbstbewusster wurde und mit Gegenargumenten aufwartete, aus dem Unternehmen wegzumobben begann, reagierte er verschreckt, verstört und wurde schließlich krank. So wie es Zigtausenden ergeht.

Der leitende Psychologe einer psychosomatischen Klinik, die sich auf die Behandlung von Mobbingbetroffenen spezialisiert hat, betreut eine wachsende Zahl von Patienten, die Opfer systematischer Verfolgung an ihrem Arbeitsplatz geworden sind. Mit Methoden, die das Selbstwertgefühl zerstören sollen, den Betroffenen sozial isolieren und in Angst und Schrecken versetzen sollen, damit er schließlich aufgibt und nicht länger auf seine Rechte pocht. Und sei es auch nur das Recht auf ein faires Arbeitsgerichtsverfahren. Dieser Klinikpsychologe sagte mir über die Folgen: «Diese zielgerichteten systematischen Feindseligkeiten und Attacken führen längerfristig gesehen zu einer Art Lähmung. Die Patienten können sich gegen die Zermürbungsstrategie ihres Arbeitgebers oder der Vorgesetzten nicht mehr wehren. Das mündet schließlich in Angststörungen bis hin zu posttraumatischen Belastungsstörungen. Und kann bis hin zum sozialen Tod führen.»

Dass nicht nur der soziale Tod, sondern sogar Selbstmord die Folge solcher Unternehmensunkultur sein kann, ist am Beispiel der französischen Telekom europaweit bekannt geworden. Die Zahl der Selbstmorde in diesem Unternehmen stieg infolge der knallharten Sanierungspolitik rapide an und wurde, wenigstens in Frankreich, zu einem öffentlich diskutierten Skandal. In Deutschland gibt es keine Meldepflicht von Selbstmorden in Unternehmen wie in Frankreich. Aber auch aus deutschen Konzernen der Telekommunikation und verwandten Branchen erreichen mich immer wieder Hilferufe von psychisch Angeschlagenen, die nicht mehr weiterwissen. Auch eine Form von Wachstum, die ihre Ursachen im herrschenden ökonomischen Wachstumswahn hat, in der Jagd nach immer mehr Umsatz, immer weniger Kosten und immer mehr Profit. Da existieren in einigen Konzernen «Rankinglisten» von sogenannten «Minderleistern», die genau wissen (sollen), dass von ihnen jährlich eine festgelegte Quote (z.B. 10 Prozent) zu «entsorgen» ist.

Während ich das niederschreibe, vertraut sich mir ein weiterer Personaler an, den eine große Einzelhandelskette einkaufen wollte. Kein Billigdiscounter, sondern ein «seriöser» Konzern. Er wurde angehalten, Mitarbeitern, die die Firma loswerden wollte, «mit einer Strafanzeige bei der Polizei zu drohen.» Das sei «gerade in ländlichen Filialen ein starkes Druckmittel», wurde ihm klar gemacht. Dem Personaler wurde nahegelegt, er solle den Kündigungsopfern vorhalten, «was denn die Nachbarn dann von Ihnen denken würden» ...

Sind diejenigen, die all das verantworten, schlechte Menschen? Sicher auch. Aber wie sind sie so geworden? Entscheidend ist, dass der Zwang, die Shareholder oder, wie im Falle von Aldi, die Privateigentümer eines Konzerns zu bedienen und das Betriebsergebnis optimal zu steigern, sie zu moralisch verwerflichen, manchmal sogar kriminellen Handlungen treibt. Vielleicht wären solche Arbeitgeber froh, wenn es gar keine Kündigungsschutzbestimmungen mehr gäbe, die sie beachten müssten. Dann müssten sie auch nicht derart brutal handeln, tricksen, lügen und Psychoterror ausüben. Aber da es noch nicht so weit ist, greifen sie zu allen denkbaren Methoden, um den Kündigungsschutz auszuhebeln. Und wer das nicht mitmacht, zeigt eben Führungsschwäche, ist ein «Weichei».

Andreas Straub hat versucht, als er nach einem Jahr Einarbeitungszeit schließlich selber Bereichsleiter wird, einen weniger rabiaten Weg bei Aldi einzuschlagen. Nicht der übliche Draufschläger zu werden und trotzdem die Umsatz- und Renditezahlen einzufahren. Er hat sich damit keine Freunde gemacht. Sie haben sich letztlich seiner entledigt, weil er den Stil des Hauses nicht übernommen hat. Die typische Aldi-«Einigung», ein Aufhebungsvertrag nach firmeneigenem Muster, hat bei Straub nicht funktioniert, er hat vor Gericht einen Vergleich erstritten.

Andreas Straub stand unter erheblichem persönlichen Druck, als er sein Buch niederschrieb. Aus seinem privatesten Umfeld bekam er heftige Kritik zu hören; er solle die Schreiberei sein lassen, ein solches Buch wäre eine unverfrorene Anklage, er werde nie wieder eine Arbeit als Führungskraft bekommen. Freundschaften gingen in die Brüche, er trennte sich von Menschen (wahrscheinlich den richtigen!), denen er sich nahe glaubte, als er sich nach gründlicher Selbstprüfung und Bedenkzeit zur Veröffentlichung dieses Buches entschloss. Ein mutiges und aufrüttelndes Buch, das nach sofortigen Veränderungen verlangt. Es sollte nicht zuletzt uns Konsumenten zum bewussten Kaufverhalten veranlassen und ... kaum anzunehmen: Aldi zur grundlegenden Änderung seiner Personalpolitik. «Billig», das ist jedem nach der Lektüre dieses Buches bewusst, «billig» – für dieses Prinzip zahlen andere drauf!

1. Ende und Anfang

Fahr einfach. Und sei bitte still, denke ich nur. Aber der Taxifahrer erzählt unaufhörlich weiter. Von seinen Kindern, von seinem neuen Flachbildfernseher, über Fußball und davon, dass Taxifahren eigentlich das Allerletzte sei, er aber dennoch nichts lieber tue.

Und abermals schaut er mich prüfend an: «Sie sehen nicht gut aus. Nein, wenn ich mir Sie genau anschaue, sehen Sie gar nicht gut aus.» Kein Wunder, denn ich bin gerade entlassen worden. Mein Arbeitgeber hat mir zum Ende nächsten Monats – Juristen nennen dies «ordentlich» – gekündigt. Ist das das Ende meiner Karriere? Das Ende meiner Aldi-Karriere auf jeden Fall.

Kurz zuvor auf dem Parkplatz der Aldi-Zentrale: Ich habe meinen Dienstwagen aufgeräumt und die Autoschlüssel abgegeben. Mein Chef sagt noch: «Schauen Sie mir bitte mal in die Augen. Ich wünsche Ihnen alles Gute.» Ich reagiere nicht. Teilnahmslos wickle ich alles ab. Ich habe bereits auf Autopilot umgeschaltet. Zwar bin ich körperlich anwesend und funktioniere in diesem Schauspiel, in dem ich leider die Hauptrolle habe, gedanklich bin ich aber längst abgetaucht. Andere wären vielleicht ausgerastet. Hätten geschrien oder geheult. Mein Kopf ist leer. Im Hinterkopf tobt eine Mischung aus Schock, Wut, Trauer und Entrüstung.

Das Taxi kommt, und ich steige ein. Meine Adresse hat der Taxifahrer schon. Die Bezahlung ist bereits geregelt.

«Bei Aldi ist das immer perfekt organisiert», lobt der Taxifahrer. Möglicherweise ahnt er etwas. Jedenfalls stellt er sehr geschickte Fragen.

«Ich bin gerade entlassen worden», versuche ich den Fahrer

in möglichst sachlichem Ton zu informieren. Er wendet den Blick von der Straße ab und schaut mir in die Augen: Sein Mitgefühl ist echt. Trotzdem halte ich mich zurück, bleibe vorsichtig. Ich äußere mich nur vage.

«Was haben Sie denn falsch gemacht?», fragt er mich. Gute Frage. Ich weiß es selbst nicht so genau. Aldi hat mir ohne Angabe von Gründen gekündigt. Mir fällt keine Antwort ein.

«Nicht, dass Sie mich jetzt falsch verstehen», beschwichtigt der Taxifahrer schnell. «Oft ist bei so was Pech im Spiel. Ich kann Ihnen da Geschichten erzählen ...»

Mir bleibt heute nichts erspart. Er quasselt in einer Tour.

«Schalten Sie doch ein wenig das Radio ein», schlage ich vor. «Drehen Sie ruhig etwas lauter.» Gott sei Dank, er macht es. Das Radio dröhnt. Wie mein Kopf. Aber der Fahrer schweigt. Meine Gedanken kehren zu den Ereignissen zurück, die zu meiner Kündigung geführt haben.

Seit längerem hatte ich Zweifel an meiner Tätigkeit gehegt. Sie füllte mich nicht mehr aus. «Obwohl» die Stimmung in meinen Filialen gut ist, habe ich ordentliche Zahlen abgeliefert. Ich bin ein erfolgreicher Jungmanager. Bis es zum Bruch mit meinem Vorgesetzten kommt. Eine Intrige, die ins System passt. Ich werde gemobbt. Über Wochen und Monate hinweg. Bis ich krank werde. Unmittelbar nach meiner Rückkehr versucht die Geschäftsleitung von Aldi, mich zur Unterschrift eines Aufhebungsvertrags zu drängen. Ich soll gehen. Ein Geschäftsführer und zwei Prokuristen sitzen mir gegenüber. Drei gegen einen. Stundenlang reden sie auf mich ein. Aus anfänglichem Reden wird bald Brüllen. Die Vorwürfe werden immer abstruser und immer persönlicher. Ich soll mürbe gemacht werden. Aber ich bleibe standhaft, unterschreibe nichts. Das Gespräch endet in einer Sackgasse. Die Geschäftsleitung von Aldi weiß sich nicht mehr anders zu helfen, als mir zu kündigen. Grundlos. Ich muss die Schlüssel meines Dienstwagens abgeben und werde vom Hof gejagt. Nach drei Jahren treuer und erfolgreicher Arbeit. Routiniert wird das Taxi bestellt – noch während unseres Gesprächs.

«Wir sind gleich da», reißt mich der Taxifahrer aus meinen Gedanken und dreht das Radio leiser.

«Von dieser Firma hört man ja viel. Ich weiß nicht, was die mit Ihnen gemacht haben, aber Sie sehen wirklich nicht gut aus.»

Ein erneuter Blick in den Spiegel verrät mir: Er hat recht.

«Ja, keine Ahnung, wie es jetzt weitergeht», antworte ich.

«Ich sage Ihnen eins: Es geht immer weiter! Wenn Sie mal so viel Scheiß in Ihrem Leben mitgemacht haben wie ich ... Kopf hoch! Sie kommen schon wieder auf die Beine!», ermuntert er mich.

Ein Lächeln huscht über mein Gesicht. Ein guter Mensch. Ich bedanke mich, und wir wünschen uns gegenseitig alles Gute.

In der Wohnung lege ich die wenigen Sachen, die mir geblieben sind, einfach irgendwo ab. Meine Lieben informiere ich später. Ich müsste berichten und erklären. Würde aufmunternde Worte hören. Danach ist mir nicht zumute. Das Nötigste erledige ich und rufe meinen Anwalt an. Er hat schon einige Fälle gegen Discounter verhandelt, kennt ihr Geschäftsgebaren. Ich kann nichts tun als warten. Mir ist übel. Aber ich möchte jetzt nicht alleine sein. Nebenan ist eine Eckkneipe. Seit zwei Jahren wohne ich hier und habe sie noch nie betreten. Es ist früher Nachmittag. In der Kneipe sitzen ein paar dubiose Gestalten. Ich trage noch meinen teuren Anzug. Ich werde angeschaut, als käme ich von einem anderen Stern. Sie reden über Fußball, Autos und Frauen. Ich setze mich dazu und bestelle für mich und meine gerade gewonnenen neuen Freunde ein Bier nach dem anderen. In acht Tagen ist Weihnachten. Prost!

Von Mercedes zu Aldi – spinnst du?

Mein Name ist Andreas Straub. Mit 22 Jahren stellt mich ein Aldi-Süd-Geschäftsführer ein, mit 23 bin ich der jüngste Bereichsleiter. Meine beiden jüngeren Geschwister bezeichnen mich als zielstrebig und überlegt. Der Schulleiter meines Gymnasiums bescheinigte mir einen «politisch denkenden Kopf». Ich bin koffeinsüchtig und liebe das Risiko. Eine gute Mischung, um dieses Buch zu schreiben. Meine Eltern sind einfache, bescheidene Menschen. Meine Mutter ist gelernte Sekretärin, mein Vater ist Mechaniker. Seit fast vierzig Jahren ist er in der IG Metall. Er war zeitweise Betriebsrat, obwohl er nach eigenem Bekunden nicht viel von Betriebsräten hält. Als «Arbeitersohn» bin ich eine Ausnahme im Gymnasium gewesen. In einer schwäbischen Kleinstadt gehe ich zur Schule, schließe als bester Schüler meines Jahrgangs ab. Ich erhalte mehrere Ehrungen. Während meiner Schulzeit bin ich als Schulsprecher aktiv, initiiere einige Projekte und engagiere mich vielfältig. Beispielsweise organisiere ich mit anderen Schulsprechern eine Großdemo gegen den Irakkrieg, über die in lokalen Medien berichtet wird. Ich arbeite viel mit meinem Schulleiter zusammen. Er ist für mich Vorbild und Mentor. Im Leben im positiven Sinne Spuren zu hinterlassen, gibt er mir mit auf den Weg.

Ich interessiere mich für Politik und Wirtschaft und beschließe schon früh, Internationale Betriebswirtschaftslehre (BWL) zu studieren. Ich habe die Qual der Wahl, entscheide mich schließlich für ein Nachwuchsprogramm von Daimler Benz. Das Angebot überzeugt mich. Nicht zuletzt, weil es mir eine finanzielle Unabhängigkeit von meinen Eltern ermöglicht. Ich absolviere ein Auslands-Studiensemester in Kopenhagen, mache ein Praktikum in Kanada und lerne, wie ein Großkonzern tickt. Das Studium ist stressig und kompakt.

Meine Vorgesetzten bei Daimler sind zufrieden mit mir, preisen mich als «High Potential». Am Ende des Studiums gehöre ich zu den besten Absolventen meines Jahrgangs.

Mein weiterer Weg scheint vorgezeichnet: Ich würde, wie die meisten meiner Studienfreunde, eine Karriere im Daimler-Konzern anstreben. Ich bewerbe mich auf mehrere Stellen und schaue mir einige Abteilungen an. So richtig spricht mich aber nichts an. Alles hier ist klar geregelt, aber die Aufgaben interessieren mich nur mäßig. Der große Konzern kommt mir oft furchtbar langsam vor; viele Mitarbeiter sind frustriert, wirken kraftlos. Nicht wenige haben innerlich schon gekündigt – und machen daraus kein Geheimnis. Nein, es soll bitte etwas mehr Spannung und eine echte Herausforderung sein. Gerne auch ein Job, bei dem es anzupacken gilt, bei dem ich etwas bewegen kann.

Also suche ich in den Stellenanzeigen nach Alternativen. Von Banken und Unternehmensberatungen bis hin zur Entwicklungshilfe kann ich mir alles Mögliche vorstellen. Ich bin auf der Suche: nach meinen Interessen, Neigungen, Fähigkeiten und ein Stück weit nach mir selbst. Viele Informationstage, Zeitungsartikel und Gespräche später stoße ich auf eine Stellenanzeige von Aldi Süd: Managementnachwuchs werde gesucht. Aldi sucht Bereichsleiter im Verkauf. (Aldi verwendet mittlerweile – Stand Anfang 2011 – den Begriff «Regionalverkaufsleiter» für die Position. Zuvor «Bereichsleiter Filialorganisation», davor «Bezirksleiter». Selbst intern geistern alle Begrifflichkeiten nach wie vor durch die Flure. Daher bleibe ich aus Gründen der Einfachheit und Konsequenz bei «Bereichsleiter».)

Als ich im Internet nach «Bereichsleiter Aldi» suche, stoße ich zuerst auf einige Online-Foren, bevor ich auf die Homepage des Unternehmens treffe. Alleine zu einem Beitrag gibt es über 1500 Kommentare. Ich greife einige markante auf:

«60 – 70 h pro Woche sind die Regel.»

«Kleine, ungelernte Leute zusammenscheißen» sei die «Discounter-Mentalität».

«Menschenhass ist nützlich» und «Privatleben extrem schädlich».

Auf Partys kann der Satz «Ich arbeite bei Aldi» nicht eben Aufsehen erregen. Freunde fragen: «Von Mercedes zu Aldi – spinnst du?» Einige sind dennoch der Meinung, es handle sich bei dem Job um eine «anständige Tätigkeit». Aldi Süd schreibt auf seiner Homepage:

«Als Bereichsleiter gestalten und organisieren Sie Ihren Tag in weiten Teilen selbst. Sie sind Generalist, tragen Planungs-, Organisations-, Controlling- und Führungsverantwortung für etwa sechs Aldi-Süd-Filialen mit insgesamt 50 bis 70 Mitarbeitern. Sie genießen weitreichende Handlungsvollmacht. Kurz: Sie sorgen mit großer Selbständigkeit dafür, dass die Geschäfte laufen. Da steckt jeder Tag nicht nur voller Leben, sondern auch voller Abwechslung. Ihre Aufgabenbereiche sind sehr klar definiert: Sie werden vielfältig gefordert, Sie fällen Entscheidungen.»

Klingt schon besser. Welche Darstellung stimmt? Sind die anonymen Kommentatoren im Internet alle nur frustriert? Ehemalige Mitarbeiter, die den hohen Leistungsanforderungen des Unternehmens nicht gerecht werden konnten?

Ich war und bin vom Discountprinzip fasziniert. Die Idee, sich auf das Wesentliche zu konzentrieren. Alles Überflüssige wegzulassen. Aldi ist der Pionier: einfach und klar organisiert, auf Leistung angelegt. Ein deutscher Exportschlager. Das Unternehmen ist solide finanziert, in Deutschland bestens aufgestellt und hat durch die weltweite Expansion eine große Zukunft vor sich. Als Kunde gehe ich gerne zu Aldi. Der Discounter ist beliebt. Viel mehr weiß ich nicht. Nach wie vor dringt wenig an die Öffentlichkeit. Gerade diese Verschlossenheit und Verschwiegenheit nach außen, die geheimnisvolle Aura, üben eine Anziehungskraft auf mich aus. Dieses riesengroße und gleichsam unbekannte Unternehmen Aldi: was ist das?

Zu Aldi gibt es eine Vielzahl von Veröffentlichungen, überwiegend Ratgeber für Verbraucher. Jeder kennt Aldi und kann vermeintlich mitreden, Genaueres wissen aber nur sehr wenige. Aldi selbst hält sich sehr bedeckt, veröffentlicht nicht einmal Zahlen für das Gesamtunternehmen. Zur Philosophie und zu den Geschäftsprinzipien finden sich fast keine frei verfügbaren, neutralen Informationen. Von einem ehemaligen Aldi-Nord-Geschäftsführer gibt es mehrere Bücher, die jedoch allesamt einseitig positiv und völlig unkritisch geschrieben sind. Wenn Aldi diese Bücher in Auftrag gegeben hätte, wären sie vermutlich nicht anders ausgefallen. Obwohl Aldi eine solch enorme Größe erreicht hat und schon seit vielen Jahren am Markt ist, gibt es keine ernstzunehmenden Publikationen. Wo kommt Aldi her?

Nach dem Zweiten Weltkrieg übernehmen die Brüder Karl und Theo Albrecht den elterlichen Betrieb, der 1913 in Essen als kleines Lebensmittelgeschäft gegründet wurde. Sie eröffnen weitere Filialen. Mit dem Erstarken der Supermärkte sehen sie ihre Felle jedoch davonschwimmen. Sie versuchen aufzuspringen, scheitern aber mit ihrem Versuch, Selbstbedienungssupermärkte zu gründen. Die Konkurrenz ist bereits enteilt. Ihr nächster Versuch, Großmärkte für Gewerbetreibende unter dem Namen «Alio» zu etablieren, scheitert ebenso. Das dritte Konzept, eher eine Notlösung, wird der Volltreffer. Sie beschränken die Auswahl, bieten nur sehr wenige Produkte, die aber zu unschlagbar niedrigen Preisen an. Ab 1960 eröffnen sie schnell weitere Filialen. Das Konzept geht auf. Die Kette wächst. Die Wege der Brüder Karl und Theodor trennen sich, angeblich weil sie sich nicht einigen können, ob Zigaretten im Sortiment gelistet sein sollen oder nicht. Zunächst wird Deutschland in Nord und Süd aufgeteilt, später teilen sich die Brüder die Welt in Verkaufsgebiete auf. Für die Kunden ist die Trennung unerheblich, viele registrieren sie gar nicht. Das «Nordreich» bedient heute mit 35 Regionalgesellschaften und mehr als 2500 Filialen Nord- und Ostdeutschland, das «Südreich» mit 31 Regionalgesellschaften und über 1800 Filialen Süd- und Westdeutschland. Zusammen betreiben die Brüder somit mehr als 4000 Läden – allein in Deutschland.

Die Brüder Albrecht leben sehr zurückgezogen. Nur wenig wird über sie bekannt, die letzten öffentlich bekannten Fotos stammen aus den Achtzigern. Beiden wird sprichwörtlicher Geiz nachgesagt. Theo Albrecht soll einen gewünschten zusätzlichen Kleiderhaken für die Mitarbeiter in den Filialen aus Kostengründen abgelehnt haben. Karl Albrecht soll beispielsweise einen Filialleiter, der sich vier Kugelschreiber bestellte, gefragt haben, ob nicht einer genüge und mit wie vielen Kugelschreibern er denn gleichzeitig schreiben könne. In den Mitarbeitertoiletten von Aldi Süd soll er einen Ziegelstein in den Wasserkasten gelegt haben, um den Wasserverbrauch zu verringern.

Aber Sparsamkeit allein kann nicht der Grund sein, weshalb Aldi so erfolgreich wird. Denn die Albrecht-Brüder sind bis zum Tod von Theo Albrecht 2011 mit Abstand die reichsten Deutschen. Auf vordere Plätze in der *Forbes*-Liste der reichsten Menschen der Welt haben sie ein Abo. Das gemeinsame Familienvermögen wird 2011 auf 33 Milliarden Euro geschätzt.

Wie können zwei Menschen in gut fünfzig Jahren so unfassbar reich werden? Wie konnte das Unternehmen so profitabel und schnell wachsen? Auf den ersten Blick erscheint unlogisch, dass gerade diejenigen, die die niedrigsten Preise anbieten, damit am meisten Geld verdienen.

Die erste große Innovation im Handel ist nach dem Zweiten Weltkrieg in Deutschland die Gründung von Supermärkten, die schrittweise die bis dahin dominierenden Tante-Emma-Läden ablösen. Die Albrechts verschlafen diesen Trend. Im Supermarkt sind die Artikel auf eine viel größere Verkaufsfläche verteilt, und der Kunde bedient sich selbst. Arbeitskosten sind in Deutschland seit jeher im internationalen Vergleich hoch. So besteht und bestand ein Anreiz, diese Kosten zu senken und durch den Produktionsfaktor Kapital zu ersetzen. Kapitalkosten sind im Gegensatz zu Arbeitskosten meistens fix und somit kalkulierbar. Eine verhältnismäßig große Anzahl an Verkaufspersonal im Tante-Emma-Laden (Produktionsfaktor Arbeit) wird also durch Verkaufsfläche (Produktionsfaktor Kapital) ersetzt. Der Kunde übernimmt die Arbeit der Bedienung selbst (Selbstbedienung), er spart dadurch Zeit und Geld. Da der Kunde dieses System gern annimmt, siegt schließlich der Supermarkt über Tante Emma.

Die nächste große Innovation, von den Albrechts federführend vorangetrieben, bestand in der Entwicklung des Discounts. Preise können weiter gesenkt werden, und der Kunde spart noch mehr Zeit, indem weiterer Verzicht geübt wird.

Der Discounter reduziert sein Warenangebot auf die notwendigsten Artikel, verzichtet auf Service und Dekoration. Durch das geringere Warenangebot fallen weniger Kosten für die Lagerhaltung und für die Sortimentspflege an, gleichzeitig wird weniger Verkaufsfläche benötigt. In den Filialen wird möglichst wenig Personal eingesetzt, Kundenberatung findet nicht statt. Auf teure Markenartikel wird verzichtet, stattdessen werden günstige Waren unter Eigenmarken verkauft. Das Sortiment besteht zwar aus wenigen Artikeln, die dafür sehr häufig umgeschlagen werden. Im Einkauf werden große Vorteile erzielt, indem einerseits die oft durch Werbung stark verteuerten Markenartikel weggelassen, andererseits große Mengen von No-Name-Produkten eingekauft werden. Die Macht in der Lieferkette verschiebt sich zugunsten des Händlers. Der Discounter selbst verzichtet weitgehend auf Marketing, ist intern schlank organisiert und nur auf eines ausgerichtet: niedrige Kosten. Und weil diese deutlich geringer sind als in einem Supermarkt, können dem Verbraucher billigere Preise angeboten werden. Dem Kunden wird der Einkauf zusätzlich erleichtert, indem er nicht aus vielen verschiedenen Produkten wählen muss, sondern oft nur ein bestimmtes vorfindet. Das schmale Sortiment befreit ihn von der Reizüberflutung und dem ständigen Druck im Supermarkt, sich entscheiden zu müssen. Das spart außerdem Zeit.

Vielleicht sind die Lebensmitteldiscounter gerade deshalb in Deutschland entstanden und so erfolgreich, weil die Löhne hoch sind, die Kunden extrem preisbewusst einkaufen und traditionell gerne geführt werden. Durch die Einsparung von Personalkosten lassen sich in dieser Branche schnell erhebliche Wettbewerbsvorteile erzielen, die in Preissenkungen umgemünzt werden können.

Die Unternehmen Aldi Nord und Aldi Süd erzielen gemeinsam einen Umsatz von mehr als 50 Milliarden Euro und beschäftigen weltweit über 170 000 Mitarbeiter. Die Grenzen des Wachstums sind auf dem deutschen Heimatmarkt längst erreicht, seit Jahren stagnieren die Umsätze. Durch die schrittweise Ausweitung des Sortiments versucht Aldi, in Deutschland zumindest seine Position zu behaupten. Echte Umsatzzuwächse erzielt die Unternehmensgruppe nur noch mit der Eröffnung neuer Filialen im Ausland. So ist Aldi Süd beispielsweise bereits in den USA, in Australien und in Großbritannien sowie in Österreich, der Schweiz, Ungarn und Slowenien vertreten. 2009 zog sich Aldi erstmals aus einem Markt wieder zurück: Griechenland. Im Gegensatz zu Lidl konnte Aldi hier keinen Fuß fassen, das Engagement erwies sich als Millionengrab. Aldi Nord erobert den Rest von Europa. Eine starke Präsenz ist zum Beispiel bereits in Frankreich, Belgien, Spanien, Portugal, den Niederlanden und Dänemark erreicht.

Das miese Image der Anfangszeiten ist längst passé. Studien zeigen, dass heute alle gesellschaftlichen Schichten bei Aldi einkaufen. Das vielzitierte Bild «mit dem Porsche zum Aldi» ist Realität. Von Gourmetaktionen über Champagner bis hin zu Bio- und Convenience-Artikeln bietet Aldi auch der betuchteren Klientel interessante Produkte an. Dennoch ist die Mittelschicht nach wie vor die wichtigste Kundengruppe. Die meisten Produkte sind auf ordentliche Qualität zu niedrigen Preisen ausgelegt. Aldi spricht daher nicht von «billig», sondern lieber von «günstig». «Qualität ganz oben – Preis ganz unten» lautet das Unternehmensmotto.

Ohne klassisches Marketing hat es Aldi geschafft, sich ein enormes Vertrauen bei den Kunden zu erwerben. Aldi ist in der Kundenwahrnehmung ständig präsent: Die Filialen mit großen Logos sind eine Art Dauerwerbung, die firmeneigenen

LKW sind mobile Werbeträger, und regelmäßig werden in Zeitungsanzeigen und Flyern die neuesten Angebote beworben. Der Slogan «Aldi informiert» legt dem Kunden nahe, dass es Aldi gar nicht nötig hat zu werben: Die Produkte und die Preise sprächen für sich. Aldi – ein faszinierendes und wirtschaftlich erfolgreiches Unternehmen.

Das ausgeschriebene Jobangebot «Managementnachwuchs» klingt reizvoll. Die unternehmerische Orientierung und die Verantwortung sprechen mich an. Ich möchte mir selbst ein Bild von Aldi machen und bewerbe mich. Schon zwei Wochen später bekomme ich per Brief die Einladung zu einem Vorstellungsgespräch. Sie liest sich ein wenig wie die Vorladung zu einem Gerichtstermin.

Der Aldi-Geschäftsführer stellt mich ein

Der Termin ist kurzfristig angesetzt und fällt zusammen mit meinen letzten Prüfungen im Studium. Ich habe nicht viel Zeit für intensive Vorbereitungen, aber ich rechne mit einem harten Bewerbungsgespräch. Immerhin werde ich direkt mit dem Geschäftsführer sprechen.

Ich sitze im Zug. Während der Fahrt gehe ich gedanklich mögliche Fragen und Antworten durch. Ich bin insgesamt recht ruhig, aber als das Ziel meiner Fahrt näher rückt, werde ich doch nervös. Die Zentrale ist in einem kleinen Ort, der verkehrsgünstig an der Autobahn liegt. Die wenigen Meter vom Bahnhof dorthin gehe ich zu Fuß. Zwischendurch zweifle ich, ob ich hier richtig bin. Als ich mich nach dem Weg erkundige, wissen die ersten beiden Passanten gar nichts von einer Aldi-Zentrale. Ich wundere mich. Der dritte kann schließlich helfen und erklärt mir den Weg.

In der Zentrale angekommen, werde ich von der Sekretärin des Geschäftsführers freundlich begrüßt. Sofort erkundigt sie sich, wie ich angereist sei.

«Mit der Bahn», antworte ich.

Sie ist etwas verwirrt, überlegt kurz, was jetzt zu tun ist, kommt wohl nicht häufig vor. «Dann bräuchte ich bitte Ihr Ticket, um eine Kopie zu machen.»

Nachdem ich ihr mein Ticket übergebe, kehrt sie nur wenige Minuten später mit dem exakten Fahrpreis in bar zurück. Jetzt bin ich erstaunt. Das habe ich noch nie erlebt. Überweisungen scheint man noch nicht zu kennen. Andererseits bin ich beeindruckt: schnell, einfach, effizient. Aldi eben.

Ich warte in dem kleinen, spartanisch eingerichteten Konferenzzimmer. Auf die Minute pünktlich erscheint der Geschäftsführer, Herr Schneider. Er betritt den Raum und füllt ihn im wahrsten Sinne des Wortes. Herr Schneider ist Mitte fünfzig, braun gebrannt und hüllt sich in einen edlen Anzug. Sofort ist ersichtlich, dass es sich um einen teuren Stoff handelt, maßgeschneidert. Insgesamt macht er einen sehr entspannten Eindruck. Ich werde ihn nie anders erleben. Bis auf den Gerichtstermin, den er gegen mich in dreieinhalb Jahren haben wird. Aber davon wissen wir beide jetzt noch nichts, und so parliert er über seine eigene Laufbahn, das phantastische Unternehmen, den Job als Bereichsleiter und die grandiosen Aussichten. Ich komme fast gar nicht zu Wort.

Obwohl die Stimmung sehr gut ist und die Chemie nach meinem Empfinden stimmt, dauert das Gespräch gerade einmal dreißig Minuten, von denen ich maximal einen Redeanteil von fünf Minuten habe. Da Herr Schneider kaum Fragen hat, stelle ich ein paar. Vor allem zur Positionierung des Unternehmens und zur Strategie – Themen, bei denen ich auf die Antworten mutmaßlich gut reagieren kann. Schließlich spreche ich einige kritische Punkte an, einen Zeitungsartikel und die unzähligen Einträge in Internetforen.

Diesmal ist Herr Schneider weniger gesprächsbereit: «Ich habe von diesen Berichten gehört, aber noch nie reingeschaut.»

So einfach möchte ich es ihm nicht machen. «Es werden viele Horrorgeschichten berichtet. Der Tenor ist im Wesentlichen, dass viel Leistung verlangt wird, aber eben auch, dass die Mitarbeiter teilweise unfair behandelt werden.»

«Das sind alles Einzelfälle, die gescheitert sind. Bei uns werden alle Mitarbeiter korrekt behandelt. Aber ich sage Ihnen gleich, dass auch bei uns 50 Prozent der Trainees im ersten Jahr abbrechen.»

Jetzt scheint Schneider einen Punkt machen zu wollen. Er fragt mich: «Wie viel wollen Sie denn verdienen?» Mist. Zwar bin ich auf diese Frage vorbereitet, da es aber meine ersten Verhandlungen in diesem Zusammenhang sind, bin ich unsicher. Jetzt nur nicht zu wenig verlangen und sich zu billig verkaufen, andererseits aber auch nicht zu viel und möglicherweise gierig erscheinen. Daher antworte ich diplomatisch: «Ich hatte mir ein marktübliches Einstiegsgehalt vorgestellt.»

«Was heißt das konkret?», fragt Schneider nach.

«So um die 50000 Euro im Jahr, wobei es natürlich auf die genaue Ausgestaltung noch ankommt.»

Jetzt lächelt der Geschäftsführer selbstzufrieden: «Sie müssen nicht verhandeln. Wir haben ohnehin standardisierte Gehälter. Sie erhalten 60000 Euro im Jahr fix.»

Damit habe ich nicht gerechnet. Das sind zu diesem Zeitpunkt etwa 20 bis 25 Prozent über den normalen Einstiegsgehältern für BWL-Studienabsolventen. Selbst Daimler kann da nicht mithalten. Damit ist alles besprochen, jedenfalls aus Sicht des Geschäftsführers. Langsam möchte er zum Ende kommen. Waren meine Fragen zu kritischen Berichten zu hart? Oder habe ich etwas Falsches gesagt? Nach welchen Kriterien entscheidet er eigentlich? Ich habe ja fast nichts gesagt.

Ich rechne schon mit der Verabschiedung, als Schneider mir einen Rundgang durch das Zentrallager anbietet. Aha, es ist also doch noch nicht vorbei. Später werde ich erfahren, dass alle, die diesen Rundgang von circa zwanzig Minuten bekommen, ein Angebot von Aldi erhalten. So wird der neue Bereichsleiter schon mal präsentiert. Wir besichtigen zunächst die Büros. Besser gesagt, das eine Großraumbüro, mehr gibt es nicht. Mir fällt sofort auf, dass ausschließlich Frauen dort arbeiten, vielleicht fünfzehn oder zwanzig an der Zahl. Sie machen einen geschäftigen Eindruck. Die Stimmung wirkt ein wenig verkrampft. Ich lächle und grüße, die Damen lächeln brav zurück und nicken mir zu. Vermutlich denken sie: Schon wieder so ein Frischling.

Den Damen gegenüberliegend, auf der Südseite, auch Sonnenseite genannt, befinden sich die Einzelbüros der Prokuristen und des Geschäftsführers. Alle sind gleich spartanisch eingerichtet. Die Türen stehen symbolisch offen, so auch an diesem Tag. Ich werde allerdings niemandem vorgestellt. Als wir an einem dieser Büros vorbeigehen, schaut ein älterer Herr grimmig unter seiner randlosen Brille hervor. Ich nicke ihm zu, er reagiert aber nicht. Sehr sympathisch, denke ich. Er ist einer von zwei Verkaufsleitern, denen die Bereichsleiter unterstellt sind. Wir werden nicht miteinander bekannt gemacht.

Der Rundgang mit Herrn Schneider geht weiter, wir marschieren «nach hinten», ins Zentrallager. Der Geschäftsführer erklärt mir, dass dort die Ware für 60 Filialen angeliefert, kommissioniert und ausgeliefert wird. Immer wieder grüßt er

Mitarbeiter, die Mitarbeiter grüßen routiniert zurück. Ich habe den Eindruck, dass er öfters «hinten» ist. Jedenfalls reagiert keiner der Arbeiter erkennbar erstaunt, den Geschäftsführer bei einem Rundgang durch das Lager zu sehen. Der Rundgang setzt sich noch eine Weile fort, wir plaudern angenehm. Herr Schneider fragt mich nach Aktienempfehlungen. In diesem Bereich habe ich meine Diplomarbeit geschrieben und werfe für Schneider einen Blick in die Glaskugel. Anschließend gehen wir zurück in das kleine Besprechungszimmer, in dem das Bewerbungsgespräch stattfand. Der Geschäftsführer deutet eine Zusage an. Er habe noch einen anderen Bewerber morgen, aber es sehe nicht schlecht aus. Er fügt an: «Ich melde mich bis spätestens Montag. Wenn Sie nichts mehr von mir hören, ist es eine Absage.» Ein weiteres Gespräch wird es nicht geben.

Wiederum bin ich beeindruckt: sehr ungewöhnlich, aber eine effiziente Methode. Herr Schneider verkörpert für mich die angepriesene flache Hierarchie und schnelle Entscheidungen. Das Unternehmen Aldi überrascht mich an diesem Tag positiv. Ich sehe die Chancen auf ein eigenverantwortliches und unternehmerisches Arbeiten. Wir verabschieden uns, und ich gehe mit vielen interessanten ersten Eindrücken und einem guten Gefühl.

Drei Tage später kommt der Anruf: «Grüß Gott, Herr Straub, ich möchte Sie einstellen.» Ich freue mich riesig! Telefonisch sage ich sofort zu. Bald werde ich einem der erfolgreichsten deutschen Unternehmen angehören! Ich freue mich auf den klaren Fokus auf Qualität und Leistung, auf offenes Feedback und einen klaren, fairen Umgang miteinander. Das Erfolgskonzept der Aldi-Brüder werde ich erlernen und anwenden. Es ist genau das, wonach ich gesucht habe! Der Vertrag liegt schon am nächsten Tag auf meinem Schreibtisch.

Zu meiner Verwunderung stehen in manchen Vertragspassagen allerdings falsche Angaben, an einer Stelle steht sogar unter «Arbeitnehmer» ein falscher Name. Ich diskutiere das Angebot mit verschiedenen Bekannten und Vertrauten. Die meisten sind skeptisch. Vielleicht entscheide ich mich gerade deshalb dafür, um allen das Gegenteil zu beweisen. Nein, das schlechte öffentliche Image entspricht nicht den Tatsachen. Aldi ist sicher ein tolles Unternehmen und ein hervorragender Arbeitgeber.

Den Vertrag erhalte ich kurz vor dem letzten Termin mit meiner Mentorin bei Daimler. Sie weiß von meinen Absichten, das Unternehmen zu verlassen, und ich zeige ihr die Unterlagen. Bezüglich der Fehler im Vertrag orakelt sie: «Bei so einem schlampigen Umgang mit sensiblen Personalunterlagen würde ich mich nicht wundern, wenn die das Personal genauso behandeln. Wem solche vertraulichen Dokumente egal sind und wer sie nicht sorgsam erstellt, dem sind auch die Menschen egal.»

Ich weiß es natürlich besser, tue die Fehler als Bagatellen ab. Ihren Einwand verbuche ich unter weiblicher Logik. Gemeinsam gehen wir den Vertrag und die Stellenbeschreibungen weiter durch.

«Das Wort Kontrolle kommt verdammt oft vor, das scheint wohl enorm wichtig zu sein bei diesem Job», bemerkt sie gleich beim ersten Überfliegen der Unterlagen.

«Man scheint großen Wert darauf zu legen, dass Sie als leitender Angestellter gelten.» Ich nehme ihre Bedenken und Einwände zur Kenntnis, wische sie aber weg. Ich denke, es besser zu wissen. Ich unterschreibe. Mein erster Job ist in der Tasche. Managementnachwuchs bei Aldi.

Willkommen bei Aldi

Auf der Anreise zu meinem ersten Arbeitstag bin ich nervös. Vorab habe ich nur einige schriftliche Informationen erhalten, aber keinen Ablaufplan. Was auf mich wohl zukommen wird? War es wirklich die richtige Entscheidung? Was erwartet mich? Endlose Vorträge und Seminare zur Einführung? Wie werden die Mitarbeiter sein? Ob sich die Horrorberichte aus den Internetforen doch bestätigen? Nein, es wird schon alles gut werden.

Nach knapp zwei Stunden Bahnfahrt bin ich da. Vom Bahnhof des kleinen Orts gehe ich wieder zu Fuß. Den Weg kenne ich jetzt. Es sind gerade einmal zehn Minuten zur Zentrale. Von außen blicke ich in das überschaubare Büro. Sieht alles noch so aus wie beim Vorstellungsgespräch. Lediglich ein junger, adrett gekleideter Mann sitzt etwas abseits der Damen und telefoniert ganz wichtig. Ich beobachte ihn vom Wartebereich aus. Er trägt einen Nadelstreifenanzug, könnte auch Investmentbanker sein, denke ich mir. Er macht einen geschäftigen Eindruck, wirkt aber gleichzeitig ein wenig unsicher, fast schon schüchtern. Er schaut sich immer wieder um und blickt verstohlen zu mir rüber. Als sich unsere Blicke treffen, schaut er weg. Dabei muss ihm doch klar sein, dass ich der Neue bin. Der Neue, den er einarbeiten wird.

Man öffnet mir die Tür zum Großraumbüro. Ich begrüße die Damen und den jungen Anzugträger, Herrn Stricker, und werde zum Geschäftsführer gebracht, der mich in Empfang nimmt. Wie Herr Schneider mir erläutert, werden die neuen Bereichsleiter üblicherweise durch einen der Verkaufsleiter in Empfang genommen, aber der eine sei momentan im Urlaub und der andere besuche die Neueröffnung einer Filiale in einer Nachbargesellschaft. Ich freue mich darüber und fühle mich geehrt. Wir sitzen in seinem kleinen Büro, ich trinke einen Cappuccino, der Geschäftsführer auch, Herr Stricker trinkt Aldi-Apfelschorle. Ich werde jetzt einen Monat mit ihm verbringen und werde ihn nie etwas anderes als Apfelschorle trinken sehen (sicher drei bis vier Liter am Tag). Wir plaudern über dieses und jenes: wie ich hergefunden habe, was ich vor Aldi gemacht habe. Als die Sprache auf meine zukünftige Arbeit kommt, beteiligt der Geschäftsführer erstmals Herrn Stricker, den er bis dahin konsequent ignoriert hat: «Welche Filialen haben Sie momentan noch mal?» Wie ein braver Soldat zählt er die Läden auf. Er betreut, wie Stricker mir hinterher berichtet, genau diese Filialen seit fünf Jahren. Ich wundere mich: Wie kann der Geschäftsführer, der für ihn disziplinarisch verantwortlich ist, nicht einmal wissen, welche Filialen er betreut?

Nach etwa zehn Minuten ist das Gespräch vorbei. «Kann ich sonst noch was für Sie tun?», fragt Herr Schneider. Eine höfliche Art, das Gespräch zu beenden. Von den Sekretärinnen bekomme ich drei säuberlich präparierte, mit Informationsmaterial vollgestopfte Aldi-Tüten, mein Diensthandy und meine Autoschlüssel. Mit den Aldi-Tüten bepackt, verlassen wir die Zentrale.

Ja richtig, wir verlassen die Zentrale. Wo bleiben die Einführungsseminare, die mitreißenden Präsentationen und der ganze Smalltalk? Nichts dergleichen, ich bin jetzt bei Aldi. Manager im Verkauf zu sein, das bedeutet Arbeit an der Front, in den Filialen. «Fahren Sie mir einfach hinterher», sagt Stricker zu mir. Er stürmt aus der Zentrale, als sei er auf der Flucht. Ich mit meinen Tüten hinterher. Während er schon im Auto sitzt, muss ich erst noch meinen Dienstwagen finden. Ich betätige den Schlüssel, mit dem sich das Auto über Funk öffnen lässt. Ich habe keine Ahnung, wo das Gefährt steht. Blink, blink, aha, der schwarze Audi A4 hat reagiert. Der ist dann wohl ab sofort meiner! Lange freuen kann ich mich nicht, Stricker rast schon davon. Hastig lade ich alles in den Kofferraum. Wo ist Stricker? Bevor ich mich überhaupt mit dem Wagen und der für mich ungewohnten Automatikgangschaltung vertraut gemacht habe, ist er schon fast auf der Autobahn. So schnell es geht, fahre ich ihm nach. Immerhin wartet er an der Ampel, grinst und gibt dann wieder Vollgas. Selten bin ich so schnell, die Tachonadel am Anschlag, über die Autobahn gebrettert. Ich bin noch unsicher mit dem neuen Wagen. Aber egal, denke ich, du musst jetzt mithalten. Wir sind fast eine Stunde unterwegs, Strickers Filialen liegen am äußersten Ende des Gesellschaftsgebiets.

Ab an die Front

In der ersten Filiale angekommen, wird Stricker etwas ruhiger. Hier scheint er sich wohler zu fühlen als in der Zentrale. Zum ersten Mal sehe ich eine Filiale nicht nur aus Kundensicht. Die Mitarbeiter begegnen uns respektvoll, fast schon ehrfürchtig. Ausgiebig erklärt Stricker mir alles, er gibt sich Mühe und zeigt die Zusammenhänge recht gut auf. Er erklärt mir viele Details, ich werde mit Informationen überhäuft. Die ersten Tage verstehe ich nur Bahnhof, aber das ist wohl normal in einem neuen Job. Nun beginnt also der Ernst des Lebens.

Stricker führt aus, dass sämtliche meiner sieben Vorgänger das Unternehmen verlassen hätten. In Serie und unfreiwillig. Nach einem halben bis einem Jahr habe man alle entlassen. Herr Schneider hatte doch im Vorstellungsgespräch etwas von einer Abbrecherquote von 50 Prozent erwähnt? Warum sind nun so viele gegangen worden?

Stricker weiß zu jeder Person und zu jedem Abgang die Geschichte, was zahlreiche gemeinsame Stunden Autofahrt füllt. Facettenreich berichtet er. Meine Rolle und meine Erfolgsaussichten sollen mir gleich klarwerden. Hier sind die wesentlichen Gründe, zusammengefasst, die zum Abgang meiner Vorgänger geführt haben sollen:

- Einer kommt auf dem Heimweg nach einem 14-Stunden-Tag von der Straße ab, fährt mit seinem Dienstwagen in eine Wiese. Dort weiden Kühe. Um sein Auto versammeln sich die neugierigen Tiere. Er traut sich nicht, aus dem Wagen zu steigen. Als der Verkaufsleiter davon erfährt, wird der Kollege in Einarbeitung entlassen, wörtlich sagt er: «Wie soll der einen Filialleiter knebeln, wenn er sogar vor einer Kuh Angst hat.»
- Ein anderer Trainee erhält ein Jobangebot von einer Bank. Dort hat er seine Diplomarbeit geschrieben. Die Bank hat gerade Personalbedarf und bietet ihm eine Stelle an. Er ist unvorsichtig und erwähnt gegenüber einem Kollegen, dass er sich das Angebot durch den Kopf gehen lasse. Der nette Kollege informiert den Verkaufsleiter, der den Trainee daraufhin entlässt. Begründung: Er wolle Mitarbeiter, die voll bei der Sache seien, und beschleunige nur die Entscheidung.
- Eine junge Dame, die zur Bereichsleiterin eingearbeitet werden soll, hat eine Reifenpanne. Da die Panne in der Nähe ihres Heimatorts geschieht, ruft sie ihren Vater an, der für sie den Reifen wechselt. Unbedarfterweise berichtet sie dem Kollegen, bei dem sie zur Einarbeitung «mitläuft», davon. Daraufhin wird sie rausgeschmissen. Sie sei zu unselbständig für den Job.
- Ein weiterer Kollege in Einarbeitung ist angeblich zu locker im Umgang mit dem Personal. Er benimmt sich gegenüber

den Filialmitarbeitern freundlich, der Verkaufsleiter nennt das «kumpelhaft». Ausnahmsweise muss der junge Verkaufsleiter diesmal ran. Er löst das Problem auf seine Art: Er bestellt den Kollegen unter dem Vorwand, er erhalte ein neues Auto, in die Zentrale ein. Dort wird ihm eröffnet, dass sich das mit dem Auto erledigt habe. Der Job übrigens auch.

- Ein ambitionierter junger Kollege, der Bereichsleiter werden möchte, bastelt sich auf seinem Laptop eine Exceltabelle zur Arbeitserleichterung. Der alte Verkaufsleiter bekommt Wind davon und entlässt ihn, weil er «komische Sachen» mit seinem Laptop mache, von denen er, der Verkaufsleiter, nichts verstehe. Zitat: «Wir sind keine Computerfirma.»
- Ein weiterer Trainee meldet sich kurz vor Beginn seiner Tätigkeit bei Aldi im Golfclub an. Er weiß wohl nicht, dass es erst ab der Geschäftsführerebene üblich ist, Golf zu spielen. Daher wird er von Anfang an mit Argwohn betrachtet. Die elitäre Sportart passe nicht zu Aldi und zu den Menschen, die hier arbeiten. Obwohl der Trainee ordentliche Arbeit leistet, haften ihm Vorurteile, hauptsächlich von Bereichsleiterkollegen, an. Sachlich gibt es wenig zu bemängeln, aber er ist unbeliebt. Weil ihn einzelne ältere Kollegen nicht mögen, muss der Verkaufsleiter schließlich reagieren: Er schmeißt ihn raus, weil er zu «freizeitorientiert» sei.
- Eine andere Kollegin in Einarbeitung schließlich ruiniert sich während der Filialzeit ihren Ruf. Sie arbeitet mehrfach nicht wie erwünscht 15 Stunden am Tag, sondern an zwei oder drei Tagen während der drei Monate nur 12 Stunden. Sie wird wegen «mangelnden Engagements» gefeuert.

Ein erstes Unwohlsein stellt sich ein. Vorsicht ist also geboten. Die Gründe erscheinen mir beliebig und unlogisch. Aber das Unternehmen Aldi wäre nicht so erfolgreich, wenn es nicht konsequent nur die besten Mitarbeiter beschäftigen würde. Spitzenleistungen erfordern eben harte und klare Entscheidungen. Die Personalpolitik erinnert mich an amerikanische Unternehmen. Mulmig ist mir trotzdem.

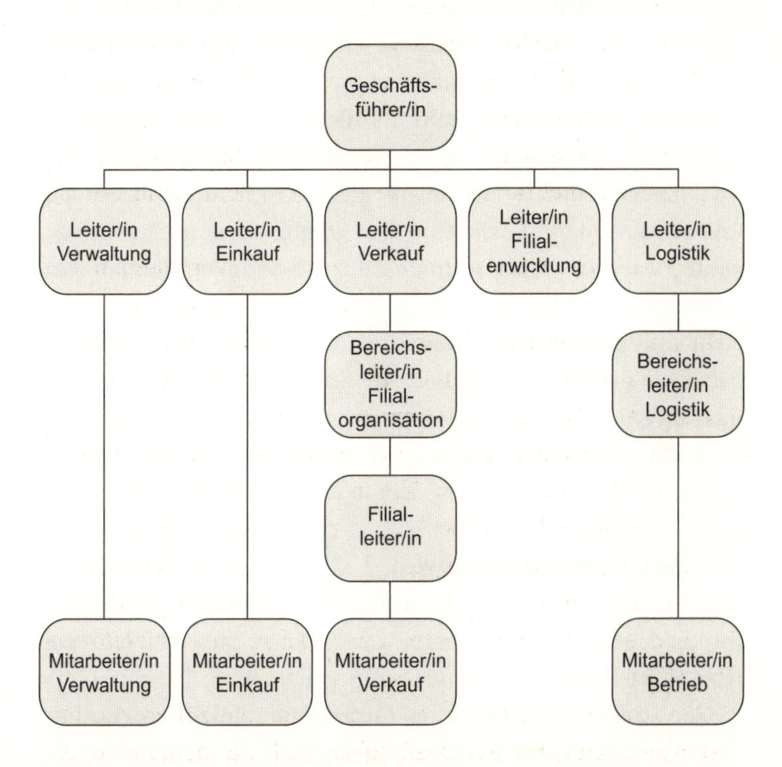

Anhand eines solchen Schaubildes, das im Internet frei zugänglich ist, zeigt mir Stricker die Organisation der Regionalgesellschaften auf. Wichtig für mich ist vor allem die dritte Spalte. Hierarchisch bin ich also dem Geschäftsführer und dem Verkaufsleiter nachgeordnet. Die Filialleiter und die Mitarbeiter Verkauf sind mir nachgeordnet.

Mittags fahren wir an dem Hotel vorbei, in dem ich untergebracht werden soll: Es ist ausgebucht. Stricker hat vergessen, ein Zimmer für mich zu reservieren. Wir klappern zwei oder drei Hotels ab, bis wir schließlich fündig werden. Ich checke ein, bringe meine Sachen aufs Zimmer, und weiter geht die erste Fahrt durch die Filialen.

Ich bin ziemlich unsicher, wie jeder Neuling: Ich weiß nicht, wie ich mich verhalten soll und was von mir erwartet wird. Obwohl Stricker schon mehr als fünf Jahre «dabei» ist, habe ich den Eindruck, ihm geht es genauso. Er benimmt sich durch und durch unsicher, auch mir gegenüber. Mal unterhalten wir uns bestens, dann verhält er sich wieder distanziert. Richtig schlau werde ich nie aus ihm. Aber er behandelt mich korrekt. Er quasselt den ganzen Tag: Er erzählt von seinem alten Arbeitgeber, von seiner Heimat und von seinen Jamaikaurlauben – ich gebe den interessierten Zuhörer. Er beschwert sich, dass er, seit der Verkaufsleiter von seinen Urlauben weiß, nur noch als «der Sextourist» verspottet wird.

Der Aldi-Begrüßungsdrink

Als wir für diesen Tag mit der Arbeit fertig sind, fragt er mich: «Haben Sie Bock, noch was essen zu gehen?» Ich erinnere mich an diese Formulierung ganz genau: Es ist wieder diese seltsame Mischung aus Distanz und gespielter Lockerheit. Ablehnen kann ich das als engagierter Neuling kaum. «Ja klar, ich habe heute Abend nichts Besonderes vor.» Was auch? Ich bin sonst wo in einem Hotel alleine untergebracht. Obwohl er schon fünf Jahre an diesem Ort ist, ist es bei ihm genauso. Stricker hat zwar eine Wohnung, kennt aber in der Region fast niemanden. Wie soll er in diesem stressigen Job auch private Kontakte knüpfen können? Wir fahren von der Aldi-Filiale in die Stadtmitte in ein Parkhaus, von wo aus wir zu Fuß zu seinem «Stammitaliener» gehen. Innerlich bin ich schon auf eine kleine Statusdemonstration eingestellt: Alle Bedienungen grüßen freundlich, sprechen ihn mit Namen an, der Besitzer kommt aus der Küche gerannt und umarmt ihn – oder so was in der Art. Als wir den Laden betreten, werden wir nicht mehr oder weniger beachtet als alle anderen Gäste. Stricker scheint hier nicht bekannt zu sein.

Wir bestellen Pasta, die tatsächlich hervorragend schmeckt, und Getränke: Stricker (dreimal darf man raten) Apfelschorle, ich bestelle ein Bier. Er schaut mich völlig entgeistert an, sagt aber nichts.

«Ist was, Herr Stricker?», frage ich vorsichtig nach.

«Nein, ähm, nichts, es ist nur …»

«Ja?»

«Na ja, Sie können doch nicht, wie soll ich sagen, wir sind ja quasi noch im Dienst.»

«Das sieht hier für mich nicht nach einer Aldi-Filiale aus.»

«Ja, aber schauen Sie mal auf die Uhr, es ist doch erst 19.30 Uhr. Da können Sie doch noch kein Bier trinken», stammelt er noch immer scheinbar schockiert von meiner Bestellung. Ich verstehe immer noch nicht, was er eigentlich will: «Weshalb sollte ich nach Feierabend kein Bier trinken dürfen?»

Stricker versucht zu erklären: «Ähm ja, einerseits schon, nur, es ist, ähm, wissen Sie …» Endlich findet er das Argument: «Die Filialen haben ja auch bis 20 Uhr geöffnet, und da müssen Sie telefonisch erreichbar sein.» Er tut fast so, als würde ich hier besoffen unter dem Tisch liegen. Des lieben Friedens willens lenke ich ein: «Ah okay, das habe ich nicht gewusst. Aber dieses eine Bier trinke ich jetzt trotzdem.»

Scherzhaft füge ich hinzu:

«Sie verpetzten mich doch nicht, oder?»

«Wenn mich keiner fragt, brauche ich ja auch nichts sagen», murmelt er vielsagend. So einer bist du also, denke ich mir. Nachdem die Stimmung, insbesondere meine, also gleich zu Anfang ruiniert ist, dauert unser Essen nicht allzu lange. Im Parkhaus sehe ich, dass er das Fenster seines Wagens offen gelassen hat. Ohne viel nachzudenken, weise ich ihn darauf hin: «Oh, Sie haben das Fenster offen gelassen.»

Strickers noch vom letzten Jamaikaurlaub gebräunter Teint wird heller. Er beginnt, irgendwas zu stammeln, dann sagt er deutlich vernehmbar: «Ich behalte die Sache mit dem Bier für mich, und Sie halten die Klappe wegen dem Fenster.»

So hatte ich das noch gar nicht gesehen. Hätte er mich sonst wohl verpetzt, dieser nette neue Kollege? Stricker muss viel Angst haben. Nur wovor? Ich stimme dem «Deal» zu. Aber ich will das nicht so stehenlassen, es ist mir einfach zu lächerlich: «Herr Stricker, nur mal was Grundsätzliches: Auf solche Spielchen habe ich keine Lust. Wem und warum sollte ich erzählen, dass Sie das Fenster von Ihrem Dienstwagen offen gelassen haben? Das interessiert doch keine Sau.»

«Genau», fasst er sich. «Wir sehen uns morgen.»

«Bis dann. Schönen Abend noch.»

An diesem ersten Abend gehe ich noch zwei Stunden durch die Innenstadt, überlege mir, wo ich da nur hineingeraten bin. Mein Kollege ist distanziert und ängstlich. Er scheint nur darauf bedacht, keinen Fehler zu machen. Die erste Nacht im Hotel mache ich fast kein Auge zu. Was ich zu diesem Zeitpunkt noch nicht weiß: Am nächsten Tag soll es noch toller werden. Schon am zweiten Tag würde ich Aldi von seiner brutalen Seite kennenlernen.

Achtung! Der Chef kommt «raus»

Kurz vor sieben Uhr stehe ich vor dem Hotel. Verabredet ist, dass mich Stricker um sieben Uhr abholt und wir ab heute nur noch mit einem Auto fahren. Einerseits um Spritkosten zu sparen, andererseits – und hauptsächlich –, damit Stricker während der Fahrt quatschen kann. Der Job als Bereichsleiter bringt viele Phasen mit sich, in denen man recht alleine ist: Mit den Filialmitarbeitern wird nicht privat gesprochen, die Chefs sind fast nie da, und die Kollegen auf gleicher Ebene haben mit ihren eigenen Filialen zu tun. Ich arbeite gerne alleine, bin froh, nicht jedes Detail immer abstimmen zu müssen. Ich glaube, Stricker leidet unter dem vielen Alleinsein. Daher freut er sich, Kollegen zur Einarbeitung dabeizuhaben, und ist extrem gesprächig. So erfahre ich von Anfang an viel Klatsch und Tratsch: wie, was, wer, mit wem.

Punkt sieben Uhr kommt Stricker auf den Parkplatz des Hotels gerast: «Steigen Sie ein, wir sind spät dran.»

«Guten Morgen, Herr Stricker.»

«Morgen», grummelt er.

Ich werfe meine Aktentasche auf den Rücksitz, ziehe mein Jackett aus, und schon gibt Stricker Gas. Er wirkt unruhig heute. Während der Fahrt erzählt er von den Fernsehsendungen gestern Abend. Auf dem Parkplatz der Filiale angekommen, raunt er mir zu:

«Der Chef kommt heute raus.»

Als ob er etwas Verbotenes gesagt hätte oder als ob uns gegen 7.30 Uhr auf dem menschenleeren Parkplatz dieser Filiale irgendjemand hören könnte.

«Welcher?», frage ich.

«Na, Herr Lichtenstein.»

«Schön, dann lerne ich den auch mal kennen», erwidere ich.

Wenn von «dem Chef» die Rede ist, so werde ich noch erfahren, ist immer Herr Lichtenstein gemeint. Er ist der «alte» Verkaufsleiter und hat in unserer Regionalgesellschaft das Sagen. Stricker erklärt mir, es existiere zwar ein «junger» Verkaufsleiter, der ihm formal gleichgestellt sei und das selbe Gehalt beziehe, der jedoch faktisch nichts zu melden habe. In der Filiale angekommen, informiert Stricker den Filialleiter, dass der Verkaufsleiter gleich eintreffen wird. Er gibt ihm noch letzte Anweisungen. Machen Sie dies, lassen Sie jenes, hier noch schnell, da noch kurz. Der Filialleiter steht jetzt unter Strom. Stricker selbst geht zur Toilette. Die Tür steht offen. Er lässt den Wasserhahn kurz laufen und kehrt zurück. Für Händewaschen war das zu kurz.

«Was haben Sie da gemacht?», frage ich ihn neugierig.

«Ich habe den Perlator überprüft.»

«Den was?»

«Den Perlator.»

«Was ist ein Perlator?»

«Na, dieses Sieb am Wasserhahn. Wenn es verschmutzt oder verkalkt ist, kann es sein, dass der Wasserstrahl nicht sauber verläuft. Der Chef reagiert darauf sensibel.»

«Aha», wundere ich mich.

«Ja, das müssen Sie immer prüfen, wenn der Chef kommt. Er dreht durch, wenn er den Wasserhahn aufdreht und es auch nur ein bisschen spritzt.» Mit ernster Miene trägt Stricker die genaue Herangehensweise für die Überprüfung des Perlators vor. Gerüchten zufolge kommt dieser Tick von Karl Albrecht persönlich, und viele Führungskräfte haben ihn übernommen. Ich kann mir das Lachen nicht verkneifen. Der Perlator ist Chefsache.

Um 7.45 Uhr wird die Klingel der Filiale energisch betätigt. Alle holen tief Luft: Er ist da. Lichtenstein betritt den Laden. Lichtenstein ist ein stattlicher Herr, groß gewachsen. Ich schätze ihn auf Ende fünfzig. Er trägt eine randlose Brille, aus der er streng hervorblickt. Seine Miene ist ernst. Lichtenstein geht einmal quer durch die Filiale, bevor er zu uns kommt und uns begrüßt. Ich lerne ihn heute zum ersten Mal persönlich kennen. Wie er wohl sein wird? Stricker und ich stehen gerade in der Obst-und-Gemüse-Abteilung. Die Filiale sieht perfekt aus, auf das Ladenbild legt Stricker größten Wert.

Auf dem Boden neben einer Obstpräsentationsschräge steht ein Blumeneimer mit aussortierter Ware vom Vortag. Darauf spricht Lichtenstein Stricker sofort an:

«Was ist mit diesen Blumen hier?»

«Oh», sagt Stricker peinlich berührt. Er sagt es, als sei er ertappt worden. Sofort will er das Problem beheben, eilt zur nächsten Kassiererin und weist sie an, die Blumen zu entfernen. Stricker kehrt erleichtert zu uns zurück. Das Problem scheint gelöst.

Lichtenstein grinst: «Na, Herr Straub, was hat Herr Stricker jetzt gemäß unseren Führungs- und Organisationsgrundsätzen falsch gemacht?»

Ich antworte ausweichend, obwohl ich genau weiß, worauf er hinauswill. Vor meinem Dienstantritt hatte mir Aldi ein kleines, blaues Büchlein zugeschickt, in dem ebendiese Grundsätze genau erklärt werden.

Der Verkaufsleiter doziert: «Herr Stricker hätte den ihm direkt nachgeordneten Mitarbeiter, also den Filialleiter, auf das Thema aufmerksam machen müssen. Dieser wiederum hätte die Anweisung an die Kassiererin geben müssen. Stricker umgeht mit seiner Vorgehensweise quasi eine Stufe in der Hierarchie.» Er schaut meinen Kollegen vorwurfsvoll an: «Was halten wir davon, Stricker?»

«Ja ähm, das war wahrscheinlich falsch», gesteht Stricker kleinlaut ein.

Wie peinlich muss es für ihn sein, nach mehr als fünf Jahren als Bereichsleiter vom Verkaufsleiter derart vor einem Frischling wie mir vorgeführt zu werden. Hinterher wird Stricker das mir gegenüber sogar einräumen. Für ihn war es verletzend, vor einem «Neuling» so bloßgestellt zu werden. Er bedankt sich, dass ich ihm «beigesprungen» sei. Ohne viel zu denken, sage ich nämlich zum Verkaufsleiter: «In den Führungs- und Organisationsgrundsätzen steht auch, dass Kritik nur unter vier Augen geäußert werden darf.»

Lichtenstein überlegt kurz. Er fragt sich vermutlich, ob er ausrasten oder mit Humor reagieren soll. Vielleicht, weil es erst mein zweiter Tag ist, entscheidet er sich für die freundliche Variante. Er klopft mir auf die Schulter und lacht: «Noch haben Sie eine freche Klappe, aber das wird sich schon bald ändern.»

Zu dritt gehen wir in den Personalbereich der Filiale. Jeder Laden hat ein kleines Büro, das sich im Regelfall der Filial- und der Bereichsleiter teilen, sowie einen Sozialraum mit einer Küchenzeile, Tisch und ein paar Stühlen. Wir gehen in die Küche, der Filialleiter erledigt noch letzte Arbeiten im Büro vor Öffnung der Filiale. Kaffee, Tee, Wasser? Wir nehmen: nichts.

«Setzen Sie sich, Straub», befiehlt der Verkaufsleiter. «Jetzt unterhalten wir uns erst einmal. Ich kenne Sie ja noch gar nicht. Macht es Ihnen was aus, wenn Herr Stricker dabei ist?»

Rhetorische Frage. Zwar fände ich es angebracht, mit meinem Vorgesetzten alleine zu sprechen, zumal er mir sicherlich persönliche Fragen stellen wird, aber was soll ich sagen?

«Kein Problem», antworte ich also. Er scheint mein Bewerbungsgespräch, bei dem er nicht anwesend war, nachholen zu wollen.

Standardfrage 1: «Gut, wo kommen Sie her?» – Ich gebe

eine Standardantwort. Standardfrage 2: «Warum sind Sie zu Aldi?» – Standardantwort. Standardfrage 3: «Was haben Sie studiert?» – Standardantwort. Standardfrage 4: «Was sind Ihre beruflichen Ziele?» – Standardantwort.

Frage 5: «Was machen Sie, wenn Sie krank sind?»

Eigenartig, denke ich. «Zum Arzt gehen», antworte ich.

«Richtig. Und Sie arbeiten trotzdem», bescheidet Lichtenstein. Ich lache, aber weder er noch Stricker regen sich. Das war ernst gemeint.

Frage 6: «Können Sie Englisch?»

Jetzt bin ich fast ein wenig beleidigt. Er hat wohl noch keinen Blick in meinen Lebenslauf geworfen. Fast ein Jahr habe ich im englischsprachigen Ausland gelebt. Trotzig antworte ich: «Einigermaßen, um meine Diplomarbeit auf Englisch zu schreiben, hat es gereicht.»

Lichtenstein freut sich, solche Sprüche treffen seinen Nerv: «Angeber!»

Erstmals beteiligt er Herrn Stricker, den er bis dahin konsequent ignoriert hat: «Stricker, schau dir diesen Angeber an. Wie lange ist der Straub jetzt dabei? Schon so eine große Klappe.»

Stricker wird verlegen, weiß nicht, was er sagen soll. Also sagt er nichts. Auch ich sage nichts. Lichtenstein schweigt ebenfalls. Eigenartige Situation. Lichtenstein steht auf und geht kurz zur Toilette. Stricker flüstert mir zu: «Sehen Sie, Gott sei Dank haben wir vorher noch den Perlator überprüft.»

Lichtenstein kehrt zurück und löst das betretene Schweigen: «Kommen wir zum eigentlichen Thema heute.»

Ein ernstes Gespräch mit dem Filialleiter

Jetzt bin ich gespannt. Welches Thema? Stricker hat mir ebenso wenig ein Thema angekündigt wie den Besuch des Verkaufsleiters.

«Wir werden ein sehr ernstes Gespräch mit dem Filialleiter hier führen», erklärt Lichtenstein. «Herr Stricker hat mir einige Punkte zukommen lassen, die wir dringend besprechen müssen.»

Lichtenstein zieht eine Liste mit Kritikpunkten hervor, die ihm Stricker offensichtlich gestern zugefaxt hat. Es sind eineinhalb Seiten Nickeligkeiten. Jeder einzelne Punkt wird jetzt zwischen uns dreien besprochen. Wann der Filialleiter mal zu spät dran war, die Pause um ein paar Minuten überzogen hat, mal ein Artikel im Sortiment nicht verfügbar war und Ähnliches. Hauptaufreger ist aber, dass er nach dem Sommerurlaub ein Zelt zurückgegeben hat. Das Zelt sei defekt gewesen. Weiter hat er vor längerer Zeit eine defekte Digitalkamera, die er bei Aldi gekauft hatte, zurückgegeben. Er nutzt die gleichen Rechte wie jeder andere Kunde. Darüber beklagt sich in erster Linie eine Verkäuferin. Sie findet, dass der Filialleiter hier seiner Vorbildfunktion nicht gerecht wird. Ihrer Meinung nach sollte ein Filialleiter von diesen Kundenrechten keinen Gebrauch machen.

Im Laufe der Woche werde ich erfahren, dass sämtliche Kritikpunkte auf der Liste von dieser Verkäuferin stammen. Stricker versteht sich gut mit ihr, sie quasselt mindestens so viel wie er. Sie hat ihm einige Sachen «gesteckt». Ich habe den Eindruck, dass sie Stricker manipuliert und den Filialleiter «abschießen» will. Ein halbes Jahr später wird sich Stricker jedenfalls dafür einsetzen, dass sie Filialleiterin wird.

Der Verkaufsleiter, Herr Lichtenstein, durchschaut das mit Sicherheit. Aber er greift das «Material» auf. Ich vermute, der eigentliche Grund ist, dass die Filiale seit längerem schlechte Zahlen schreibt. Der Filialleiter hat einen Filialleitervertrag der höchstdotierten Stufe. Er ist seit achtzehn Jahren dabei, arbeitet selbst nur mäßig mit und hat überdurchschnittlich viele Mitarbeiter, sodass die Personalkosten in dieser Filiale – nach Aldi-Standards – zu hoch sind. Dieses Problem will Lichtenstein lösen. Dass sich mit der Stricker'schen Liste aus arbeitsrechtlicher Sicht nicht viel anfangen lässt, ist uns allen klar.

Schulungen in Arbeitsrecht

Aldi-Führungskräfte erhalten regelmäßig Schulungen in Arbeitsrecht. «Fangen wir gleich mit dem Wichtigsten für Sie an: der Beendigung von Arbeitsverhältnissen», beginnt die Veranstaltung, an der ich teilnehme. Zunächst werden Kündigungen besprochen. Sobald ein Arbeitsverhältnis länger als sechs Monate andauert, muss ein Kündigungsgrund vorliegen. Solche Gründe können im Verhalten des Mitarbeiters (z. B. Betrug, Urkundenfälschung, schlechte Leistungen), in der Person (z. B. Erkrankungen) oder im Betrieb liegen (z. B. Wegfall des Arbeitsplatzes). Im Regelfall muss einer wirksamen Kündigung mindestens eine Abmahnung wegen ähnlicher Pflichtverletzungen vorausgegangen sein. Und die Kündigungsfrist muss eingehalten werden, sofern keine außerordentliche (fristlose) Kündigung möglich ist. Eine Kündigung kann, zumeist als fristlose Kündigung, ohne vorherige Abmahnung nur bei schweren Pflichtverstößen oder erheblich fehlerhaftem Verhalten im sogenannten Vertrauensbereich ausgesprochen werden, beispielsweise bei Diebstahl. Eine Abmahnung weist den Mitarbeiter auf seine Pflichtverletzung hin, sie verwarnt ihn und kann bei weiteren Pflichtverletzungen eine Kündigung androhen.

Eine verhaltensbedingte Kündigung muss die Interessen beider Parteien und die Umstände des Einzelfalls berücksichtigen. Sie ist unzulässig, wenn mildere Mittel noch nicht ausgeschöpft sind, sie kann dann als unverhältnismäßig gelten. Eine Abmahnung belegt daher, dass der Mitarbeiter bereits ermahnt wurde, er seine Chance erhalten hat und nun kein milderes Mittel als die Kündigung zur Verfügung steht, um weitere Pflichtverletzungen des Mitarbeiters zu verhindern.

Der Arbeitgeber ist bei Kündigungen in der Beweispflicht und der Mitarbeiter im deutschen Arbeitsrecht relativ gut geschützt. Gerichtsverfahren sind öffentlich. Sich öffentlich rechtfertigen mag Aldi nicht. Daher umgeht Aldi die gesamte Problematik häufig, drängt den Mitarbeiter zur Eigenkündigung oder schließt einen Aufhebungsvertrag ab. Dies ist ein Vertrag zur «einvernehmlichen Beendigung» des Arbeitsverhältnisses. Er kann jederzeit abgeschlossen werden, es müssen keine Kündigungsfristen oder Sonderrechte des Mitarbeiters berücksichtigt werden. Will der Arbeitnehmer den Aufhebungsvertrag im Nachhinein anfechten, muss er beweisen, dass der Vertrag durch «rechtswidrige Drohungen» (z.B. Androhung einer fristlosen Kündigung, die ein «verständiger Arbeitgeber» nicht in Betracht gezogen hätte, oder eine ungerechtfertigte Anzeige bei der Polizei) oder «arglistige Täuschung» zustande kam. In der Praxis ist das nahezu unmöglich. Der Mitarbeiter erhält von der Arbeitsagentur eine Sperrzeit beim Arbeitslosengeld von drei Monaten. Aber wen interessiert der Mitarbeiter? Die Aldi-Anwälte empfehlen daher in ihrer Schulungsunterlage, den «Abschluss eines Aufhebungsvertrags (…) vorzuziehen». Im Klartext heißt das: als Arbeitgeber Aufhebungsverträge abschließen. Die Kosten sind kalkulierbar, und der Mitarbeiter ist rechtssicher entsorgt.

Zwar habe ich im Studium Arbeitsrechtvorlesungen besucht, bin aber (noch) kein Experte. Lichtenstein schon. Er wittert eine Chance: «Was ist mit diesen Rückgaben? Waren die Artikel wirklich defekt?»

«Ja, ich denke schon», antwortet Stricker. «Aber Maier hat die Sachen selbst eingeschickt. An dem Zelt soll irgendwas mit dem Reißverschluss gewesen sein.»

«Na gut, wir werden sehen», bescheidet Lichtenstein. «Los, gehen wir rüber.»

Der Filialleiter ist gerade mit seinen morgend
gaben im Büro fertig. Lichtenstein und Stricker se
auf die «Chefseite», dem Filialleiter wird bedeutet, au
anderen Seite Platz zu nehmen. Ich hole einen Stuhl dazu u
nehme an der Stirnseite Platz. Alleine durch diese Sitzanordnung und die Anzahl der Anzugträger entsteht eine angespannte Situation. An den Gesichtern kann Maier ablesen, dass er jetzt wohl kaum in höchsten Tönen gelobt werden wird. Er ist nervös.

Lichtenstein senkt die Stimme: «Herr Maier, wie geht es Ihnen?»

«Gut, danke, sehr gut. Und selbst?»

«Passt schon.»

Lichtenstein räuspert sich: «Ich bin nicht ohne Grund hier. Wir haben ein paar Sachen zu besprechen.»

«Moment, letztes Mal habe ich Ihnen ja von meinen zwei Kleinen erzählt», freut sich Maier. Er zückt seine Brieftasche und zeigt Bilder: er mit seinen beiden Kindern beim Angeln. Sein Sohn hält eine riesengroße Angel nach oben und lacht. Maier ist sichtlich stolz. Auch das noch, denke ich.

«Aha, schön», murrt Lichtenstein. Jetzt muss er die Kurve kriegen. «Packen Sie die Bilder weg. Es gibt einige Punkte, Herr Maier, die wir zu bemängeln haben. Herr Stricker hat sicher schon mit Ihnen gesprochen?»

«Ja.»

Lichtenstein nutzt jede Chance, laut zu werden. Jetzt zum Beispiel brüllt er zum ersten Mal los: «Mehr fällt Ihnen dazu nicht ein? Glauben Sie, wir machen das hier zum Spaß?!»

Drei Personen im Raum zucken zusammen. Maier sagt: «Doch, natürlich. Ich werde versuchen, die Sachen zu verbessern. Da bin ich dran.»

Der Verkaufsleiter geht jetzt jeden einzelnen Punkt der

Liste ausführlich durch. Sofort denke ich: Der Mann ist geübt in solchen Gesprächen. Wo es geht, übertreibt und dramatisiert er. Jedem Fehler verleiht er nahezu das Gewicht, als sei die Zukunft von Aldi dadurch gefährdet. Mal senkt er die Stimme, mal brüllt er. Der Filialleiter muss sich ständig rechtfertigen. Lichtenstein setzt ihm massiv zu. Eine dramaturgische Meisterleistung, die ihr Ziel nicht verfehlt. Maier ist schon nach kurzer Zeit am Ende, er bittet um eine Pause. Er geht in die Küche und trinkt einen Schluck Wasser, bevor er sich wieder zusammengekauert vor das Tribunal setzt. Es geht weiter, und die «interessanten» Punkte kommen erst noch.

Trennungsgespräche, wenn die juristische Lage unvorteilhaft ist, laufen bei Aldi häufig in dieser Art ab. Der Mitarbeiter wird stundenlang weichgekocht. Mit allerlei Vorwürfen wird ihm das Gefühl vermittelt, selbst Fehler gemacht zu haben; er soll einsehen, dass er der falsche Mann oder die falsche Frau am Platz ist. Ist er nervlich bereits am Ende, erscheint der Aufhebungsvertrag im ersten Moment fast schon als großzügiges Angebot. Die Unterschrift ermöglicht dem Mitarbeiter die Flucht aus der Situation.

Auch die Presse bekundet inzwischen solche Praktiken. «Spiegel online» berichtet über Aufhebungsverträge bei Aldi Nord, die unter Druck geschlossen wurden; ein stellvertretender Filialleiter in Berlin sei in der Filiale eingesperrt worden, um seine Unterschrift zu erpressen (Spiegel online, 26.10.2009). Die «Stuttgarter Zeitung» berichtet in einem ausführlichen Artikel unter anderem von Beschäftigten bei Aldi Süd, die zermürbenden «Sitzungen, in denen der Vorgesetzte schreie und drohe», ausgesetzt waren, um die Unterschrift unter Schuldanerkenntnisse zu erlangen, allgemein von «ausrastenden Filialleitern», von Abmahnungen wegen Bagatellfehlern und davon, wie Mitarbeiter «durch kollektiven Druck zur Eigenkündigung gedrängt» werden (Stuttgarter Zeitung: «Klappe halten, schneller, Leistung!», 30. 12. 2008).

Lichtenstein nimmt immer einzelne, teilweise ungeschickte Aussagen Maiers zum Anlass für lautstarke Ausraster. Er brüllt ihn an, wird persönlich und verletzend. Maier sei ein «fauler Sack» und habe doch schon lange «keinen Bock mehr».

Wie das mit der Kamera war, möchte er wissen. Maier rechtfertigt sich, erklärt nach seiner Erinnerung. Er verstrickt sich in einige Widersprüche, kann sich nicht mehr genau erinnern, wie die Rückgabe ablief. Kein Wunder nach dieser Zeit. Lichtenstein nutzt die Unsicherheit, an der Ehrlichkeit von Maier zu zweifeln.

Endlich lenkt er das Gespräch auf das Zelt. Lichtenstein senkt die Stimme: «Was war mit diesem Zelt?»

«Es war kaputt. Der Reißverschluss ging nicht mehr.»

«Sind Sie sicher?»

«Ja, ganz sicher. Wir waren mit meinem Sohn beim Zelten und ...»

«Herr Maier, sagen Sie die Wahrheit.»

«Tue ich.»

«Unsinn!», schreit Lichtenstein ihn an. «Wir haben eine Expertise, die belegt, dass dieses Zelt gar nicht defekt war!»

«Das kann nicht sein», erklärt der schockierte Maier. Stricker und ich sind ebenfalls überrascht. Von einer «Expertise» wissen wir nichts.

«Aus diesem Gutachten geht ganz klar hervor, dass das Zelt nicht defekt war. Sie lügen uns hier an, Herr Maier!», fährt Lichtenstein lautstark fort.

«Nein, wirklich. Kann ich das Gutachten sehen?»

«Was? Ich glaube, ich spinne», rastet Lichtenstein völlig aus. «Jetzt soll ich mich auch noch vor Ihnen rechtfertigen?

Bin ich hier im falschen Film? Haben Sie noch alle Tassen im Schrank oder was?»

Der Filialleiter sinkt immer weiter in sich zusammen. «Tut mir leid, so war das nicht gemeint.»

«Das Vertrauen ist zerstört», sagt Lichtenstein mit gedämpfter Stimme. Er legt eine taktische Pause ein. Maier soll nun ein wenig nachdenken können.

«Sie werden Aldi verlassen.»

Maier ist schockiert. Er bricht fast zusammen, verlässt den Raum wieder, um einen Schluck Wasser zu trinken.

«Ist das Ihr letztes Wort, Herr Lichtenstein?»

«Ja.»

«Nach all den Jahren.»

«Herr Maier, habe ich das Vertrauen beschädigt oder Sie? Hat die Firma Aldi etwas falsch gemacht oder Sie?»

«Aber ...»

«Schluss jetzt! Ein Arbeitszeugnis brauchen Sie wohl auch?», fragt Lichtenstein.

«Ich denke.»

«Das sollte dann einigermaßen ausfallen, oder?»

«Ja, klar.»

«Wenn wir eine vernünftige Lösung finden, steht dem nichts im Wege.»

«Was heißt das jetzt?», fragt Maier.

«Sie haben jetzt drei Alternativen: eine fristlose Kündigung, eine ordentliche Kündigung oder einen Aufhebungsvertrag. Was wollen Sie?»

Angesichts der angebotenen Möglichkeiten entscheidet sich Maier für den Aufhebungsvertrag. Lichtenstein fragt ihn nach seinen Überstunden und Urlaubstagen, summiert alles mit dem Taschenrechner genau auf. Das suggeriert Genauigkeit und Fairness. Anschließend zieht er den Filialleiter bei der

Kündigungsfrist über den Tisch: Er bezahlt ihm einen Monat weniger, als ihm zusteht. Bei der Abfindung mogelt Lichtenstein ebenfalls kräftig. Als Basis der Berechnung zieht er nur das Grundgehalt heran, die variablen Bestandteile lässt er außen vor. Maier unterschreibt. Insgesamt handelt der Verkaufsleiter für das Unternehmen Aldi eine extrem günstige Aufhebungsvereinbarung aus. Die Expertise gibt es nicht. Stricker bringt mir schnell bei: Wenn der Chef lügt, sprechen wir lieber von einem «Blöff». Um das Ganze zu verharmlosen, sagen wir am besten: ein «kleiner Blöff». Ohne arbeitsrechtlich stichhaltige Gründe hat Lichtenstein mit einem kleinen Blöff einfach einen langjährigen Filialleiter entsorgt. So kann's gehen bei Aldi: einfach billig!

Maier ist völlig fertig. Er ist den Tränen nahe, atmet schwer. Er muss seinen Mitarbeiterspind leer räumen und ist ab sofort freigestellt. Stricker und ich saßen während des Gesprächs nur dabei. Ich bin geschockt. An meinem zweiten Arbeitstag habe ich nicht mit einer solchen Aktion gerechnet. Mein Bild von Aldi wankt. Stricker ist ebenfalls entsetzt, seit fünf Jahren arbeitet er mit dem Filialleiter zusammen. Offenbar hat er heute nicht mit Maiers Rauswurf gerechnet. Dachte er ernsthaft, der Chef würde es bei einem harmlosen Kritikgespräch belassen? Lichtenstein bemerkt das.

«Was schaut ihr so bedröppelt?», fragt er verständnislos.

Keiner antwortet.

«Stricker, Sie regeln alles. Informieren Sie die Verkäuferinnen. Sagen Sie den anderen Filialleitern Bescheid. Vorgehensweise wie immer. Bis dann mal. Tschüss.»

Weg ist er. Für die Mitarbeiterinnen in der Filiale bricht eine Welt zusammen. Sogar diejenige, die ihn angeschwärzt hat, ist schockiert. Es fließen viele Tränen an diesem Tag. Maier war beliebt.

Ich fühle mit dem Filialleiter, den ich erst seit ein paar Stunden kenne. Mein Kollege Stricker ist durch den Wind. Ob er sich Vorwürfe macht? Ob er sich schuldig fühlt an dieser unwürdigen Entlassung nach so vielen Jahren treuer Arbeit? Stricker ringt um Fassung und versucht, möglichst abgeklärt zu wirken. Es klappt nicht. Unter dem Eindruck der Ereignisse verheddert er sich noch mehr als sonst in alle möglichen Details und verbreitet Verwirrung. Wir verlassen die Filiale erst gegen Abend, besuchen kurz noch zwei andere Läden. Die Nachricht von der Entlassung Maiers geht um wie ein Lauffeuer.

Abends im Hotel überlege ich ernsthaft zu kündigen. Ich finde die Art und Weise, wie der Filialleiter rausgeworfen wurde, widerlich. Wie kann ich einem Arbeitgeber, der seine Mitarbeiter derart behandelt, noch vertrauen? Du musst vernünftig sein, rede ich mir ein. Ich sage mir, ich kenne den Filialleiter nicht, verstehe die Hintergründe und das System noch nicht. Es wird schon seine Richtigkeit haben. Vielleicht war es eine einmalige Situation. Eine Ausnahme. Ich glaube mir selbst zwar nicht recht, verwerfe aber den Gedanken an Kündigung wieder.

Der Chef kommt schon wieder «raus»

Der dritte Arbeitstag beginnt wieder frühmorgens und genauso wie der zweite: Stricker ist nervös und informiert mich, dass der Chef heute «rauskommt». Gestern war Feiertag, ich konnte mich ein wenig erholen. Die Stimmung ist sofort hinüber. Was uns wohl heute erwarten wird?

In der Filiale Hektik, letzte Arbeiten werden noch schnell erledigt. Stricker überprüft den Perlator. Wenigstens der ist in Ordnung. Lichtenstein ist da. Diesmal sind sogar die Blumeneimer verschwunden, und Lichtenstein findet nur ein veraltetes Preisschild, das er zu beanstanden hat.

Lichtenstein, Stricker und ich begeben uns in den Nebenraum der Filiale. Kaffee, Tee, Wasser? Wir nehmen: nichts. Die Trennung von Maier ist zu Beginn Thema. Stricker muss ein sogenanntes Gedächtnisprotokoll zum Rauswurf von Maier anfertigen. Lichtenstein macht sich seine Notizen. Maier ist nach dem Gespräch zu einem Rechtsanwalt gegangen und will den Aufhebungsvertrag nun anfechten. Er sei bedroht worden und man habe ihn mit dem Arbeitszeugnis erpresst, wird er erklären. Die Aldi-Vertreter haben alles ganz anders in Erinnerung. Ein sachliches Gespräch sei es gewesen, Maier selbst habe einen Aufhebungsvertrag vorgeschlagen und das Arbeitszeugnis ins Spiel gebracht. Wenn ich zur Hälfte zähle, hat Aldi zweieinhalb Zeugen für seine Version der Geschichte, Maier ist alleine. Das gehört zur Taktik. Der Rechtsanwalt von Aldi wird einen Brief zurückschreiben. Auf drei Seiten wird er den Sachverhalt so verdrehen, dass er für Aldi passend ist. Abschließend wird er schreiben: «Vonseiten unserer Mandantschaft wurde Ihr Mandant also nicht unter Druck gesetzt. Von Ihrem Mandanten kam die Äußerung, dass das Arbeitsverhältnis beendet werden sollte. Das Zeugnis war erst nach Unterschriftsleistung Gesprächsgegenstand. Für den obigen Sachverhalt stehen mehrere Zeugen zur Verfügung. Nach alledem liegen Anfechtungsgründe nicht vor.» Maier hat keine Chance. Der Aufhebungsvertrag ist gültig.

«Ich hatte nicht vor, den Maier rauszunehmen», erklärt uns Lichtenstein.

«Das hat keiner erwarten können, dass es so läuft», behauptet Stricker. «Dass der Maier sich so in Widersprüche verwickelt und uns anlügt.»

Stricker hat sich über den Feiertag gefasst. Er muss dringend auf die Linie des Verkaufsleiters einschwenken. Ihm ist klargeworden, dass er in den Augen von Lichtenstein wie ein Weichei ausgesehen haben muss. Ich frage: «An welcher Stelle hat er denn genau gelogen?»

«Na, ständig! Denken Sie nur an die Rückgabe. Mal war er es selber, mal seine Frau.»

«Aber nach so langer Zeit ...»

«Egal», unterbricht Lichtenstein. «Niemand hat damit gerechnet. Ich hatte nicht vor, ihn rauszunehmen.»

«Aber Sie hatten die ganzen Dokumente schon vorbereitet mit dabei», wende ich vorsichtig ein.

Lichtensteins Blick sagt: Übertreib es nicht, Junge. Stricker sagt lieber gar nichts mehr.

«Das ist Routine», erklärt Lichtenstein. «Niemand muss vor mir Angst haben. Ich will, dass jeder Mitarbeiter bei uns in Rente geht. Sie können bei uns in Rente gehen, Herr Straub.»

«Die Rente ist für mich noch ein gutes Stück weg. Ich bin vor einem Monat dreiundzwanzig geworden.»

«Was, so jung sind Sie? Dann haben Sie noch mehr als 40 Jahre Aldi vor sich. Jeder Mitarbeiter, der Leistung bringt, kann bei uns in Rente gehen.»

«Mal sehen. Ist mein dritter Tag heute.»

«Schon klar. Ganz wichtig, Herr Straub: Sie mögen vielleicht überrascht sein von der Trennung von Maier. Wenn Sie mal so viele rausgeschmissen haben wie ich, macht Ihnen das nichts mehr aus. Ich habe noch nie die Freisetzung eines Mitarbeiters bereut. Es war immer richtig und gerechtfertigt.»

«Waren es denn schon so viele?»

«Unzählige habe ich rausgenommen. Als ich hier angefangen habe, waren die Bereichsleiter zum Beispiel ein Sauhaufen. Alles faule Säcke und alle unfähig. Da habe ich den Geschäftsführer gefragt: Soll ich hier aufräumen?»

«Er hat ja gesagt.»

«Genau. Dann habe ich nach und nach alle Bereichsleiter rausgeschmissen. Einen nach dem anderen. Wir waren teilweise so knapp besetzt, dass wir von anderen Regionen Bereichsleiter ausleihen mussten. Heute ist keiner mehr von denen da», trägt Lichtenstein stolz vor. Stricker wirkt allmählich nicht mehr so fröhlich, mir wird auch etwas unwohl. Was ist dieser Verkaufsleiter für ein Mensch? Brüstet sich damit, alle seine engeren Mitarbeiter entlassen zu haben.

«Vor kurzem habe ich eine ganze Gruppe von Trainees rausgenommen», fährt er fort. «Fünf auf einmal. Alles Idioten.»

«Meine Vorgänger?»

«Ja.»

«Ich habe davon gehört», sage ich zögerlich.

«Vor mir muss keiner Angst haben», erklärt Lichtenstein. Wie zum Beweis haut er Stricker mit der Faust in den Ellenbogen. Etwas zu stark für eine freundschaftliche Geste. «Oder haben Sie Angst vor mir, Stricker?»

Stricker schüttelt energisch den Kopf, winselt: «Nein, nein. Natürlich nicht.» Seine Mimik und seine Körpersprache sagen etwas anderes. Lichtenstein ist dennoch zufrieden: «Na also. Kommen wir zum eigentlichen Thema heute.»

Ich bin gespannt, was heute wieder ansteht, habe aber schon einen Verdacht.

«Wir werden heute ein ernstes Gespräch mit dem Filialleiter hier, Herrn Kötz, führen.»

Ich schaue ihn verdutzt an. Was bei Aldi mit «ernsten Gesprächen» gemeint ist, ahne ich inzwischen. Sollte heute etwa schon der nächste Filialleiter dran sein? Lichtenstein scheint meine Befürchtung zu erkennen: «Ich habe nicht vor, ihn rauszunehmen.»

Diesen Satz kenne ich ebenfalls schon. Stricker legt eine

Liste mit Kritikpunkten vor, die er in den letzten Wochen zusammengetragen hat. Wir gehen alles durch. Die Punkte sind schwerwiegender als bei Maier. Kötz bestelle immer viel zu viel, verursache dadurch hohe Warenverluste, behandele seine Mitarbeiter schlecht, bilde nicht gut aus und sei insgesamt überfordert. Er ist in der höchsten Filialleitergehaltsstufe, und seine Leistungszahlen in der Filiale sind schlechter als die von Maier. Lichtenstein ist dennoch ruhiger.

«Los, Stricker, hol den Filialleiter.»

Im Filialbüro wieder die gleiche Sitzanordnung. Lichtenstein und Stricker auf der einen, der Filialleiter auf der anderen Seite, ich am Kopf des Tischs. Schon bei der Begrüßung fällt Kötz fast auf die Knie. Er wirkt eingeschüchtert, scheint mit allem zu rechnen. Die Nachricht vom Rauswurf seines Kollegen hat ihn natürlich erreicht.

«Wie geht es Ihnen?», beginnt Lichtenstein.

«Gut, danke.»

Keine Gegenfrage.

«Kötz, Sie sind ganz schön fett geworden.»

«Vielleicht ein paar Kilo», antwortet der angesichts der direkten Ansprache verdutzte Filialleiter zögerlich.

«Was? Schauen Sie mal Ihren Ranzen an! Das sind mehr als ‹ein paar Kilo›!»

«Kann schon sein.»

«Ein richtiger Fettsack sind Sie geworden.»

«Ich habe mit dem Rauchen aufgehört.»

«Ach so. Kein Wunder», versteht Lichtenstein plötzlich. «War bei mir genauso.»

Lichtenstein berichtet dem Filialleiter zunächst über die Trennung von Maier. Er erzählt die Geschichte so, wie er sie in Erinnerung haben möchte. Immer wieder beteiligt er mich und Stricker, um seine Darstellung zu bestätigen: «Korrigieren Sie mich, wenn ich etwas Falsches sage.»

Wir haben nichts zu korrigieren. Stricker nickt brav, ich zeige keine Reaktion.

«Herr Kötz, wir müssen einige Punkte besprechen. Ich habe nicht vor, Sie heute rauszunehmen. Ich will Ihnen helfen.»

Kötz schaut ungläubig drein. Ich bin mindestens genauso erstaunt. Lichtenstein ist völlig unberechenbar. Tatsächlich werden die Kritikpunkte in einer anderen Art und Weise durchgesprochen. Beinahe schon freundlich. Lichtenstein verharmlost sogar einige Sachverhalte. Gemeinsam mit Stricker zeigt er dem Filialleiter auf, wie er sich verbessern könnte. Es wird besprochen, welche Schritte im Einzelnen zu gehen sind. Am Ende des Gesprächs kommt Kötz' chaotische Lagerorganisation zur Sprache. Es steht immer randvoll, und niemand hat einen Überblick über die Bestände. Lichtenstein schickt Stricker und Kötz ins Lager, sie sollen sich gemeinsam eine Lösung ausdenken.

Im Büro bleiben Lichtenstein und ich zurück. Wir schauen uns an.

«Was denken Sie?», fragt er mich.

«Ich bin überrascht, dass es heute so läuft. Der Filialleiter ist extrem verunsichert. Ich finde es gut, dass Sie ihm helfen wollen.»

Lichtenstein nickt. Er freut sich über die Bestätigung. Ein seltsamer – und seltener – Moment von Nähe entsteht.

«Glauben Sie, der hat verstanden, was wir ihm erklärt haben, und packt das?», fragt er mich.

«Ich kenne ihn zu wenig», weiche ich aus.

«Ja oder nein?»

«Nein.»

Lichtenstein ist überrascht von meiner klaren Antwort. Im

Gegensatz zu vielen anderen neuen Bereichsleitern vertrete ich meine Ansicht. Davor scheint er Respekt zu haben. Zumindest für den Moment.

«90 Prozent von dem, was Aldi macht, finde ich gut.»

Ich blicke ihn fragend an.

«Wissen Sie, manchmal habe ich keine Lust mehr. Bereichsleiter rausnehmen, Filialleiter feuern. Ich habe so viele kommen und gehen sehen», sinniert Lichtenstein. «Da denke ich mir: Kann ich nicht einfach, bis ich in fünf oder sechs Jahren in die Rente gehe, mit denselben Leuten weitermachen?»

«Verstehe ich.»

«Aber das ist nicht gut, Herr Straub. Ich habe solche schwachen Momente. Aber dann ziehe ich mich selbst am Schopf aus diesem Sumpf. Es muss Disziplin herrschen. Wenn ich als Verkaufsleiter nicht mehr konsequent bin, kann ich selbst gehen.»

Stricker und ich sind froh, dass nicht gleich der nächste dran war. Die Tage und Wochen gehen ins Land, der Schock verfliegt. Stricker erklärt mir viel, er quasselt den ganzen Tag. Er geht in die Details, kann mir aber keinen Überblick geben – er hat ihn nämlich selbst nicht. Das Leistungsprinzip zum Beispiel, ein Kerngedanke von Aldi, erklärt er mir nicht. Stattdessen lerne ich alle Vorschriften und Regelungen, die ständig beobachtet werden müssen. Vor allem in Bezug auf die Optik der Filialen. Den Ordner «Standards im Verkauf» kennt Stricker in- und auswendig. Für die Bedürfnisse seiner Mitarbeiter hat er wenig Sinn. Er hat seine eigene Zeit «an der Front» längst vergessen.

Erste Erfahrungen in der Filiale

Jeder angehende Bereichsleiter durchläuft eine sogenannte Filialzeit. Nach der ersten Einarbeitung durch einen Bereichsleiter in Amt und Würden, in meinem Fall Stricker, beginnt die schwerste und härteste Phase seiner Einarbeitung – die Feuerprobe gewissermaßen. Er wird ins kalte Wasser geworfen und muss nach kürzester Zeit eine Filiale selbst leiten. Dabei gelten die ersten vier Wochen als die härtesten. Das kann ich bestätigen.

Noch in den vier Wochen Einarbeitung beim Kollegen Stricker werde ich von einem seiner verbliebenen Filialleiter erstmals in die Abläufe einer Filiale eingeführt. Zwei Tage zunächst lerne ich eine Filiale «live» kennen. Mein erster Arbeitstag beginnt um 6 Uhr morgens und endet um 20.30 Uhr. Da mein Hotel ein gutes Stück entfernt ist, bedeutet dies: um 4.30 Uhr aufstehen, schnell duschen, anziehen und dann ca. 40 Minuten mit dem Auto fahren, um kurz vor 6 Uhr auf der Matte zu stehen. Sofort geht es los. Außer mir sind noch zwei Mitarbeiterinnen und der Filialleiter zugegen. Was die Damen genau machen, werde ich erst später kennenlernen. Ich halte mich zunächst an den Filialleiter. Zuerst «knallt» er das Obst rein. Die Ware wurde gerade mit dem LKW angeliefert. Ich helfe ihm nach Kräften mit einigen Kartons, muss aber schnell einsehen, dass ich mit seinem unheimlichen Tempo nicht mitkomme. Irgendwann klingelt zum Glück das Telefon, er ist für eine halbe Stunde weg, und ich kann alleine weitermachen. «Jetzt müssen wir aber Gas geben», raunzt er mich an, als er zurückkommt. Du mich auch, denke ich, wer hat denn gerade eine halbe Stunde durch die Gegend telefoniert? Der Filialleiter arbeitet jetzt noch schneller, und ich versuche mitzuhalten. Morgens werden neben dem Obst und Gemüse das Frischfleisch und das Brot eingeräumt, also alle Frischartikel. Kurz vor acht Uhr sind wir fertig. Ich bin es auch schon. Jetzt habe ich ja nur noch zwölf Stunden vor mir. Zu meiner Überraschung findet kurz nach acht ein Frühstück statt, das wir gemeinsam im Aufenthaltsraum einnehmen. Die Stimmung ist gut, das Team scheint zu funktionieren, denke ich mir. Tagsüber werden weitere Artikel geliefert: das Trockensortiment, Tiefkühlkost und Aktionsware. Überall schnuppere ich rein, gewinne erste Eindrücke. Den Hauptteil der ersten beiden Tage verbringe ich damit, leere Kartons aus der Filiale zu räumen – stundenlang.

Einmal teilt der Filialleiter mir den elektrischen Hubwagen zu. Er weist mich an, die Gurken, die auf Palette geliefert werden, in den Laden zu fahren. Kein Problem, denke ich. Schnell stelle ich aber fest, dass Gurkenpaletten verdammt wackelig sind. Ich bleibe mit meiner Palette an einem Regal hängen, und nur eine zu Hilfe eilende Verkäuferin kann das Malheur verhindern. Sie hilft mir, die Palette zu platzieren. Ich bin so in Panik und mit dieser Aktion beschäftigt, dass ich den Filialleiter erst später bemerke, der das Spektakel beobachtet und mich auslacht: «Der Gurkentrick klappt doch jedes Mal.»

Ich lache mit und bin froh, dass ich keinen größeren Schaden verursacht habe. Mit dem Filialleiter komme ich gut klar. Er erklärt mir viel, zeigt mir, wie bestellt wird und wie die Kassen abgerechnet werden. In so kurzer Zeit sind das viele Informationen. Er gibt mir auch den einen oder anderen «Insider-Tipp» und plaudert aus dem Nähkästchen. Ich werde ihn später, in der eigentlichen Filialzeit, einige Male anrufen und um Rat fragen.

Zwei Jahre später: Mein Ratgeber für die Filialzeit hat Aldi verlassen. Die offizielle Begründung lautet, er habe bei einem Kühlalarm falsch reagiert. In Wirklichkeit wird schnell klar, dass Lichtenstein die Stimmung in dieser Filiale zu gut war und dass der Filialleiter zu kritisch der Zentrale gegenüber war. Hinter vorgehaltener Hand heißt es, er habe mit den Verkäuferinnen «gekungelt» und sei nicht distanziert genug gewesen. Bereits vor zwei Jahren habe der Filialleiter einmal geäußert, die «da oben in der Zentrale» wüssten doch gar nicht mehr, wie es in der Praxis zugeht. Das hören die feinen Herren nicht gerne. Auch Stricker hat Aldi längst verlassen. Lichtenstein war mal wieder konsequent. Strickers Zahlen waren zu schlecht. Stricker hat «ganz von alleine», «freiwillig» und «von selbst» gekündigt. Beide Herren sind nach meinem letzten Kenntnisstand heute bei einem anderen großen Discounter beschäftigt. Wer der Filialleiter Maier überhaupt war, weiß schon keiner mehr. Die Filiale hat zunächst ein wesentlich kostengünstigerer Stellvertreter übernommen. Die Leistungszahlen sind gestiegen. Die kleine Abfindung an Maier wurde innerhalb kürzester Zeit wieder eingespielt. Für Kötz wird eine neue Bereichsleiterin zuständig. Von Anfang an stellt sie Kritikpunkte zusammen, schreibt fleißig mit. Lichtenstein gibt sich überrascht. Die Vorwürfe sind genau die gleichen wie unter Strickers Ägide. In einem Verhandlungsmarathon überzeugt Lichtenstein Kötz mit Nachdruck von einer einvernehmlichen Lösung. Er unterschreibt einen Aufhebungsvertrag. Kötz lässt sich indessen schon lange von einem Anwalt beraten. Für Aldi wird es diesmal teuer, aber Kötz geht. Lichtenstein sagt später zu mir: «Sehen Sie, Herr Straub, ich war lange zu gutmütig. Ich hätte ihn schon damals rausnehmen sollen.»

2. Lehrjahre sind keine Herrenjahre

Sie können hier nur verlieren

«Sie können hier nur verlieren», motiviert mich der zuständige Bereichsleiter, Herr Schweinbaur, gleich zu Beginn. Der Markt, in dem meine erste Filialzeit stattfindet, ist aus Aldi-Sicht optimal aufgestellt: Die Umsätze entwickeln sich positiv, die Inventur ist gut, und die Personalkosten sind gering. Ich kann hier tatsächlich nur für eine Verschlechterung sorgen, was mir durchaus gelingen wird. Die guten Zahlen liegen nicht zuletzt in der Tatsache begründet, dass es keinen offiziellen Filialleiter gibt, also jemanden, der auch dieses Gehalt bezieht. Diese Aufgabe wird vielmehr von einer wesentlich billigeren Stellvertreterin erledigt. In ihrer Abwesenheit wird die Filiale oft von Bereichsleitern in Einarbeitung geführt, Leuten wie mir. Sie sind naturgemäß unerfahren und wechseln ständig. Die Stimmung beim Personal ist entsprechend mies. Die Stellvertreterin selbst arbeitet viele Stunden kostenlos und spart beim Personal, wo es nur geht. So verbraucht die Filiale wenig Mitarbeiterstunden, und die Leistungszahlen sind weit oben. Von älteren Mitarbeitern, die das Tempo nicht mehr mithalten können, wird «freiwillige» Vor- und Nacharbeit erwartet. Die Filiale ist mit drei Auszubildenden und einer Praktikantin ausgestattet.

In der ersten Woche bin ich stark erkältet, eigentlich müsste ich mich krankmelden. Aber welchen Eindruck würde das machen? Ich beiße die Zähne zusammen. Meine Tage beginnen in der Filiale gegen 6 Uhr morgens, ich arbeite durch bis 20.30 Uhr. Zum Essen und Trinken bleibt wenig Zeit, an eine echte Pause ist nicht zu denken. Schon nach dem zweiten Tag bin ich körperlich am Ende.

Der zuständige Bereichsleiter ist schon seit acht Jahren dabei. Herr Schweinbaur plant, den Job bis zur Rente auszuüben. In einem längeren Gespräch gleich zu Beginn möchte er alles über mich wissen. Er stellt sehr persönliche Fragen, auf die ich zurückhaltend antworte. Er selbst nennt nur «Rahmendaten»: Mitte dreißig, verheiratet.

«Was macht Ihre Frau beruflich?», frage ich, ohne mir viel dabei zu denken. Mehr, um das Gespräch in Gang zu halten.

Der Kollege ist peinlich berührt. Als sei er von dieser harmlosen Frage persönlich getroffen, antwortet er schroff: «Das geht Sie gar nichts an.»

Ich bin erstaunt. Habe ich etwas Falsches gesagt? Locker füge ich hinzu: «Ist sie auch bei Aldi beschäftigt?»

Er schaut mich entgeistert an. Wie ein beleidigtes Kind murrt er: «Haben Sie nichts zu tun?»

«Doch, ich muss noch Konserven einräumen.»

«Also dann.»

Komischer Kauz, denke ich mir. Zwar wundere ich mich im ersten Moment über sein Verhalten. Aber ich habe tausend andere Dinge im Kopf und vergesse die Episode schon bald. Später erfahre ich, dass seine Frau tatsächlich bei Aldi beschäftigt war: als Verkäuferin. Ihm ist das offenbar peinlich, er bemüht sich, es zu verheimlichen. Von meiner Frage fühlt er sich persönlich getroffen. Warum eigentlich? Seither bin ich jedenfalls bei ihm untendurch, und er legt mir Steine in den Weg, wo es nur geht.

Nach ein paar Tagen gemeinsamer Arbeit mit der Stellvertreterin verabschiedet sie sich in den Urlaub. Ich bin jetzt auf mich alleine gestellt. Die Stellvertreterin ist selbst gerade einmal seit einem halben Jahr mit der Ausbildung fertig und hat mir mehr schlecht als recht das Nötige beigebracht, um eine

Filiale zu leiten. Hastig und bruchstückhaft habe ich Informationen erhalten, meistens zwischen Tür und Angel.

Zuerst räume ich wieder die leeren Kartons aus der Filiale, fahre die Ware in den Laden und lerne, an der Kasse zu arbeiten. Ich kann den elektrischen Hubwagen, wahlweise «Ameise» oder «E-Hund» genannt, nicht richtig bedienen und weiß nicht, wo welche Artikel stehen. Getränkepaletten bei Aldi sind eingeschweißt. Ständig vergesse ich, die Folie zu entfernen. Mit der Geschwindigkeit der Verkäuferinnen oder gar dieser jungen, motivierten Stellvertreterin kann ich nicht mithalten. An der Kasse habe ich so meine Probleme. Vorher dachte ich, das ist die einfachste Arbeit: Ware über den Scanner ziehen und fertig. Doch es gibt mehr zu beachten, als landläufig geglaubt wird. Jeder Obst- und Gemüseartikel hat eine Nummer, die der Kassierer auswendig wissen muss. Kauft der Kunde einen ganzen Karton, muss der Kassierer die Einheit auswendig wissen oder schnell nachrechnen. Oft bleiben Artikel im Einkaufswagen oder auf der Ablage liegen, hier muss genau kontrolliert werden. Zusätzlich müssen Abgabeeinschränkungen bei Alkohol und Tabak beachtet werden. Steht die Bonsumme am Ende des Kassiervorgangs fest, muss schnell das Wechselgeld ausgerechnet werden. Während der Kunde noch nach einem Schein sucht, sollte der Kassierer bereits das Kleingeld vorbereitet haben, um den Kunden möglichst schnell abzufertigen.

Der Druck an der Kasse ist nicht ohne. Immer alles richtig zu machen erfordert Konzentration. Die Kunden haben Fragen und erwarten Freundlichkeit, mein Bereichsleiter erwartet soundso viele Artikel pro Stunde. Als Filialleiter muss ich an der Kasse immer einspringen, wenn die Mitarbeiter Pause machen oder besonders viel los ist. Hauptsächlich aber habe ich andere Arbeiten zu erledigen. Bestellungen zum Beispiel. Woher soll ich wissen, wie gut welcher Artikel läuft und wann ich wie viel bestellen muss? Auf gut Glück trage ich meine Zahlen ein und nehme tendenziell immer etwas mehr, als ich vermute. Schließlich soll nichts ausgehen. Schon bald platzt meine Filiale aus allen Nähten; das Lager ist randvoll. Eine Verkäuferin fragt mich einmal scherzhaft: «Halten Sie schon den Bestand für die Weihnachtswoche hoch?»

Das beirrt mich wenig, und ich bestelle kräftig weiter. In der Stadt gibt es weitere Aldi-Märkte. Ein anderer Kollege in Einarbeitung arbeitet zur gleichen Zeit in der Nachbarfiliale. Er bestellt immer viel zu wenig. Viele Kunden kommen zu mir, weil bei ihm ständig Artikel ausverkauft sind. Seine Filiale sieht an manchen Tagen aus, als ob der Notstand herrsche: Der Kunde steht vor leeren Regalen. Damit verdirbt er es sich mit unserem momentanen Chef, dem für beide Filialen zuständigen Bereichsleiter. Denn dessen Frau, genau, die ehemalige Aldi-Verkäuferin, bekommt zweimal in Folge nicht die Quarkbällchen aus der Tiefkühlung. Unser Chef mag aber Quarkbällchen.

Wenn die bestellte Ware ankommt, muss alles genau kontrolliert werden. Für jede Palette gibt es einen Lieferschein, und ein Verantwortlicher prüft, ob alles stimmt. Das Zentrallager stellt die Paletten zusammen, und Fehler kommen immer wieder vor; sie müssen dann reklamiert werden. Mal werden falsche Mengen gebracht, mal ganze Artikel vergessen, mal komplett andere Artikel geliefert. Es kommt auch vor, dass die Bereichsleiter sogenannte Testlieferungen veranlassen, Lieferungen, in die bewusst Fehler eingebaut werden. Wehe, der Filialleiter bemerkt dies nicht. Ich kontrolliere gewissenhaft. Nur bei Obst und Gemüse kann ich die exotischen Artikel nicht unterscheiden. Genau hier wird bei einer Testlieferung ein Fehler eingebaut, und ich vermassele es. Sobald alles kontrolliert ist, muss die Ware eingeräumt werden. Der Filialleiter muss bei Aldi mithelfen, die Ware einzuräumen. Viele Artikel kommen in Kartons und sind schwer zu tragen. Alles muss schnell gehen. Die körperliche Belastung ist enorm. Die Zeit ist hart für mich. Zumal ich mindestens vierzehn Stunden täglich in der Filiale bin.

Aldi bietet seine Aktionsartikel zweimal pro Woche feil. Sie werden aus Metalltischen verkauft. Die Zusammenstellung und Aufbereitung der Aktionsware erfordert ein gewisses Geschick. Ähnliche Artikel sollten möglichst nah nebeneinanderstehen, und die Ware soll dekorativ ansprechend präsentiert werden. Für diese Arbeit habe ich kein besonders gutes Händchen. Einmal mache ich es trotzdem selbst, weil sonst niemand da ist. Prompt erhalte ich am nächsten Tag Feedback von Schweinbaur: «Das sieht ja aus wie hingekotzt.» Seither delegiere ich diese Tätigkeit lieber an Kolleginnen.

Zweimal täglich werden die Kassen abgerechnet, mittags zum Schichtwechsel und abends nach Geschäftsschluss. Als Filialleiter muss ich die Geldbestände nachwiegen, mit dem Sollbestand abgleichen und das Geld in den Tresor räumen. Die Scheine werden gebündelt und in regelmäßigen Abständen von einem Sicherheitsdienst abgeholt.

Ständig wollen Kunden etwas wissen, fragen nach irgendwelchen Artikeln. Faxe mit Arbeitsaufträgen aus der Zentrale gehen ein: Schicken Sie dieses per Gutschrift zurück, nehmen Sie jenen Artikel aus dem Verkauf, beachten Sie Folgendes. Zu allem Überfluss ruft der Bereichsleiter gelegentlich an und gibt Informationen weiter oder veranlasst einen Warenaustausch. Vor allem bei Aktionsartikeln kommt dies häufig vor. Wenn die eine Filiale noch größere Bestände hat und eine andere nur noch geringe, dann wird ein Teil der Artikel verschickt.

Fast täglich kommt der liebe Herr Schweinbaur bei mir vorbei und motzt. Bei einem Rundgang durch die Filiale begibt er sich auf Fehlersuche und stellt eine Liste zusammen. Ich muss ins Büro kommen und mit ihm sprechen, obwohl ich tausend andere Dinge zu tun hätte. Er erklärt mir, was alles falsch laufe und welche zusätzlichen Aufgaben ich noch zu erledigen hätte. Vieles davon ist reine Schikane. Einmal muss ich die Bodenfugen der Kassen reinigen, was offensichtlich schon Monate oder Jahre nicht mehr gemacht wurde.

Oft habe ich große Lust, einfach alles hinzuschmeißen. Meine Aldi-Krawatte wegzureißen, das gestreifte Aldi-Hemd auszuziehen, meine Aktentasche zu packen und zu sagen: Das war's, ihr könnt mich alle mal. Wofür muss ich mir das antun? Ich habe studiert, könnte überall ähnlich lukrative, aber tausendmal interessantere und anspruchsvollere Aufgaben übernehmen. Hier muss ich das heruntergefallene Glas Marmelade aufwischen, täglich bis zur Erschöpfung buckeln, schlechtgelaunte Verkäuferinnen ertragen und immer wieder Chefs, die auf der Arschloch-Skala weit oben angesiedelt sind. Aber der Ehrgeiz hat mich gepackt. Ich will es schaffen. Ihr kriegt mich nicht klein, denke ich mir. Ich will und werde das schaffen. Euch zeig ich es.

Bei den anderen Mitarbeitern in der Filiale bin ich nicht besonders beliebt. Ich bin mit den Filialleiteraufgaben hoffnungslos überfordert, die Kolleginnen müssen vieles ausbaden. Ich habe noch keine Führungserfahrung in einem Unternehmen gesammelt. Und obwohl ich völlig inkompetent bin und jede Kassiererin mir etwas vormachen kann, lasse ich auch noch den Chef raushängen. Stricker hat empfohlen, mir von Anfang an Respekt zu verschaffen. Also betone ich gerne, wer hier das Sagen hat. Wenn eine Verkäuferin in meinen Kompetenzbereich, beispielsweise die Bestellungen, eingreift, klopfe ich ihr sofort auf die Finger. So ist es wenig verwunderlich, dass mich die Verkäuferinnen in dieser Filiale «ins offene Messer laufen» lassen und mich ständig beim Bereichsleiter anschwärzen. Ihnen dürfte aufgefallen sein, dass sie damit bei ihm punkten können. Vielleicht fragt er sogar gezielt. Seine Kritik-Listen werden immer länger. Ich sehe, wie er immer Notizen macht. Er traut sich allerdings nie, mich sofort und direkt anzusprechen. Er ist zu feige für eine Konfrontation. Stattdessen erhalte ich immer neue Arbeitsaufträge.

Eine Verkäuferin ist wiederholt bei Schweinbaur, sie kann mich anscheinend überhaupt nicht leiden. Ich höre zufällig, wie sie ihm sagt, ich sei unfreundlich zu den Kunden und mein Lager sei ständig so voll, als würde ein Feiertag unmittelbar bevorstehen. Letzteres stimmt. Ich spreche sie darauf an und fordere, dass sie zunächst mit mir reden soll, bevor sie mich anschwärzt. Wir geraten in Streit.

Ausgerechnet als die Stimmung einen neuen Tiefpunkt erreicht, kommt Herr Lichtenstein vorbei. Ausnahmsweise nach vorheriger Ankündigung. Der Bereichsleiter ist frühmorgens vor Ort, prüft persönlich den Perlator.

«Passt alles?», frage ich.

«Ja, aber schauen Sie mal nach dem Mülleimer im Nebenraum.»

«Mache ich.»

«Nur als Tipp: Wenn da was nicht stimmt, reagiert der Chef allergisch.»

Schweinbaur spricht aus Erfahrung. Nachdem Perlator und Mülleimer im Nebenraum geprüft sind, arbeite ich in der Filiale. Ich bemerke Lichtenstein erst gar nicht, fahre gerade Mehl in den Laden. Plötzlich steht er hinter mir. Er ist gut gelaunt, freut sich, mich beim Arbeiten anzutreffen.

«Hallo, Herr Straub, wie geht's?»

«Guten Morgen, Herr Lichtenstein, gut, danke.»

«Na, sag mal», duzt er mich. «Wie viel haben Sie schon abgenommen?»

«Sicher schon zwei oder drei Kilo.»

«Sehr gut. Das werden noch ein paar mehr. Haben Sie den Laden im Griff?»

«So einigermaßen.»

«Passt schon, am Anfang ist keiner perfekt. Wenn ich an meine erste Filialzeit zurückdenke, kann ich nur eins sagen: Schadensbegrenzung war das Wichtigste. Bis später.»

Er ist bester Stimmung an diesem Morgen. Bevor er das Büro betritt. Dort wartet bereits Schweinbaur. Lichtenstein spricht ewig mit ihm. Jede Minute kommt mir vor wie Stunden. Ich weiß genau, was jetzt dadrinnen passiert. Der Bereichsleiter macht mich gerade richtig schlecht. Er gibt alle Kritikpunkte weiter, und Lichtenstein würde sie aufgreifen, zumal der Bereichsleiter ein anerkannter alter Hase ist. Bei dieser Gelegenheit wird mir besonders klar, wie abhängig die Vorgesetzten in filialisierenden Unternehmen von den Informationen ihrer nachgeordneten Mitarbeiter sind. Ein großer Nachteil der dezentralen Organisation.

Nach einer gefühlten halben Ewigkeit werde ich in den Nebenraum gebeten. Die Stimmung ist komplett verändert. Lichtenstein setzt sich auf die eine Seite, ich mich gegenüber. Er ist distanziert und ernst. Er führt mit mir ein Kritikgespräch, das sich gewaschen hat. Dabei geht Lichtenstein nicht auf konkrete Punkte oder Informationen des Bereichsleiters ein. Er tut vielmehr so, als habe er selbst Sachverhalte festgestellt. Eine Anweisung zur doppelten Platzierung eines Artikels, die gestern aus der Zentrale kam, habe ich noch nicht umgesetzt.

«Wie kann das sein?», fragt er betont ruhig. Er schaut mich lange unter seiner randlosen Brille hervor an.

«Ich bin noch nicht dazu gekommen.»

«Wie stellen Sie sich das vor?»

«Was genau?»

Lichtenstein brüllt jetzt los: «Was? Sie sollen hier Vorbild sein für die Mitarbeiter! Wie stellen Sie sich das vor, wenn Sie Anweisungen nicht umsetzen. Sie machen mich ja lächerlich in den Filialen.»

Er tut so, als sei er persönlich betroffen. Als ob es meine Absicht wäre, ihn lächerlich zu machen. Ich hatte einfach noch keine Zeit gehabt.

«Weil Sie die Anweisung nicht umgesetzt haben, machen wir weniger Umsatz. Weniger Umsatz heißt weniger Gewinn.»

Pause.

«Aldi macht weniger Gewinn, Herr Straub. Dafür sind Sie verantwortlich.»

Lichtenstein übertreibt maßlos, aber in einer Art und Weise, dass mir fast der Atem wegbleibt. Ich denke, jetzt werde ich gleich entlassen. Er setzt mich unter Druck und dreht mir die Worte im Mund herum.

«Weshalb sind die Vorhänge hier im Nebenraum so dreckig?», will er wissen.

«Keine Ahnung, ich bin erst seit zwei Wochen hier.»

«Mir fällt das sofort auf, aber Ihnen ist das in zwei Wochen noch nicht aufgefallen?»

«Nein, ich war mit der Filiale beschäftigt», antworte ich trotzig. Statt eines völligen Ausrasters beruhigt er sich ein klein wenig. Vielleicht bemerkt er, wie grotesk seine Vorwürfe objektiv gesehen sind.

«Sie sind hier der Chef, Herr Straub. So was geht nicht. Eine Verkäuferin soll die Dinger mit heimnehmen und waschen», murrt er.

«Ja, ich werde eine Kollegin fragen.»

Seine Miene wird wieder ernst. Das hätte ich nicht sagen sollen.

«Spinnen Sie komplett?», brüllt er mich an. «Die Verkäuferinnen sind doch nicht Ihre Kolleginnen. Haben Sie einen an der Waffel? Ich glaube das ja gar nicht. Der Bereichsleiter ist Ihr Kollege, aber doch nicht die Verkäuferin.»

«Kollegin bezog sich nicht auf die Hierarchie, sondern ...»

«Schluss. Herr Straub, so einen Unsinn will ich nie wieder hören. Kollegin! Ich glaube, es hakt. Auch noch mit den Verkäuferinnen kungeln. Schauen Sie lieber, dass Sie hier was schaffen, Sie fauler Sack!»

Keinen Ton sage ich mehr. Ich bin kurz davor, aufzustehen und zu gehen. Mein Puls rast. Lichtenstein sucht nach Fehlern, will mich fertigmachen. Aber mich auch noch als faulen Sack zu bezeichnen, wo ich jeden Tag vierzehn oder fünfzehn Stunden in dieser Filiale ackere, geht zu weit. Er bemerkt, dass er mich gekränkt hat, fährt aber fort. Er erklärt, dass ich motivierter arbeiten und meinen Mitarbeitern ein Vorbild sein müsse. Ich lasse sein Geschwafel über mich ergehen, sage nichts mehr. Fast eine Stunde dauert dieser Psychoterror. Lichtenstein ist geübt darin, ich nicht. Nach einer gefühlten Ewigkeit ist seine Tirade endlich vorbei. Beim Verlassen des Nebenraums entdeckt er hinter der Tür ein Paar Turnschuhe.

«Wem gehören die?», fährt er mich an.

«Dem Azubi.»

«Ist das der richtige Platz dafür?»

«Die stehen immer da.»

«Na und? Jetzt sind Sie hier der Chef. Das geht nicht. Schmeißen Sie die Schuhe weg!»

«Wie meinen Sie das?», frage ich verwirrt nach.

«Schmeißen Sie die Dinger in den Mülleimer. Die gehören nicht hierher», herrscht er mich an.

«Das geht doch nicht.»

«Doch. Weg damit. Sonst lernt der Azubi das nie.»

«Ich weiß nicht», versuche ich zu beschwichtigen. «Er zieht während der Arbeit immer Sicherheitsschuhe an. Ich werde ihm sagen, er soll sie in seinen Spind stellen.»

Lichtenstein dreht sich um und geht. «Lusche», schimpft er noch. Nach diesem Auftritt ist mir die Beleidigung völlig egal. Hauptsache, er geht. Er verlässt die Filiale, ich gehe auf die Toilette. Ich muss fast kotzen. Beim Blick in den Spiegel wird mir anders: Ich bin kreidebleich. Selten wurde ich so ungerecht behandelt. Ich gebe hier mein Bestes und werde noch fertiggemacht. Warum lässt sich jemand wie Lichtenstein so leicht manipulieren? Was hat mein Bereichsleiterkollege gegen mich? Ich wasche mein Gesicht mit eiskaltem Wasser. Einige Sekunden lang. Ich bin immer noch bleich, lächle in den Spiegel. Wirkt nicht so ganz echt.

Der Bereichsleiter sitzt noch immer im Filialbüro. An Verlogenheit und Scheinheiligkeit ist er nicht zu überbieten.

«Na, wie ist es gelaufen?», grinst er.

«Ganz gut», antworte ich. «Ich glaube, er war zufrieden.»

Mein Kollege schaut mich ungläubig an, beim Verlassen des Büros setzte ich lächelnd noch eins drauf: «Sie sind doch auch mit mir zufrieden, nicht wahr?»

Bevor er antworten kann, bin ich durch die Tür. Ich denke etwas, das ich nicht aufschreiben kann. Aber ihr kriegt mich nicht. Mein Kampfgeist ist erwacht. Ich fühle mich jetzt wie ein Sportler, der ein Ziel erreichen möchte. Aufgeben kommt nicht in Frage.

Aber obwohl ich in der Filiale permanent durcharbeite und nie Pausen mache, hinke ich mit allen Arbeiten hinterher. Die Filiale sieht nicht mehr ordentlich aus, die Arbeitsaufträge aus der Zentrale kann ich erst zeitversetzt umsetzen, die Listen vom Bereichsleiter stapeln sich schon, und er wird ungeduldig. An manchen Abenden schicke ich die Verkäuferinnen heim und bleibe alleine noch da. Immer wieder kommen sogenannte Preisveränderungen. Die Filiale muss dann eine Inventur der Artikel vornehmen, die sich im Preis ändern, und einen entsprechenden Buchungsbeleg erstellen. Ansonsten würde die Gesamtinventur verfälscht werden. Seit einigen Jahren müssen die Preise für den Endkunden wegen starker Schwankungen auf den internationalen Lebensmittelmärkten häufiger angepasst werden. Selbst wenn Aldi zu meiner Zeit in einer Preisänderungsrunde von 20 Artikeln beispielsweise nur zwei im Preis senkt, bei 18 den Preis aber erhöht, werden die riesengroßen «Billiger»-Banner und Plakate platziert: im Schaukasten vor der Filiale, unter dem Aldi-Logo, im Fenster, manchmal über den Tiefkühltruhen und schließlich links und rechts neben den Preisschildern der beiden Artikel. Diese Schilder werden für vier Wochen von Gelb auf Rot umgestellt. Werden Artikel im Preis erhöht, wird still und heimlich das gelbe Preisschild ausgetauscht. Die meisten Kunden bemerken das nicht. Gerade solche Aufgaben und andere Kleinigkeiten arbeite ich oft bis 22 Uhr auf. Ständig kommt neue Arbeit hinzu, und alte bleibt liegen. Meine Kräfte sind langsam, aber sicher erschöpft.

Unser Geschäftsführer Herr Schneider besucht mich. Er fragt: «Wie geht's?», «Wie viel haben Sie schon abgenommen?», «Kann ich sonst noch was für Sie tun?», und ist wieder weg. Ich habe ein ungutes Gefühl. Ein seltsamer Auftritt. Ob ich etwas falsch gemacht habe? Schweinbaur klärt mich auf: «Das ist normal. Herr Schneider war noch nie länger als fünf Minuten in einem Laden.»

Ein paar Tage nach den Besuchen der hohen Herren bekomme ich erneut mit, wie mich meine «Lieblingsverkäuferin» beim Bereichsleiter anschwärzt. Wieder ist meine

Bestellung Thema. Denkt sie eigentlich, ich bestelle absichtlich schlecht? Woher soll ich denn wissen, welcher Artikel sich wie stark verkauft? Ich höre noch, wie sie sagt: «Der hat schon wieder zwei Paletten Orangensaft genommen, dabei haben wir noch zwei im Lager.»

Mir reicht es. Ich bin wütend. Ich passe mich dem Unternehmen an. Die besagte Verkäuferin sammelt immer Bananenkisten für einen Bekannten. Über mehrere Tage oder Wochen hinweg stellt sie die Kisten beiseite. Sobald sich einige angesammelt haben, werden sie abgeholt. Gerade stehen etliche da, bestimmt werden sie morgen oder übermorgen mitgenommen. Ich entsorge nach Feierabend alle. In den Nebenraum lege ich eine handgeschriebene Anweisung, dass Bananenkisten ab sofort nicht mehr gesammelt werden dürfen. Schon die anderen Verkäuferinnen und die Azubis sind am Folgetag aufgebracht. Meine Lieblingsverkäuferin, die zur Nachmittagsschicht erscheint, erst recht! Sie sucht überall nach ihren Kisten, kommt dann zu mir gerannt:

«Herr Straub, haben Sie die Kisten weggeräumt?»

«Ja.»

«Wo sind sie denn?»

«In der Papierpresse.»

«Ja, aber ... wieso ...?»

«Ich brauche den Lagerplatz für zwei zusätzliche Paletten Orangensaft.»

Freunde werden wir keine mehr. Aber sie weiß jetzt, dass mit mir nicht zu spaßen ist. Trotzdem habe ich ein schlechtes Gewissen. Die Kisten scheinen ihr wichtig gewesen zu sein, sie ist am Boden zerstört. Die Maßnahme zeigt aber Wirkung; von ihrer Seite gibt es kein Störfeuer mehr. Sollte Lichtenstein am Ende recht haben? Brauchen die Verkäuferinnen einfach eine härtere Gangart? Der Gedanke gefällt mir nicht.

Die letzten Tage bringe ich mehr schlecht als recht hinter mich. Ich schleppe mich von Tag zu Tag. Aufstehen, fünfzehn Stunden Aldi, heimkommen, schnell was essen, schlafen. Und wieder von vorne. Ich sehe nichts anderes mehr als den Laden und mein Hotel. Zwei Tage vor dem Ende meiner ersten Filialzeit kommt die Stellvertreterin aus dem Urlaub zurück, nörgelt an allem rum. Sie ist unzufrieden mit dem Zustand «ihrer» Filiale. Sie reibt sich auf, alles muss hundertprozentig korrekt sein, sie hat einen extremen Hang zum Perfektionismus. Mein Bereichsleiterkollege weiß das zu nutzen und steuert sie geschickt. Die junge Stellvertreterin ist fortwährend unzufrieden mit sich und allen anderen, sie möchte immer allen Anforderungen gerecht werden. Das macht sie zur perfekten Aldi-Marionette.

An meinem letzten Tag trinken wir gemeinsam einen Kaffee. Sie gibt mir noch einige Tipps. Ein vertrauteres Gespräch entwickelt sich. Die Stellvertreterin erzählt von ihrer Familie, wie sie zu Hause ebenfalls Verantwortung übernimmt und von ihren Plänen. Zum ersten Mal empfinde ich eine Art von Sympathie für sie. Davor wirkte sie auf mich eher wie eine Maschine.

«Sie können stolz sein auf Ihre bisherige Laufbahn und das, was Sie alles leisten», sage ich. Sie winkt ab, wird aber trotzdem ein wenig rot.

«Übertreiben Sie nicht manchmal ein wenig?», frage ich sie.

«Wie jetzt?»

«Na ich denke, Sie sollten auch mal abschalten.»

«Das mache ich schon. Keine Sorge.»

«Wie Sie meinen.»

«Was soll das heißen?»

«Sie verausgaben sich, habe ich den Eindruck. Sind Sie denn glücklich?»

«Ja, natürlich», antwortet sie wie aus der Pistole geschossen. Die Frage überfordert sie. Sie rennt in die Filiale und tut so, als müsste sie dringend etwas erledigen. Hinterher verbreitet sie, ich sei nicht motiviert und habe keine gute Arbeitseinstellung. Das gibt sie an den Bereichsleiter weiter, der wiederum an den Verkaufsleiter. Damit bin ich in einer Schublade, aus der ich so schnell nicht wieder herauskommen werde.

Etwa zwei Jahre später unternimmt die junge Frau einen Selbstmordversuch und wird für längere Zeit in eine psychiatrische Anstalt eingewiesen. Sie ist total ausgebrannt. Schweinbaur besucht sie dort, er bringt Blumen vorbei. Er ist in großer Sorge: «Die 25 Euro für den Blumenstrauß gehen ja noch, aber die lange Krankheit verhagelt mir diesen Monat meine Personalkostenstatistik.» Aldi schreibt auf seiner Homepage: «Besonderes Einfühlungsvermögen zeichnet alle unsere Führungskräfte aus.»

Einmal kurz durchatmen

Nach meiner ersten Filialzeit findet erneut eine Mitfahrt mit einem Bereichsleiterkollegen statt. Zeit, mich körperlich zu regenerieren. Im Weihnachtsgeschäft möchte Aldi den Bereichsleitern keine Filiale zumuten und vor allem den Kunden keinen Bereichsleiter. Verglichen mit der Filialzeit, ist der Bereichsleiterjob die reinste Erholung. Der Arbeitstag beginnt erst gegen 8 Uhr, mittags gibt es zumindest ab und zu eine kleine Pause, und nicht jeder Tag endet erst um 20 Uhr.

Ich bin zur Einarbeitung bei Frau Moltke. Sie ist eine der wenigen Frauen in diesem Beruf, und sie ist bereits seit fünf Jahren «dabei» und hält sich wacker. Ihr eilt ein zweifelhafter Ruf voraus. Jedenfalls hat Frau Moltke den Aldi-Humor.

DIE TOP 5 SPRÜCHE VON FRAU MOLTKE

1. Zu Kollegen: «Konntest du schon mal eine Antwort geben, wenn dir ein Mitarbeiter eine fachliche Frage gestellt hat?»
2. Zur Verkäuferin: «Wo ist Ihr Namensschild? Das müssen Sie immer anbringen. Sonst weiß ich ja gar nicht, wen ich entlassen muss.»
3. Während der Spargelzeit zum Filialleiter: «Woran erkenne ich einen guten Filialleiter?» Antwort: «Keine Ahnung.» – «Okay, überlegen wir zusammen: Woran erkennen Sie die Qualität dieses Spargels? – Der muss quietschen.»
4. Vor Weihnachten, wenn bei den Schoko-Weihnachtsmännern manchmal die Köpfe abbrechen: «Der war auch mal Filialleiter im Aldi.»
5. Zum weiblichen Azubi bei der Vorlage von Zwischenzeugnissen: «Was hat diese Schokofigur mit Ihnen gemeinsam?» Antwort: «Keine Ahnung.» – «Außen süß, innen hohl.»

Stricker erklärt mir, Frau Moltke habe wenig fachliches Verständnis. Dafür greife sie zu umso rabiateren Mitteln im Umgang mit dem Personal. Leider kann ich diesen Eindruck bald bestätigen. Auf viele Fragen antwortet sie mir: «Das ist halt so», oder: «Das war schon immer so.» Begründungen liefert sie selten. Oft verspätet sie sich zu unseren Terminen. Um eine Notlüge ist sie aber nie verlegen. Immerhin: Ein paar Sachverhalte erklärt sie mir doch. Beispielsweise lerne ich von ihr, weshalb die Aldi-Verkäuferinnen nur teilzeitbeschäftigt sind.

In den Filialen arbeiten nur die Filialleiter und die stellvertretenden Filialleiter in Vollzeit, sämtliche Verkäuferinnen haben Teilzeitverträge. Die Mitarbeiter sind verpflichtet, nach Bedarf Mehrarbeit zu leisten. Aldi benutzt den Begriff «Mehrarbeit» und nicht «Überstunden», da Überstunden zuschlagspflichtig wären. Die zusätzlichen Stunden werden bei den Filialleitern mit Freizeit ausgeglichen, die Stellvertreter und Kassierer erhalten im Regelfall die Stunden ausbezahlt.

Aldi-Filialleiter haben eine hohe Arbeitsbelastung. Die sogenannten Altverträge von Filialleitern belaufen sich auf 45 Arbeitsstunden pro Woche. Bei einer Fünf-Tage-Woche bedeutet das im Schnitt neun Stunden täglich. Die meisten arbeiten das gesetzliche Maximum von zehn Stunden an diesen fünf Tagen, um ein paar Stunden auf ihrem Arbeitszeitkonto aufzubauen. Allerdings reichen heute zehn eingetragene Stunden – inklusive Pause und «Rüstzeit» elf bis zwölf Stunden Anwesenheit – bei weitem nicht mehr, um die Betriebszeit von 6 Uhr morgens bis 20.30 Uhr abends abzudecken. Daher lohnen sich für Aldi die relativ teuren 45-Stunden-Verträge nicht mehr. Der Leiter hat logischerweise in der Filiale den höchsten Stundenlohn, und sein Gehalt sind aus Firmensicht Fixkosten. Manche Regionalgesellschaften haben daher im Jahr 2010 – mit entsprechend hohem Druck – ihre Filialleiterverträge auf 37,5 Stunden umgestellt. Die meisten Leiter sollen davon wenig begeistert gewesen sein. Immerhin reduziert sich ihr Grundgehalt dadurch um 17 Prozent. In anderen Regionalgesellschaften wurde entschieden, den Übergang auf die 37,5-Stunden-Verträge fließend zu gestalten. Die alten Verträge lässt man sukzessive mit dem Austritt der Mitarbeiter auslaufen, die neuen Filialleiter bekommen nur noch die niedriger dotierten Verträge.

In einer Frage hat sich Aldi komplett gewandelt und der Zeit angepasst: Noch vor einigen Jahren sorgte das sogenannte Teilzeitansinnen eines Filialleiters für Aufsehen. Er wollte seine wöchentliche Arbeitszeit auf 90 Prozent, also von 45 auf 40,5 Stunden reduzieren. Zur Klärung der Frage gab Aldi ein Rechtsgutachten bei einer Essener Großkanzlei in Auftrag. Auf sechs Seiten wird darin ausführlich Stellung bezogen. Die

Anwälte argumentieren, der Aldi-Filialleiter sei, nach bisherigem Verständnis, ausschließlich Vollzeitkraft. Zitat:

«Gelegentliche Ansinnen von Mitarbeitern bei Aldi-Nord, in ihrer Funktion als Filialleiter teilzeitbeschäftigt zu werden, konnten durch Aldi-Nord jeweils zurückgewiesen oder anders (durch einvernehmliches Ausscheiden des betreffenden Arbeitnehmers) gelöst werden.»

Ein weiterer Fall zu diesem Thema: Ein Bereichsleiter stellt einen Teilzeitantrag, weil seine Familie Nachwuchs bekommen hat. Es besteht hierfür ein gesetzlicher Anspruch. Der Kollege ist seit etwa zehn Jahren bei Aldi beschäftigt und eine anerkannte Führungskraft. Bis jetzt. Aldi reagiert auf sein «Teilzeitansinnen» so: Man möchte das Thema «anders lösen». Weil der Kollege den Aufhebungsvertrag nicht unterschreibt, wird ihm gekündigt. Einfach so. Er geht vor Gericht. Aldi verliert, muss ihn wieder einstellen. Darüber berichtete sogar die Fachpresse. Welch eine Niederlage! Das Management brüstet sich gerne, nie vor Gericht zu verlieren. Aber der Kollege hat dennoch kein schönes Leben mehr. Man schiebt ihn in ein kleines Büro ab, gibt ihm sinnlose Aufgaben, die er in Teilzeit erledigen darf. Nach drei Monaten gibt er entnervt auf.

Solche Hartleibigkeit hat sich in den Filialen geändert, weil die Personalstruktur geändert wurde. Vor einigen Jahren ist die Position des stellvertretenden Filialleiters eingeführt worden. Bis dahin wurden Abwesenheitszeiten des Leiters durch Vertretungskräfte aufgefangen. Das sind Verkäuferinnen, die stunden- oder tageweise die Filiale leiten und dafür Zuschläge erhalten. Im Zuge der verlängerten Öffnungszeiten wurde entschieden, dass der Filialleiter eine dauerhafte Unterstützung braucht. Daher wurden Vertretungskräften, die Interesse an Mehrarbeit hatten und denen man das Potenzial zubilligte, neue Verträge angeboten. Das Gehalt der Stellvertreter steigt stufenweise an. Die ersten beiden Stufen, in denen die Mitarbeiter gemäß interner Anweisung jeweils maximal drei Jahre gehalten werden dürfen, sind sehr niedrig dotiert. Die meisten Mitarbeiter, die zuvor als Vertretungskräfte gearbeitet haben, verschlechtern ihren durchschnittlichen Stundenlohn dadurch für mindestens sechs Jahre. Aldi schlägt so zwei Fliegen mit einer Klappe: Der Filialleiter erhält eine dauerhafte Hilfestellung, und die Personalkosten sinken. Die Mitarbeiter stimmen solchen Lösungen dennoch meistens zu, weil sie ein höheres (garantiertes) Grundgehalt bekommen. Zunächst wurden mit den Stellvertretern standardmäßig noch 37,5-Stunden-Arbeitsverträge abgeschlossen. Inzwischen werden überwiegend Verträge über 24 Stunden oder weniger abgeschlossen, obwohl die Position an sich als Vollzeitstelle ausgelegt ist. Einige Regionalgesellschaften geben auf wöchentlich 11 (!) Stunden basierende Verträge aus. Gut für Aldi, aber die Unsicherheit der Mitarbeiter steigt. Sie sind auf Mehrarbeit dann finanziell angewiesen.

Die Kassiererinnen sind häufig mit 52 Prozent der Regelarbeitszeit von 37,5 Stunden, also mit 19,5 Stunden Wochenarbeitszeit eingestuft. Neuere Fälle gehen auch in Richtung 18 Stunden pro Woche. Die Teilzeitbeschäftigung der Verkäuferinnen bringt Aldi vor allem eins: Flexibilität. Da die Filialen aus Kostengründen nur mit dem Minimum an Personal betrieben werden, benötigt Aldi insgesamt nicht viele Mitarbeiter. Wird die Arbeit auf mehr Köpfe, die jeweils weniger arbeiten, verteilt, kann besser auf geänderte Bedingungen reagiert werden. Die Verkäuferinnen müssen sich daher zur Verfügung halten, falls sich am Dienstplan etwas ändert. Wer allzu oft keine Zeit hat oder nicht gerne einspringt, wenn sich kurzfristig Bedarf ergibt, ist schnell untendurch.

Ein Beispiel macht dies gut ersichtlich. Anhand des Umsatzes und der Leistungsvorgabe kann man genau ausrechnen, wie viele Stunden die Filiale verbrauchen darf und somit verbrauchen wird. Die genauen Zahlen spielen an dieser Stelle keine Rolle. Nehmen wir an, ich hätte eine Filiale, die einen mittelgroßen Umsatz erzielt. Sie hat einen Leiter mit 45 Wochenstunden und einen Stellvertreter mit 30 Stunden Grundeinstufung. In Vollzeitstellen umgerechnet, bräuchte ich jetzt beispielsweise noch vier Verkäuferinnen, um den Umsatz abzuwickeln. Bei einer 52-prozentigen Einstufung der Verkäuferinnen kann ich aber zu den gleichen Kosten acht Verkäuferinnen beschäftigen.

Folgende realistische Situation: Der Filialleiter hat eine Woche Urlaub, seine 45 Stunden müssen vom übrigen Personal abgedeckt werden. Zusätzlich wird eine Verkäuferin krank, sie fehlt die ganze Woche, also müssen auch ihre Arbeitszeiten ersetzt werden. Weil die Arbeit bei Aldi sich am Kunden orientiert, der jetzt und sofort einkaufen will, können die Tätigkeiten nicht auf «irgendwann mal später» verschoben werden.

Wären meine Verkäuferinnen vollzeitbeschäftigt, müsste ich 45 Stunden plus 37,5 Stunden = 82,5 Stunden ersetzen. Weil ich aber nur vier Verkäuferinnen habe, bleiben mir noch ein stellvertretender Filialleiter und drei Verkäuferinnen übrig. Mit diesem Personal muss ich jetzt die fehlenden Zeiten kompensieren. Jeder dieser Mitarbeiter müsste also im Schnitt mehr als 20 Stunden zusätzlich in dieser Woche arbeiten. Da sie aber ohnehin schon Vollzeit arbeiten, ist das de facto nicht machbar. Außerdem müsste ich der kranken Verkäuferin für 37,5 Stunden Lohnfortzahlung leisten.

Meine Verkäuferinnen sind aber teilzeitbeschäftigt. Wieder muss ich 45 Stunden des Filialleiters, aber nur 19,5 Stunden der Verkäuferin ersetzen, insgesamt 64,5 Stunden. Ich habe aber noch sieben Verkäuferinnen, die jeweils nur etwa zwanzig Stunden arbeiten und also noch Luft für mehr haben. Dazu einen Stellvertreter. Pro Kopf fallen in dieser Variante etwa acht Stunden zusätzlich an. Wenn die Verkäuferinnen im Normalfall an drei Tagen die Woche arbeiten, so sind es jetzt vier. Meine kranke Verkäuferin ist zwar den ganzen Tag krank, weil sie aber einen Teilzeitvertrag hat, muss ich nur für 19,5 Stunden Entgeltfortzahlung leisten.

Ein weiterer Grund für die Teilzeitbeschäftigung ist, dass sich die Mitarbeiterinnen mehr engagieren und mehr Leistung bringen als bei einer Vollzeitbeschäftigung, wenn sie an drei oder vier Tagen nur sechs Stunden arbeiten. Ausruhen können sie sich in ihrer Freizeit. Für die paar Stunden Arbeit, so die Aldi-Rhetorik, werden sie fürstlich entlohnt. Also ist Vollgas gefordert.

Kleinere Wehwehchen führen bei Teilzeitbeschäftigten tendenziell zu weniger Krankmeldungen. So spart Aldi die Lohnfortzahlung im Krankheitsfall ein. Bemerkt ein schlauer Filialleiter beispielsweise einen anfliegenden Schnupfen bei einer Verkäuferin, nimmt er sie aus dem Arbeitsplan und gibt ihr den väterlichen Ratschlag, sich etwas auszuruhen. Verkäuferinnen wird nahegelegt, keine Krankmeldung vom Arzt zu bringen, sondern sich in ihrer Freizeit auszukurieren. In einigen Filialen sind kürzere Krankmeldungen einfach mit einem Lächeln zerrissen worden. Der schlaue Bereichsleiter reagiert auf jede Krankmeldung generell mit Unverständnis und fragt detailliert nach, was los war. Einige Kollegen machen sich Notizen, um den Überblick nicht zu verlieren. Seit man es mit dem Datenschutz etwas genauer nimmt, sind allerdings die «Krankbücher» von offizieller Seite abgeschafft.

Frau Moltkes Filialen sind drastisch unterbesetzt. Sie hofft, so einen Anreiz zu schaffen, zusätzliche Stunden einzusparen. Eine sehr kurzfristige Sichtweise. Die Vorteile der Teilzeitbeschäftigung gehen so mit der Zeit verloren, abgesehen von den billigeren Kranktagen. Über die Unterbesetzung klagt hauptsächlich ein Filialleiter. Frau Moltke hat ihn im Visier. Sachlich kann sie ihm wenig entgegensetzen. Daher sucht sie nach anderen Fehlern. An einem Tag hat er sich nicht rasiert, woraufhin Frau Moltke in die Luft geht. Die Rechtfertigung des Mannes, er habe am vergangenen Abend bis 23 Uhr in der Filiale wegen einer Sonderreinigung sein müssen, lässt sie nicht gelten. Frau Moltke wirft ihm vor, er sei ungepflegt und vergraule damit die Kunden. Der Filialleiter entschuldigt sich für die zu kurz gekommene Rasur, weist aber die übrigen Punkte zurück. Er ist rhetorisch geschickter als Frau Moltke, sie macht keine gute Figur.

Als er das Büro verlassen hat, spricht Frau Moltke mich an: «Ein Unding, finden Sie nicht auch?»

«Das kann ja mal vorkommen.»

«Mal schon, Herr Straub, es war aber schon das zweite Mal. Vor allem seine unverschämte Art! Was glaubt der denn, mit wem er es hier zu tun hat?!»

Ich versuche, sie zu beschwichtigen: «Das war sicher nicht seine Absicht.»

«Jetzt helfen Sie ihm auch noch? Auf welcher Seite stehen Sie eigentlich?»

«Ich finde, er hat sich nur gewehrt. Er war doch höflich und korrekt.»

«Höflich und korrekt?», poltert sie jetzt los. «Sie haben keine Ahnung. Kein Wunder, Sie sind ja erst seit ein paar Monaten dabei. Sie wollen doch dabeibleiben, oder?»

«Ja, natürlich. Wie kommen Sie jetzt darauf?», antworte ich überrascht.

«Nur so», grinst sie unschuldig. «Wir müssen uns für den Filialleiter was einfallen lassen. Ich werde ihn rausnehmen.»

«Aha.»

«Genau.»

«Was haben Sie denn in der Hand gegen ihn?», frage ich nach.

«Eben, das ist es. Viel zu wenig. Der ist clever ...», überlegt sie laut. «Aber an einer Stelle ist er unvorsichtig: Er lässt seinen Spind immer offen. Was wäre, wenn wir bei einer Kontrolle einen originalverpackten Speicherstick finden würden. Ohne Kassenbon, versteht sich.»

«Das wäre schlecht für ihn.»

Jetzt grinst sie: «Wir verstehen uns. In der nächsten Filiale nehmen Sie dann einen aus dem Aktionsbereich raus.»

«Wie bitte?», staune ich ungläubig. «Ich soll ihm einen Speicherstick unterschieben?»

«Wenn Sie das jetzt so interpretiert haben», rudert sie zurück. Das direkt auszusprechen, traut sie sich wohl nicht.

Mir wird es zu viel, ich stelle klar: «Nein, das werde ich nicht machen. Das finde ich absolut unfair.»

«Hmmm, ja, gut, das haben Sie jetzt falsch verstanden. So war das ja nicht gemeint», murrt Frau Moltke, und ich höre nie wieder etwas von ihr in dieser Richtung.

Aber ich glaube ihr kein Wort. Sie hatte ernsthaft überlegt, dem Filialleiter etwas unterzuschieben, dies «zufällig» zu entdecken und ihn dann fristlos zu entlassen. Wenn sich der Aldi-Vorgesetzte nicht mehr zu helfen weiß, wird er bisweilen erfinderisch. Das kenne ich schon vom Fall Maier an meinem zweiten Arbeitstag.

Wir haben am Jahresende unheimlich viel zu tun. Die Kunden decken sich mit Lebensmitteln für die Feiertage ein. Die Filialen brummen. Alle Mitarbeiter sind am Limit. Die

Bereichsleiter prüfen derweil alle möglichen Listen und bereiten den Jahresabschluss vor. In jeder Filiale wird eine Abschlussinventur durchgeführt. Frau Moltke und ich haben Berge von Papier vor uns und arbeiten oft lange. Die viele Arbeit hält uns auf Trab. Aber unser Verhältnis ist unterkühlt.

Ihren «unrasierten» Filialleiter hingegen mag ich. Er ist ein sympathischer Kerl, steht loyal zu Aldi und erwirtschaftet sehr gute Zahlen. Er erklärt mir vieles über Aldi und seine eigene Arbeitsweise. Gerade für die bevorstehenden Filialzeiten sind das wertvolle Hinweise. Ich lerne sehr viel von ihm. Den wichtigsten Ratschlag gibt er mir in unserem letzten Gespräch, bei dem Frau Moltke nicht anwesend ist:

«Halten Sie sich an die Damen. Wenn die auf Ihrer Seite sind, gewinnen Sie. Wenn nicht, wird es schwierig.»

«Was meinen Sie genau damit?», frage ich nach.

«Beziehen Sie die Mitarbeiterinnen mit ein. Versuchen Sie, das Wissen und die Erfahrungen vor Ort zu nutzen. Ihre Mitarbeiter sind der Schlüssel zum Erfolg. Alleine können Sie in der Filiale wenig bewegen.»

«Ich werde es mir merken.»

«Wenn Sie so auftreten wie jetzt, werden die Verkäuferinnen Sie mögen und Ihnen helfen.»

«Danke.»

«Und noch etwas ...»

Fragend blicke ich ihn an.

«Vergessen Sie die Erfahrungen, die Sie jetzt sammeln, nicht. Bleiben Sie auch später, wenn Sie als Bereichsleiter Ihre eigenen Filialen haben oder noch höher aufsteigen, ein Mensch. Versprechen Sie mir das?»

«Versprochen.»

Ich werde zum Aldi-Filialleiter

Meine zweite Filialzeit absolviere ich am anderen Ende unseres Gesellschaftsgebiets. Die Filiale wird von einem Bereichsleiter betreut, der wesentlich fairer mit seinen Mitarbeitern umgeht. Der Kollege fragt mich, ob das Hotel auch etwas rustikaler sein dürfe, er wolle Kosten einsparen. Diesmal bin ich in einer Art Jugendherberge untergebracht. Zwar sind nach meinem Eindruck alle Zimmer belegt, aber ich sehe selten jemanden. Morgens bin ich der Erste und abends der Letzte. Mir ist es ganz recht. Nach den Arbeitstagen bin ich froh, mit niemandem mehr sprechen zu müssen. Niemand beachtet mich, und ich beachte niemanden. Als ich eines Abends ankomme, fragt mich ein Gast, ob ich der Besitzer sei.

«Wie kommen Sie darauf?»

«Na, wegen dem Auto», verweist er auf meinen Dienstwagen. Stimmt, der passt nicht so ganz vor diese Unterkunft.

«Nein, der gehört nicht mir», antworte ich. «Ist nur geliehen. Der gehört Familie Albrecht.»

«Aha.» Ein fragender Blick trifft mich.

«Kennen Sie die Familie Albrecht etwa nicht?»

«Nein. Ist aber nett von denen, dass sie dir das Auto leihen.»

«Finde ich auch.»

«Was machst du beruflich?»

«Ich arbeite im Aldi.»

«Oh, das ist hart.» Sein mitleidiger Blick trifft mich. Er rät: «Lern lieber was Richtiges. Aber mach dir nichts draus. Ich war auch mal eine Zeitlang Leiharbeiter. Das ist noch übler, glaube ich.»

«Was will man machen?», schmunzle ich.

«Die Zeiten werden nicht besser.»

Als Aldi-Trainee bin ich wirklich eine Art Leiharbeiter. Für vier Wochen werde ich jetzt wieder an eine Filiale verliehen.

Die neue Filiale hat einen «echten» Chef. Er ist seit zehn Jahren dabei und anerkannt. Die Stimmung ist gut. Von ihm lerne ich so viel über Aldi wie von keinem anderen Mitarbeiter. Er bringt mir bei, wie hohe Leistungen erreicht werden («Leistung bolzen»), wie gute Inventurergebnisse erzielt werden und wie der Laden dabei halbwegs ordentlich aussieht. Er ist ein absolutes Organisationstalent, verschenkt keine Minute, bringt sich selbst stark ein. Vor allem seine Lagerorganisation ist sensationell. Er hat genau die Artikel, die er braucht. Alles steht perfekt geordnet an einem spezifischen Platz.

«Bringen Sie hier bloß nichts durcheinander», mahnt er. «Das Lager ist meine Visitenkarte.»

Hier lerne ich, wie Aldi im Kern funktioniert. Innerhalb von drei Tagen bringt er mir alles bei. Er gibt mir zahlreiche Tipps und teilt sein Wissen. Von diesen drei Tagen werde ich meine gesamte Aldi-Karriere lang profitieren. Anschließend verabschiedet sich der Filialleiter in den Urlaub. Ich bin wieder auf mich alleine gestellt.

«Unterschätzen Sie die Umsätze hier nicht», gibt er mir noch mit auf den Weg.

«Keine Sorge, ich bestelle immer kräftig rein», antworte ich.

Innerhalb von wenigen Tagen unter meiner Fuchtel platzen die Regale und das Filiallager fast aus allen Nähten. Diesmal bin ich den Verkäuferinnen gegenüber von Anfang an offener und beziehe sie mit ein. Meine Hauptvertretung bemerkt schon nach drei Tagen vorsichtig: «Herr Straub, sollten wir nicht ein wenig langsamer machen mit den Bestellungen?»

«Ich rechne mit einem starken Wochenende», erkläre ich. Aber ich beherzige den Ratschlag, nehme insgesamt weniger.

Mir fällt auf, dass nur noch zwei Lagen Orangensaft vorhanden sind. Das würde nicht einmal bis heute Abend reichen.

Panisch renne ich ins Lager: nichts. Ich frage meine Hauptstellvertreterin. «Das reicht schon noch», behauptet sie.

«Bis zur nächsten Lieferung?»

«Ja, ich denke.»

«Da wäre ich mir nicht so sicher.»

«Ach und wennschon, wir haben ja so viele andere Artikel.»

«Das geht nicht», bescheide ich.

Ich schicke ein Notfallfax an die Zentrale und fordere zwei Paletten zur schnellstmöglichen Auslieferung an. Dabei habe ich schon bei der normalen Bestellung einiges genommen. Tags darauf bestelle ich wieder.

Meine Vertreterin ist in Sorge. Als wir einen Kaffee zusammen trinken, gibt sie vorsichtig zu bedenken: «Herr Straub, eine Sache.»

«Ja?»

«Mit dem Orangensaft.»

«Der reicht jetzt erst mal.»

«Ja … ich will nichts sagen, aber beim Orangensaft ist schon einiges da.»

«Ja, ich nehme weniger. Nur noch eine Palette.»

«Vielleicht setzen wir bei ein oder zwei Bestellungen mal ganz aus», schlägt sie vor.

«Okay. Danke für den Hinweis.»

Ich meine es ernst. Die Verkäuferin ist erleichtert, dass ich ihre Ratschläge annehme. Sie ergänzt: «Vielleicht bestellen Sie einfach gar keinen Orangensaft mehr, solange Sie jetzt hier sind.»

Wir lachen beide. Tatsächlich habe ich wieder viel zu viel Orangensaft bestellt. Warum immer zu viel von diesem Artikel? Ich weiß es nicht. Vielleicht, weil ich ihn selbst trinke.

Abgesehen davon läuft es besser als noch vor einigen Wochen. Allmählich bekomme ich ein Gefühl für die Ware. Ich kann abschätzen, was sich wie verkauft. Mit den Verkäuferinnen gehe ich kollegial um. Sie danken es mir und helfen mir, wo sie nur können. Ich bin angekommen in der Filiale, sie akzeptieren mich. Das komplette Team zieht mit. Von Spaß möchte ich nicht sprechen, dafür ist es zu mühsam und anstrengend. Aber die Tage vergehen schnell, und ich habe die Lage im Griff. Allerdings ist die körperliche Belastung nach wie vor enorm. Abends komme ich in meiner Absteige an, esse eine Kleinigkeit, schlafe, und am nächsten Tag geht es im Aldi weiter. Meine Vorgesetzten sind diesmal zufrieden. Der Bereichsleiter hat wenig zu meckern. Ich bemerke, dass er resigniert ist und keine Lust mehr hat. Er ist launisch und wirkt an manchen Tagen kraftlos und demotiviert.

An meinem letzten Tag in der Filiale kommt der Filialleiter zurück. «Passt alles?», frage ich ihn. Er ist sogleich in Hektik.

«Passt schon», murmelt er. «Die Verkäuferinnen kommen scheinbar mit Ihnen klar. Ich rechne Ihnen hoch an, dass mein Lager ordentlich dasteht.»

«Darauf habe ich geachtet», freue ich mich.

«Bis auf ...»

«Den Orangensaft.»

«Da verkaufe ich noch einen Monat dran.»

Wir lachen, und ich gebe die Filiale mit einem guten Gefühl in die bewährten Hände zurück. Abends rauchen wir eine Zigarette an der Laderampe. Ich bin normalerweise Nichtraucher. Er erzählt mir viel Privates, ich ihm auch. An seine Leistungen als Filialleiter komme ich längst nicht heran. Am Ende des Monats liegt die Filiale zahlentechnisch im Mittelfeld unserer Gesellschaft. Ich bin zufrieden.

Welche Rampensau war das?

Zwei Drittel sind geschafft. Das Ende der Filialzeit ist absehbar. Zwar funktioniere ich immer besser, aber meine Kräfte schwinden. Sechs Kilo habe ich schon abgenommen. In meiner letzten Filiale kommt die Schwierigkeit hinzu, dass mich der Bereichsleiter in einer Ferienwohnung unterbringt, die etwa 40 Minuten Fahrtzeit entfernt ist. Aus «organisatorischen Gründen», wie er mir sagt, fängt die Filiale morgens noch früher an als die bisherigen. Um 5.30 Uhr ist Arbeitsbeginn. Das heißt für mich, um 4 Uhr aufstehen. Abends komme ich oft erst gegen 22 Uhr heim.

Die Filiale ist bei meinem Eintreffen führungslos, die Organisation chaotisch. Der Filialleiter wurde einige Zeit zuvor rausgeworfen. Zwischenzeitlich wurden mehrere Nachwuchskräfte «verheizt». Übergangsweise leitet im Moment eine Verkäuferin die Filiale. Der alte Filialleiter sei ein «Alleinherrscher» gewesen und habe «nichts mehr gearbeitet», erklärt mir Lichtenstein. Er habe seine Verkäuferinnen «schikaniert». Das wird unter anderem daran festgemacht, dass einige Verkäuferinnen ihm gelegentlich eine Butterbrezel mitbrachten. Als ich mich erkundige, erzählen mir die Kassiererinnen, dass sie ihn einfach gerne mochten und ihm freiwillig ab und an ein Frühstück mitbrachten. Seine Zahlen waren nicht übermäßig gut, aber auch nicht übermäßig schlecht. Ihm wurde in erster Linie sein ehrgeiziger Bereichsleiter zum Verhängnis. Der Rauswurf dieses Filialleiters war eine Art Meisterstück für ihn. Durch seine lange Betriebszugehörigkeit ein dicker Fisch. Einige Kollegen berichten anerkennend: «Der macht vor nichts halt. Ob einer dreißig oder drei Jahre dabei ist, ist dem scheißegal.» Andere Bereichsleiterkollegen wiederum, die selbst bei ihm zur Einarbeitung waren, bezeichnen ihn mir gegenüber als «rücksichtsloses

Arschloch». Ungewöhnlich deutliche Worte. Er und ein anderer Kollege, der ähnlich karriereorientiert ist, stacheln sich gegenseitig auf. Beide haben bereits immense menschliche Schäden angerichtet. Ziel dieses Bereichsleiters war, wie mir schien, jeden Tag mindestens eine Verkäuferin zum Weinen zu bringen. Immer suchte er kleine Fehler und machte dafür irgendjemanden fertig. Wer oder weshalb, war völlig egal. Mal war der Hubwagen falsch abgestellt, mal war der Spind offen, mal das Namensschild vergessen. Er fand immer etwas. Was die Verkäuferinnen oder die Filialleiter leisteten, interessierte ihn nicht. Stattdessen verbreitete er überall Angst. Noch an freien Tagen war er Berichten zufolge damit beschäftigt, Abmahnungen zu schreiben. Er flutete seine Filialen regelrecht mit Aktennotizen, Abmahnungen und Kündigungen. Einige Verkäuferinnen erlitten Nervenzusammenbrüche, hatten Angstschweiß, wenn er nur die Filiale betrat. Sich zu beschweren, wagte niemand. Alle wussten: Wer die Klappe aufmacht, fliegt als Nächstes. Der «nette» Kollege warf so viele Mitarbeiter raus, dass er von anderen Bereichen ständig Personal ausleihen musste. Selbst dieses schmiss er oft nach kurzer Zeit wieder raus. Einige Kollegen wollten ihm am Ende gar kein Personal mehr geben, weil sie selbst mit dem Einstellen neuer Leute nicht mehr nachkamen.

Unser Verkaufsleiter Lichtenstein war begeistert von seiner «Konsequenz». Der Kollege sei ein «Mann des Verkaufs, so wie ich ihn brauche». Er tat dies öffentlich kund und setzte den Bereichsleiter als eine Art Ausputzer ein. Ständig erhielt der Kollege neue Filialen, die er tyrannisieren konnte. Der Verkaufsleiter ermunterte ihn, weiter «aufzuräumen». Wer die Vorgehensweise des Kollegen und seinen Umgang mit Mitarbeitern für weniger gut befand, schwieg. Alle anderen schwenkten schnell auf die Linie des Verkaufsleiters ein.

Selbst altgediente Kollegen schwärmten: «Er ist echt hart drauf. Ein Mann aus dem Aldi-Verkauf! Er hat so viele Mitarbeiter rausgeschmissen, dass er teilweise drei Arbeitsgerichtsprozesse gleichzeitig laufen hatte.»

Dieser «Kollege» wird später zum Verkaufsleiter befördert werden. Damit weiß jeder Bereichsleiter, welches Verhalten von einem Verkaufsmanager bei Aldi belohnt wird.

Aldi schreibt auf seiner Homepage: «In unserem Unternehmen haben wir die Strukturen so gestaltet, dass Sie es auch mit Bescheidenheit und Rücksichtnahme sehr schnell sehr weit bringen können.» Damit nicht genug: «Den Ehrgeizling, der nur an sein eigenes Fortkommen denkt, werden Sie bei uns nicht finden. Dafür viele sympathische Persönlichkeiten, die einen fairen, offenen und ehrlichen Umgang miteinander pflegen.»

Nachdem die Verkäuferinnen jahrelang von ihrem Bereichsleiter tyrannisiert worden sind, kann sich jeder vorstellen, auf welche Begeisterung ich zunächst treffe. Künftig soll ich diese Position ausfüllen. Ich bin zurückhaltend, begegne meinen Mitarbeitern freundlich. An meinem dritten Tag geht in der Zentrale eine Kundenbeschwerde über eine Verkäuferin ein. In meinen Augen ist sie unberechtigt. Daher stelle ich mich hinter die Mitarbeiterin und vertrete diese Ansicht gegenüber meinen Chefs. Die Mitarbeiter sind erstaunt. Nach und nach fassen sie Vertrauen und unterstützen mich.

Ich organisiere die Filiale um. Die Tipps und Tricks des Leiters der vorherigen Filiale nehme ich auf und setze sie um. Sowohl die Kunden als auch meine Mitarbeiter bemerken schnell Verbesserungen. Viele sind froh, wieder einen Filialleiter zu haben. Zum ersten Mal werde ich mit «Chef» angesprochen. Ich freue mich, dass es gut läuft. Plötzlich haben die Verkäuferinnen viele Ideen, wie besser und effizienter gearbeitet werden kann. Fast jeden Vorschlag nehme ich auf, und wir testen es einfach. Klappt es, behalte ich es bei. Funktioniert die Idee nicht, schaffe ich sie nach kurzer Zeit wieder ab.

Alle Mitarbeiter ziehen an einem Strang. Die Stimmung ist gut. Unsere Zahlen werden immer besser. Am Ende des Monats steht die Filiale auf der Leistungsliste, dem Ranking der rund 60 Filialen, auf dem vierten Platz. Selbst der zuständige Bereichsleiter ist voller Anerkennung.

«Einige Kollegen sprechen nicht so positiv über Sie», gibt er zu. «Ich dachte, hier geht es vor allem um Schadensbegrenzung. Aber Sie haben die Filiale wirklich nach vorne gebracht.»

Seine Einschätzung gibt er an Lichtenstein weiter. Auf einer Bereichsleitersitzung fragt der: «Herr Straub, wo sind Sie jetzt gerade?»

Der Verkaufsleiter tut immer so, als wüsste er das nicht. Bei jedem Zusammentreffen stellt er dem Trainee zunächst diese Frage. Dem Neuling wird so das Gefühl vermittelt, völlig unbedeutend zu sein.

«Na Straub, ich habe gehört, es läuft. Ich komme die Tage mal vorbei.»

Bei seiner Ankündigung bleibt es, er taucht nie auf. Kurz vor Ende meiner Filialzeit, ich zähle die Tage schon rückwärts, passiert der Gau. Ich fülle gerade eine Getränkepalette auf, fahre mit dem elektrischen Hubwagen. Der «E-Hund» und ich haben uns in den letzten drei Monaten angefreundet. Ich kann jetzt richtig schnell mit ihm fahren. Leistung, Leistung, Leistung. Und immer an die Kunden denken. Auf dem Rückweg in das Lager fahre ich zügig am Kühlregal entlang, schaue aber nach rechts, in Richtung Aktionsbereich. Rummms! Plötzlich steht mein Hubwagen, ich selbst bin schon einige Meter weiter. Eine alte Frau liegt auf dem Boden. O mein Gott! Ich habe sie voll erwischt! Die ältere Dame hat eine Sahnepackung in der Hand, deren Inhalt jetzt auf dem gesamten Boden verteilt ist. Sie liegt regungslos da, blutet stark am Kopf. Alles ist innerhalb kürzester Zeit blutüberströmt, das Blut vermischt sich mit der Sahne. Die Frau geht sicher schon auf die 90 zu, sie liegt weinend auf dem Boden meiner Filiale. Sie ist in Begleitung ihrer Tochter, die etwa Ende fünfzig ist und mich anschreit: «Sie haben meine Mutter überfahren!» Immer wieder. «Sie haben sie einfach überfahren! – Mit diesem Wagen haben Sie meine Mutter überfahren.»

Es herrscht Aufruhr in der Filiale, schaulustige Kunden versammeln sich. Zum Glück ist eine umsichtige Kundin in der Nähe, die als Krankenschwester arbeitet. Wir holen den Verbandkasten, und sie kümmert sich um die alte Frau. Ich rufe den Rettungsdienst, bin aber wie benommen. Die alte Frau liegt blutüberströmt und regungslos am Boden. In diesem Moment glaube ich wirklich, dass sie stirbt. Ihre Tochter schreit mich immer noch an: «Sie haben meine Mutter überfahren!»

Wie konnte das nur geschehen? Ich kann mit diesem Hubwagen niemanden «überfahren». Erst später kann ich den Ablauf anhand der Überwachungsvideos rekonstruieren: Sie steht am Kühlregal, sucht etwas. Sie nimmt schließlich eine Sahnepackung und geht rückwärts, allerdings ohne sich umzublicken. Ich rase mit meinem elektrischen Hubwagen vorbei. Sie stolpert über die Deichsel. Der Rettungswagen trifft schnell ein, transportiert die alte Dame ab. Ihre Tochter fährt mit. Wir wischen den Boden. Erst jetzt lässt das Adrenalin nach. Ich zittere am ganzen Körper, ich mache mir schwere Vorwürfe. Was, wenn die Frau wirklich stirbt? Oder bleibende Schäden davonträgt? Sie kommt für längere Zeit ins Krankenhaus. Aber sie erholt sich und wird wieder gesund. Die Sache geht noch mal glimpflich aus. Für Aldi wird es allerdings teuer. Ich nehme die Schuld auf mich. Die Betriebshaftpflichtversicherung springt zwar ein, aber Aldi muss einen hohen Eigenanteil zahlen. Ich rechne schon mit einigem Ärger. Meine Chefs nehmen den Fall mit Humor. Auf einer Bereichsleiterbesprechung zeigt Lichtenstein die Rechnung und fragt nur: «Welche Rampensau war das?» Da der alten Dame Gott sei Dank nichts Schlimmeres passiert ist, kann ich mitlachen.

Nach drei Monaten an der Front weiß ich, wie eine Aldi-Filiale funktioniert. Ich weiß, welche Arbeiten die Verkäuferinnen und Filialleiter zu erledigen haben und was sie tagtäglich leisten. Ich weiß, unter welchem Druck sie stehen und welch tollen Job sie machen. Arbeiten in einer Aldi-Filiale heißt: Höchstleistung. Von jedem Mitarbeiter und an jedem Tag. Viele Manager vergessen die Filialzeit sehr schnell wieder. Sie vergessen, was ihre Mitarbeiter leisten. Dabei sind sie es, die die eigentliche produktive Arbeit verrichten und das Geld im wahrsten Sinne des Wortes in die Kasse bringen. Das sollte honoriert und respektiert werden. Nicht nur in Form von Gehalt, sondern auch in Form menschlicher Anerkennung. Die fehlt mir bei Aldi. Durch das gesamte Unternehmen zieht sich die Einstellung «Nichts gesagt ist gelobt genug». Kein Kommentar bedeutet also: alles in Ordnung. Ansonsten gibt es Ärger.

Im Audi durch die Gegend fahren und rummeckern

«Den ganzen Tag im Audi A4 durch die Gegend fahren und rummeckern könnte ich auch», erklärt mir eine zu Höherem motivierte Verkäuferin scherzhaft. Ganz so einfach ist der Managerjob bei Aldi nicht. Im den nächsten Monaten werde ich von verschiedenen Kollegen lernen, worauf es ankommt und was zu tun ist. Jeweils vier Wochen bin ich auf «Mitfahrt», schaue dem Kollegen zunächst ein paar Tage über die Schulter. Ich lerne viele verschiedene Ansätze und Führungsstile kennen. Gute Ansätze merke ich mir, schlechte vergesse ich. Es gibt viel zu vergessen. Nach ein paar Tagen Zusammenarbeit verabschieden sich die Kollegen in den Urlaub, und ich übernehme den Bereich für ein oder zwei Wochen: «Learning by Doing», ist das Motto.

Im Arbeitsvertrag für Bereichsleiter steht, seine Aufgabe sei die «selbständige und eigenverantwortliche Leitung eines Bereichs». In der Stellenbeschreibung wird Aldi deutlicher: «Ziel der Stelle ist es, im Verkaufsbereich auf Dauer den wirtschaftlich höchstmöglichen Umsatz zu erzielen. Dabei ist auf reibungslosen Geschäftsablauf, geringe Kosten, hohe Leistungen, die Qualitätssicherung und stimmende Abrechnungen zu achten.» Die identische Formulierung wählt Aldi in der Stellenbeschreibung für seine Verkaufsleiter, dem die Bereichsleiter unterstellt sind.

Dem Bereichsleiter sind die Filialleiter und stellvertretenden Filialleiter fachlich, die Verkäuferinnen und Auszubildenden disziplinarisch unterstellt. Er hat dafür zu sorgen, dass alle Mitarbeiter im Sinne des Unternehmens Aldi funktionieren. In diesem Zusammenhang erstellt er Umsatz- und Leistungspläne. Daneben ist ein Bereichsleiter für die Ehrlichkeit seiner Mitarbeiter zuständig. Er führt regelmäßige Kontrollen durch, dazu gehören zum Beispiel die Überprüfung des Bargeldbestandes in der Filiale und sämtlicher Kassenabrechnungen (Kassenprüfung) sowie Tests wie Taschenkontrollen. Der Bereichsleiter bereitet Inventuren vor, nimmt sie auf und wertet sie aus. Er ist für den Zustand der Gebäude verantwortlich, plant Neu- und Umbauten. Bereichsleiter sind immer auch Sicherheitsbeauftragte für die jeweiligen Filialen. Im Hinblick auf den Informationsfluss sind sie das Bindeglied zwischen Zentrale und den Filialen. Sie leiten Anweisungen und Informationen aus der Zentrale in die Filialen weiter, selektiv fließen «politisch vertretbare» Informationen aus den Filialen an die Zentrale zurück. Innerhalb weniger Monate muss ein Trainee das gesamte Repertoire draufhaben. Aber das System ist einfach, und nahezu jeder versteht es in kurzer Zeit.

Die Wochenarbeitszeit von Bereichsleitern beträgt vertragsgemäß «mindestens 45 Stunden». Ich unterscheide zwischen den jüngeren und den erfahrenen Bereichsleitern («Ankerbereichsleitern»). Anker müssen sehr großzügig rechnen, wenn sie in einer normalen Arbeitswoche wirklich 45 Stunden erreichen wollen. Jüngere, ehrgeizige Bereichsleiter arbeiten nicht selten 60 bis 70 Stunden. Nicht nur, weil sie motivierter sind. Es fehlt ihnen schlicht an Erfahrung, und sie sind oft weniger gut organisiert. Eine hohe Belastung ist neben der Arbeitsbelastung die permanente telefonische Erreichbarkeit.

Der Job bietet viele Vorteile. Das Gehalt ist hoch, und der Dienstwagen darf auch privat genutzt werden. Der Bereichsleiter plant seine Tage und Wochen, abgesehen von fixen Besprechungsterminen, selbst. Er arbeitet eigenverantwortlich und unternehmerisch. Der größte Motivationsfaktor für die meisten Trainees ist die Aussicht auf eine Beförderung. Die Motivation der Bereichsleiter erfolgt nach dem «Up or out»-Prinzip: Der Mitarbeiter wird entweder befördert, oder er fliegt raus. Hat der Trainee sein erstes Jahr überlebt (ich schätze, ein Viertel schafft es), kann innerhalb der nächsten fünf Jahre mit seinem Abgang gerechnet werden. Spätestens zu diesem Zeitpunkt entscheidet sich, ob die Aldi-Karriere weitergeht oder ob das Unternehmen kein Potenzial in dem Mitarbeiter für höhere Weihen sieht. Wird ein Bereichsleiter gefördert, schickt ihn Aldi nach etwa fünf Jahren Tätigkeit in

Deutschland für zwei bis drei Jahre ins Ausland, um genau denselben Job zu erledigen. Anschließend gibt es die Option auf eine Prokuristenstelle. Längst ist nicht mehr selbstverständlich, dass ins Ausland entsendete Mitarbeiter befördert werden. Ich lerne mehrere Fälle von Kollegen kennen, zu denen Aldi nach acht Jahren sagt: «Suchen Sie sich mal demnächst was Neues.» Und das ist die freundliche Variante.

Die meisten Bereichsleiter werden gefeuert, einige wenige befördert. Daher benötigt Aldi ständig Nachschub an neuen Bereichsleitern. Sie werden von einigen «altgedienten» eingearbeitet. Als «altgedienter» Bereichsleiter gilt bei Aldi, wer länger als fünf Jahre in diesem Job ist. Diese Mitarbeiter wurden also nicht befördert: weder nach oben noch hinaus. Sie besitzen kein Potenzial für höhere Aufgaben, haben aber noch keinen geeigneten Anlass für eine Entlassung geboten. Manchmal vergisst Aldi einfach, sie rechtzeitig zu entlassen; Zeit vergeht bekanntlich schnell. Sie sollen ihr Wissen an jüngere Kollegen weitergeben. Je nach Regionalgesellschaft wird hier eine unterschiedliche Politik betrieben. Einzelne «sozial Eingestellte» leisten sich sechs oder sieben Ankerbereichsleiter, also etwa die Hälfte der Mannschaft, andere haben nur ein oder zwei. Die Anker pflegen, allein schon aus Eigeninteresse, häufig ein engeres Verhältnis zu den Verkaufsleitern. Sie sind oft ihr verlängerter Arm. Sie erledigen auch Arbeiten, die für die Verkaufsleiter zu schmutzig sind. Beispielsweise werden sie zum Mobbing auf unterstem Niveau eingesetzt. Ich denke nicht, dass sie das gerne machen. Aber wer nicht mitzieht, fliegt. Die «jungen Wilden» hingegen üben vor allem Druck auf die Filialen und die Mitarbeiter aus. Sie sind ehrgeizig und oft rücksichtslos, wollen ihre Karriere vorantreiben und sich profilieren. Das geht nur, wenn es möglichst wenige persönliche Bindungen zu und zwischen den Mitarbeitern gibt. Distanz ist ausdrücklich erwünscht.

An einem Beispiel zeigt sich am besten, wie die Einarbeitung funktioniert und wie ich diese Tätigkeit erlerne. Eine von vielen Kontrolltätigkeiten bezieht sich auf die Pfandabrechnungen der Filiale.

Die Wahrheit hat viele Facetten

Pfandbetrug im Einzelhandel sorgt immer wieder für Schlagzeilen in der Presse. Zuletzt wurde das Beispiel der Kassiererin «Emmely» einer Berliner Tengelmann-Filiale medial diskutiert. Ihr wurde vorgeworfen, einen Pfandbon unterschlagen zu haben. Daraufhin wurde sie fristlos entlassen, die im Handel übliche Vorgehensweise. Dabei war der Wert des Bons gering und die Kassiererin schon viele Jahre bei dem Handelsbetrieb beschäftigt. Die Öffentlichkeit nahm an dieser Diskrepanz Anstoß, und die Verhältnismäßigkeit der Kündigung wurde diskutiert. Dieser Fall hätte sich vermutlich in jedem Einzelhandelsunternehmen ereignen können. In der Praxis hat der disziplinarische Vorgesetzte einer Verkäuferin, im Regelfall der Bereichsleiter, keine andere Wahl. Die Entscheidung ist im Sinne einer einheitlichen Handhabung grundsätzlich vorgegeben für diese Fälle. Der Bereichsleiter muss sie nur noch durchführen.

Bei Aldi besteht ebenfalls die klare Regelung, dass jeglicher Diebstahl sowie jegliche Unterschlagung oder Manipulation, gleichgültig wie gering der Betrag sein mag, zu einer fristlosen Kündigung des Mitarbeiters führt – unabhängig von der Betriebszugehörigkeit. Im Zusammenhang mit gefundenen Pfandbons ist die Basis dieser Handhabung ein Passus in einer Dienstanweisung, die besagt, dass sämtliche Fundsachen in der Filiale vom Personal beim Filialleiter abgegeben werden müssen. Besonders Bargeld und Pfandbons, die bargeldähnlich sind, werden zunächst verwahrt und gehen nach einer gewissen Zeit ins Eigentum der Firma Aldi über. Die Bereichsleiter erstellen in unregelmäßigen Abständen Einnahmebelege und verbuchen die Beträge.

Wenn Mitarbeiter der Verlockung nicht widerstehen, loses Bargeld oder einzelne verlorene Pfandbons einzustecken, dann mag es daran liegen, dass sie aus ihrer Sicht «niemandem» gehören. Solche Unterschlagungen können praktisch nur durch einen Zufall aufgedeckt werden oder wenn sie gezielt provoziert worden sind. Bargeld ist ohnehin unauffällig, und die Pfandbons können beispielsweise noch Wochen später mit einem Einkauf verrechnet werden. Diese Variante führt in der Praxis kaum zu Entlassungen. Schlicht, weil es meistens nicht bemerkt wird.

Viel häufiger ist eine andere Variante: die manuelle Pfandrücknahme. Ursprünglich wurden alle Pfandflaschen an der Kasse entgegengenommen, heute gibt es Pfandautomaten. Ab und an kommt es dennoch vor, dass der Pfandautomat Flaschen nicht annimmt, weil der Barcode schlecht scannbar oder der Automat defekt ist. Für diesen Fall sind die Kassen nach wie vor mit der Funktion der sogenannten manuellen Pfandrücknahme ausgestattet. Die leeren Flaschen werden dabei «von Hand» entgegengenommen, in ein Behältnis neben der Kasse geworfen, und der Pfandbetrag wird ausbezahlt. Über die Eingabe der «PLU 100» kann die Kassenkraft die Flaschen manuell ausbuchen. Eine Pfandflasche hat bei Aldi immer 0,25 Euro Wert. Eine «PLU 100»-Eingabe ist somit gleichbedeutend mit 0,25 Euro.

Ein gedachtes Beispiel, an dem der reguläre Ablauf und die Funktionsweise klarwerden: Frau Müller arbeitet an der

Kasse. In ihrer Kasse befinden sich 500 Euro als Anfangsbestand. Sie meldet sich im System an. Bevor sie an diesem Tag Waren kassiert, kommt ein Kunde zu ihr, der vier Pfandflaschen nicht am Automaten abgeben konnte. Frau Müller gibt über die Mengentaste 4 × PLU 100 an ihrer Kasse ein. Damit senkt sich der Sollbestand ihrer Kasse um 4 × 0,25 Euro = 1 Euro auf 499 Euro. Einen Euro zahlt sie dem Kunden für seine vier Flaschen aus. Jetzt hat sie noch 499 Euro in der Kasse, was genau ihrem Sollbetrag entspricht. Rechnet sie ihre Kasse wieder ab, hat sie keine Differenz. Alles ist gut.

Wie kann Frau Müller nun manipulieren? Sie startet wieder mit 500 Euro. Diesmal kommt aber kein Kunde an ihre Kasse. Trotzdem tätigt sie die Eingabe PLU 100 gleich 40 Mal. Dadurch sinkt der Sollbestand ihrer Kasse um 40 × 0,25 Euro auf 490 Euro. Sobald sich eine günstige Gelegenheit ergibt, nimmt Frau Müller die 10 Euro aus ihrer Kasse. Somit befinden sich in der Kasse noch 490 Euro. Noch schlauer ist: Sie gibt einer eingeweihten Person bei ihrem Einkauf einfach 10 Euro mehr Wechselgeld. Wenn sie sonst an diesem Tag alles richtig macht, hat sie bei der Abrechnung keine Differenz. Alles erscheint auf den ersten Blick ordnungsgemäß abgelaufen zu sein.

Sieht nach einer durchdachten und sauberen Möglichkeit aus, um an Bargeld zu gelangen? Wenn der Bereichsleiter seinen Job gewissenhaft ausführt, funktioniert das nicht lange. Ich schreibe «wenn» aus gutem Grund. In meiner Gesellschaft gibt es eine Bereichsleiterin, unter deren Augen eine Auszubildende innerhalb von vier Monaten über 15 000 Euro durch einen solchen Pfandbetrug entwendet hat. Erst der Filialleiter bemerkt den Betrug, als die Auszubildende sich an einem Tag verrechnet und statt 1000 Euro nur 500 Euro aus der Kasse nimmt. Daraufhin überprüft der Filialleiter das System, was normalerweise nicht seine Aufgabe ist. Als er seine Vorgesetzte anspricht, bescheidet diese ihm zunächst, das sei ein IT-Problem und dafür sei sie nicht zuständig. Erst nachdem ihr der Filialleiter erklärt, dass alleine in den letzten Tagen jeweils 1000 Euro ausgebucht wurden, wird sie stutzig. Irgendwann versteht meine Kollegin den Vorgang schließlich und klärt die Angelegenheit.

Wie kann der Mitarbeiter überführt werden? Grundannahme ist, dass die PLU-100-Eingaben mittlerweile die große Ausnahme sind, wenn nicht gerade der komplette Pfandautomat ausgefallen ist. Will ein Mitarbeiter manipulieren, muss er einen separaten Bon erstellen. Nur so kann er selbst das Geld entnehmen. Ein weiteres Indiz ist die Summe der Pfandeinnahmen (beim Kassieren von Artikeln mit Pfand) und die Summe der Pfandauszahlungen. In Manipulationsfällen werden oft glatte Beträge gewählt, sodass zu einem günstigen Zeitpunkt einfach einer oder mehrere Scheine aus der Kasse entnommen werden können. Sämtliche Kassenbons sind aber im System gespeichert. Mit Hilfe gewisser Filter, die über alle Bons gelegt werden können, lässt sich manueller Pfandbetrug leicht feststellen. Mit etwas Übung kann der Bereichsleiter in wenigen Minuten mehrere Monate wasserdicht überprüfen. Durch den Abgleich mit der Kameraüberwachung kann die Manipulation eindeutig nachgewiesen werden. Ein Mitarbeiter gibt zum Beispiel 200 × PLU 100 ein, das heißt 200 × 0,25 Euro = 50 Euro. Bei der Abrechnung stimmt die Kasse dennoch, das Geld wurde also entnommen. Wenn zu diesem Zeitpunkt nicht gerade ein Kunde mit säckeweise Pfandflaschen an die Kasse kommt, ist der Fall klar. Die Lücke in der Beweisführung liegt lediglich noch in der Entnahme des Geldes. Der Mitarbeiter könnte behaupten, versehentlich 50 Euro an einen Kunden zu viel herausgegeben zu haben. Dennoch bleibt die Frage, weshalb 200 × PLU 100 eingegeben wurde. Außerdem passiert das in der Praxis nie nur einmal. Der Mitarbeiter wird die Manipulation wiederholen, fühlt sich immer sicherer, bis er erwischt wird. Hat man nun mehrere Fälle von PLU-100-Eingaben ohne Kunden an der Kasse und liegt am Tagesende keine Kassendifferenz vor, ist der Fall eindeutig. Sämtliche Arbeitsgerichte bestätigen diese Sichtweise. Insofern ist die Entlassung solcher Mitarbeiter kein Problem. Normalerweise.

Ich bin in der Einarbeitung bei einem erfahrenen Kollegen, Herrn Wolf, als wir einen Pfandbetrug feststellen. Ein Azubi. An sich ist der Fall klar, aber die Situation eskaliert im Kündigungsgespräch. Mein Kollege, von dem ich lernen soll, ist bereits seit über fünfzehn Jahren «dabei». Herr Wolf gilt als harter Hund. Er ist Anfang fünfzig, groß, kräftig gebaut, hat braune Stoppelhaare und schaut sein Gegenüber grimmig aus kalten Augen an. Wolf trägt immer schwarze Anzüge. Bei ihm, sollte man meinen, unterschreiben die Mitarbeiter alles, wenn er sich nur räuspert. Anfangs habe ich selbst großen Respekt vor ihm. Weniger wegen seiner körperlichen Erscheinung. Es ist dieser stechende Blick, vor dem es kein Entrinnen gibt: ein «Killerblick». Wolf ist ein Bereichsleiter alter Schule. Zu den Mitarbeitern hält er maximale Distanz. Er kontrolliert und prüft alles genau. Die Filialleiter fürchten ihn, die Verkäuferinnen haben regelrecht Angst. Legendär ist ein Fall, bei dem ihm eine langjährige Kassiererin unliebsam wird. Respektlos habe sie sich verhalten. Wie und wann genau, ist schleierhaft. Jedenfalls landet sie auf seiner Liste. Wolf wartet auf seine Gelegenheit und bekommt sie. Die Verkäuferin isst, wie jeden Morgen, ein Brötchen aus einer Zehnerpackung im Gegenwert von 5 Cent. Allerdings bezahlt sie erst hinterher. Die Reihenfolge gefällt Wolf nicht, und so schmiert er ihr nach dem Frühstück die fristlose Kündigung aufs Brötchen.

Als ich ihn im Urlaub vertrete, klagt mir eine Vertretungskraft nach zwei Wochen ihr Leid. Wie die Mitarbeiterinnen die Luft anhalten und panisch werden, wenn er die Filiale betritt. Sie erzählt, dass sie während meiner Urlaubsvertretung seit langem wieder ohne Angstschweiß arbeiten kann. Sie komme wieder gerne zur Arbeit, fürchte aber umso mehr die Rückkehr des «erholten» Herrn Wolf. Nach seinen Urlauben entlasse er häufig jemanden. Wie viele Mitarbeiter Herr Wolf im Laufe seiner Tätigkeit schon rausgeworfen hat? Vermutlich reichen 100 Fälle nicht. Ein absoluter «Profi».

Vor seinem Urlaub arbeiten wir zusammen. Die ersten Tage habe ich große Schwierigkeiten mit ihm. Wolf behandelt mich schlechter als jeden Auszubildenden. Einmal bekomme ich mit, wie er mich telefonisch beim Verkaufsleiter anschwärzt. Ich sei zu «nett» zu den Mitarbeitern und würde «die Distanz nicht wahren». Er gibt mir die sinnlosesten und dümmsten Aufgaben, die nur vorstellbar sind. Worauf er keine Lust hat, landet bei mir. Alle Tätigkeiten von mir kontrolliert er wiederum. Als ich mich einmal bei der Überprüfung eines Kleinbelegs verrechne, geraten wir in Streit. Er konstruiert regelrecht ein Drama aus meinem Fehler. Mein Verhalten gefährde seine Inventur. Innerlich brodelt es in mir. Ich weiß bis heute nicht, woher ich den Mut aufbringe, aber schließlich brülle ich ihn an: «Das lasse ich mir nicht länger gefallen. Was glauben Sie eigentlich! Ich packe jetzt alles zusammen. Wenn Sie mit sich selbst unzufrieden sind, ist das nicht mein Problem.»

Entgeistert schaut er mich an. Ich füge wütend hinzu: «Ich habe keinen Bock mehr! Mit Ihnen arbeite ich keinen Tag länger zusammen.»

Wolf ist wie versteinert, sagt kein Wort. Ich räume derweil meine Unterlagen in die Aktentasche. Mit allem rechne ich, nur nicht mit dieser Reaktion: Sein Blick wird sanfter, er murmelt kleinlaut: «Sorry, Herr Straub. Heute ist nicht mein Tag. Ich habe gerade Probleme mit meiner Tochter. Tut mir leid, wenn ich etwas harsch war.»

Das überrascht mich. Wolf erzählt mir von seiner Tochter; ich höre ihm zu. Es ist fast so, als befreie es ihn, mit jemandem darüber zu sprechen. Ich nehme seine Entschuldigung an, packe meine Unterlagen wieder aus. Er sagt mir, ich könne mit der Berechnung aufhören, das sei ohnehin schon erledigt. Er zeigt mir das fertige Dokument. Meine Arbeit war völlig sinnlos, er hat alles sowieso schon fertig! Ich unterdrücke einen erneuten Wutausbruch. Seltsamerweise kommen wir nach meinem Ausraster bestens klar. Er gibt mir keine idiotischen Aufgaben mehr, sondern bindet mich in seine Überlegungen und in die eigentliche Tätigkeit als Bereichsleiter ein. Ich lerne viel von ihm. Durch meinen Widerstand habe ich seinen Respekt gewonnen. Während unserer Autofahrten erklärt er mir viele Zusammenhänge und Tricks. Er hat schon Dutzende Bereichsleiter kommen und gehen sehen. Wolf gibt zu, frustriert darüber zu sein, dass er ständig Neue einarbeiten muss. Immer wieder die gleichen Fragen beantworten. Sobald mit einigen ein besseres Verhältnis entstanden ist, werden sie meistens wieder gefeuert. Er ist selbst extrem angespannt und fürchtet um seinen Job. Da er nie etwas anderes gemacht hat, sind seine Aussichten auf dem Arbeitsmarkt nicht gerade rosig. Wolf hat Angst.

Nach etwa einer Woche entdecken wir bei einer Kassenprüfung den Pfandbetrug. Ein Auszubildender im ersten Lehrjahr, Herr Bayer, greift regelmäßig in die Kasse. Über PLU-100-Eingaben entnimmt er zwischen 10 und 30 Euro pro

Arbeitstag. Der Schaden beläuft sich bis jetzt auf etwa 150 Euro, ist also noch überschaubar. Anhand der Videobänder stellen wir fest, dass er an seine Kasse geht, wenn gerade nichts los ist, die Eingabe tätigt und anschließend wieder weggeht. Kunden, die Flaschen zurückgeben, sind nicht zu sehen. Außerdem gibt er jeweils glatte Flaschenanzahlen ein. Auf den Videos ist nicht zu sehen, wie er tatsächlich das Geld aus der Kasse nimmt. Da bei seinen Kassenabrechnungen allerdings nur kleinere, übliche Differenzen auftauchen, muss er das Geld entnehmen. Die Häufung der Fälle und das Videomaterial sind absolut eindeutig.

Wolf informiert unseren Chef, Herrn Schukowsky, der den Sachverhalt für heikel befindet und Wolf anweist: «Sorgen Sie dafür, dass wir ein Geständnis bekommen.»

Wir warten noch ein paar Tage, brennen fleißig Überwachungsvideos auf CD. Herr Bayer, unser «Pfandkönig», tut es immer wieder. Jeden Tag. Mal ein paar Euro mehr, mal ein paar Euro weniger. Herr Wolf informiert die stellvertretende Filialleiterin Frau Kolb über die Umstände. Sie reagiert gefasst, scheint wenig überrascht: «Das ist nicht der Erste und nicht der Letzte, der das macht.»

Der Filialleiter ist gerade im Urlaub, daher wird sie Unterstützung leisten. An einem Freitagabend ist Bayer zur Spätschicht eingeteilt. Wolf will ganz sicher sein und lässt daher vor Schichtbeginn des Auszubildenden das Behältnis für die manuellen Flaschen leeren. Er richtet eine Kamera nur auf dieses Behältnis.

Ich erinnere mich genau an diesen Freitag. Erstens habe ich um 21 Uhr ein vielversprechendes Date. Zweitens wird sich die Welt nach diesem Wochenende verändern, nicht nur für Herrn Bayer: Es ist der Freitag vor der Lehman-Pleite, die eine globale Finanzkrise auslösen wird. Wir kümmern uns um die kleineren Betrüger. Gewissermaßen haben wir «Glück», und Bayer tätigt auch an diesem Tag manuelle Pfandeingaben, ohne dass bei ihm Pfandflaschen zurückgegeben werden. Damit ist klar: Heute ist er dran.

Gegen 18 Uhr treffen wir in der Filiale ein. Ich trinke mit Frau Kolb noch einen Kaffee. Sie erzählt mir von ihrer Lieblingsserie, die sie heute Abend im Fernsehen anschauen will. Wolf schaut uns böse an. Die Stellvertreterin holt Bayer ins Büro. Wolf raunzt mich derweil an: «Distanz, Herr Straub.» Da ist er wieder, der alte Wolf. An seiner Art merke ich, dass er angespannt ist.

Bayer betritt das Büro. Frau Kolb und ich setzen uns dazu. Wolf konfrontiert den Azubi mit dem Material. Er zeigt ihm die vielen manuellen Eingaben, führt die Videos vor. Die stellvertretende Filialleiterin holt den Pfandsack, in dem sich nur ein paar wenige Flaschen befinden, obwohl Bayer alleine an diesem Tag Eingaben im Gegenwert von über 100 Flaschen getätigt hat.

Der Sachverhalt ist eindeutig. Dennoch streitet Bayer alles ab. Er liefert die abstrusesten Begründungen für die manuellen Eingaben, beispielsweise, dass er nur versehentlich die Tasten betätigt habe oder mit dem Finger abgerutscht sei. Wolf verliert die Beherrschung. Er brüllt ihn an, setzt seinen schlimmsten Killerblick auf. Er geht noch mal lautstark das Material durch. Führt die Videobänder vor. Der Azubi? Bleibt erstaunlich cool und streitet vehement alles ab. Wolf schreit jetzt nur noch, gestikuliert wild. Bayer streitet weiter alles ab. Bislang bin ich nur Zuschauer. Ich versuche es jetzt, gehe sachlich nochmals die Punkte durch. Erfolglos.

Ich flüstere Wolf zu: «Vergessen Sie's. Geben Sie ihm einfach die Kündigung. Der gibt es eh nicht zu.»

«Wir brauchen das Geständnis», antwortet Wolf.

«Wofür denn? Mit dem ganzen Material kommen wir vor Gericht locker durch, wenn es überhaupt so weit kommt.»

«Nichts da. Der gibt es schon noch zu.» Ich informiere mein Date per SMS, dass es etwas später werden könnte.

Im Aldi geht die Prozedur weiter. Wolf brüllt, der Azubi lügt, die Stellvertreterin und ich schauen auf die Uhr. Gleich fängt Frau Kolbs Lieblingsserie an. Bayer möchte telefonieren, seine Mutter anrufen.

«Sie rufen hier niemanden an.»

«Ich möchte sie aber kurz ...»

«Nein!»

Wolf verweigert ihm das Telefonat. Der Azubi, fährt er lautstark fort, wird die Filiale nicht verlassen oder telefonieren, bis er gestanden habe. Wolf hält ihm ein vorbereitetes «Schuldanerkenntnis» hin, das Bayer unterschreiben soll. Es ist taktisch nicht besonders klug, solche Dokumente mit «Schuldanerkenntnis» zu überschreiben. Besser klingt «Erklärung» oder «Bestätigung». Es klappt nicht.

Bayer steht auf und möchte gehen.

«Frau Kolb, stellen Sie sich an die Tür», befiehlt Wolf der Stellvertreterin.

Sie steht auf und stellt sich an die Tür des Filialbüros. Die kleine, zierliche Frau baut sich mit verschränkten Armen auf und blockiert den «Fluchtweg». Wenn die Situation nicht so ernst wäre, könnte man darüber lachen.

«Sie gehen hier nicht, bevor Sie das zugegeben haben!», brüllt Wolf den Azubi an.

«Aber ich habe nichts gemacht. Ich schwöre ...»

Er versucht zu gehen. Die Stellvertreterin hindert ihn daran. So geht es noch ein- oder zweimal, bis Wolf endlich einsieht, dass alles nichts hilft, und ihm die fristlose Kündigung übergibt. Bayer nimmt sie allerdings erst nicht an, wirft sie auf den Boden. Später nimmt er sie dann doch mit. Dummerweise vergisst Wolf im Eifer des Gefechts, die Kündigung zu unterschreiben. Angesichts der aufgeheizten Stimmung fällt das keinem auf. Bayer geht in den Nebenraum, räumt seine Sachen aus seinem Spind und wirft alles durch die Gegend. Er stößt noch einige Beschimpfungen aus und verlässt schließlich die Filiale.

Es ist bereits nach 21 Uhr. Mein Date wartet, und die Fernsehsendung der Stellvertreterin ist in vollem Gange. Wir besprechen nochmals den unerwarteten Verlauf. Frau Kolb muss jetzt noch sämtliche Tagesabschlussarbeiten erledigen, weil wir die ganze Zeit das Büro blockiert haben. Wir wollen sie nicht alleine gehen lassen und warten daher, bis sie fertig ist. Gegen 21.30 Uhr verlassen wir die Filiale. Vor dem Laden wartet bereits die gesamte Familie von Bayer auf uns. Es sind fünf oder sechs kräftige Männer dabei, die nicht lustig aussehen. Glücklicherweise kommt es nicht zu Übergriffen. Wolf erklärt ihnen alles. Bayer streitet weiter alles ab. Es vergeht eine weitere halbe Stunde auf dem Aldi-Parkplatz. Schließlich gehen wir.

Es ist 22 Uhr, als wir uns verabschieden. Für Bayer ist die Ausbildung bei Aldi geplatzt, für Frau Kolb ein gemütlicher Fernsehabend, für mich das vielversprechende Date. Zu allem Überfluss wird am Wochenende auch noch die Finanzblase platzen.

Der Fall wird ein Nachspiel haben. Wolf ist angefressen, weil er kein Geständnis erwirken konnte. Am Montag fällt uns auf, dass er die Unterschrift auf der Kündigung vergessen hat. Daher fahren wir zu Bayer und werfen die fristlose Kündigung, diesmal unterschrieben, in seinen Briefkasten. Wolf erstattet zusätzlich noch Strafanzeige bei der Polizei wegen Diebstahls. Ich frage ihn: «Ist das wirklich notwendig? Für

Bayer ist es doch die schlimmste Strafe, dass er seine Ausbildungsstelle verloren hat.»

«Das ist üblich. Wir machen das grundsätzlich so bei Aldi.»

Daher tut er es. Ich denke, er möchte sich auch für die dreisten Lügen des Auszubildenden rächen. Obwohl die Situation für uns klar war, konnte Wolf kein Geständnis erwirken. Die IHK ruft uns einige Tage später an und erkundigt sich. Der Sachverhalt ist eindeutig. Es kommt nie zu einer Verhandlung vor dem Arbeitsgericht.

Etwa ein Jahr später steht Bayer allerdings wegen des Diebstahls vor Gericht. Zu diesem Zeitpunkt betreue ich schon längst meine eigenen Filialen und bin nicht mehr mit von der Partie. Kollege Wolf ist als Zeuge geladen. Bayer erhebt während der Verhandlung schwere Vorwürfe gegen Wolf. Obwohl Wolf nicht aussagen müsste, rechtfertigt er sich. Er schildert den Verlauf der Kündigung. Die Staatsanwältin ist jung und engagiert. Sie stellt Wolf einige geschickte Fragen, er gerät in Bedrängnis. Dass Herr Bayer nicht telefonieren durfte und vor allem dass die Stellvertreterin Frau Kolb die Tür blockiert habe, sei Freiheitsberaubung. Freiheitsberaubung? Bei Wolf schrillen die Alarmglocken. Er bemerkt, in welche Tinte er sich geritten hat. Auf einmal ist er der Böse. Wolf sagt schnell, er könne sich nicht mehr genau erinnern. Es gebe weitere Zeugen: Frau Kolb und mich. Wir werden geladen.

In der darauffolgenden Bereichsleitersitzung berichtet Wolf von der Gerichtsverhandlung. Bei den Verkaufsleitern herrscht Alarmstufe Rot. Wenn das die Presse mitbekommen würde, wäre man geliefert. Freiheitsberaubung eines Azubis durch einen Aldi-Manager. Panisch telefoniert Lichtenstein mit unserer angestammten Anwaltskanzlei. Der Anwalt ist ebenfalls alarmiert und empfiehlt dringend einen gemeinsamen Termin, um die Aussagen im Vorfeld abzustimmen.

Schon wenige Tage später, kurz vor unseren Aussagen bei der Polizei, findet die gemeinsame «Erinnerungsarbeit» statt. Die Anwaltskanzlei residiert mitten in der Stadt in einem noblen Altbau. Zu viert sitzen wir im Wartebereich: Der Verkaufsleiter Herr Schukowsky ist anwesend, Herr Wolf, Frau Kolb und ich. Dass Aldi die Angelegenheit wichtig nimmt, zeigt schon die Präsenz unseres Chefs. Die Empfangsdame geleitet uns in ein nobles Konferenzzimmer. Wir gehen über feinsten Teppich, setzen uns an einen großen, ovalen Edelholztisch auf schicke Besprechungssessel. Die komplette rechte Wandseite besteht aus einem gewaltigen, bis an die Decke reichenden Bücherregal, randvoll mit juristischer Literatur. In diesem Ambiente könnte jeder noch so windige Anwalt alles sagen, und man würde ihm glauben. Eine Sekretärin fragt uns nach den Getränkewünschen. Hier wenigstens bleibe ich mir heute treu: Ich bestelle einen Kaffee. Der Rechtsanwalt erscheint standesgemäß verspätet und entschuldigt sich nicht. Im edlen Maßanzug, unter dem er ein legeres Kaschmir-Poloshirt trägt, am Arm eine sündhaft teure Rolex, begrüßt er uns. Die Geschäfte scheinen zu laufen. Aldi ist Großkunde dieser Kanzlei.

Der Fachanwalt für Strafrecht ist entspannt. Er nimmt den Fall weniger ernst als sein Kollege vom Arbeitsrecht. Er vermutet nicht, dass es größere Schwierigkeiten geben wird. Er habe sich informiert. Die Staatsanwältin sei noch jung und wolle Karriere machen. Dennoch animiert er uns, bei unseren Aussagen den Sachverhalt zu verdrehen. Er drückt es nur schöner aus. Mit einem Satz, der auf Aldi wahrhaft zutrifft: «Die Wahrheit hat viele Facetten.» Ich nicke. Als Herr Schukowsky den irritierten Blick von Frau Kolb bemerkt, wird er deutlicher: «Sie alle wissen, wer Ihr Gehalt bezahlt. Also sagen Sie das, was besser für uns alle ist.» Frau Kolb versteht.

Gemeinsam mit dem Anwalt gehen wir das Trennungsgespräch durch. Wir rufen es uns in Erinnerung, so wie wir es in Erinnerung haben sollen. Er empfiehlt uns konkret, was wir bei der Polizei sagen sollen. Der Anwalt gibt uns Beispiele für Formulierungen. Die Gesamtdauer des Gesprächs sollen wir auf etwa eine Stunde reduzieren, allerdings sollen wir unterschiedliche Endzeiten angeben. «Sie würden sich wundern, wie unterschiedlich Zeugenaussagen in der Praxis sind», bemerkt der Anwalt. Wenn wir genau das Gleiche sagen würden, fiele auf, dass wir uns abgestimmt haben. An eine Anweisung von Herrn Wolf, dem Azubi den Weg zu versperren, sollen wir uns am besten gar nicht erinnern können. Frau Kolb könnte von selbst kurz aufgestanden sein. Nie habe sie allerdings vorgehabt, sich an die Tür zu stellen. Möglicherweise habe der Auszubildende das falsch verstanden. Jederzeit hätte er gehen können, wenn dies sein Wunsch gewesen wäre. Die Geschichte wird verdreht und passend gemacht. Am Ende unserer Besprechung wiederholt der Anwalt lächelnd: «Die Wahrheit hat viele Facetten. Viel Erfolg.» Ich habe den Eindruck, er freut sich über Mandanten wie Aldi.

Ein paar Tage darauf treffe ich mich mit Frau Kolb vor dem Polizeirevier. Das Gebäude ist alt und heruntergekommen, steht im krassen Gegensatz zur Kanzlei unserer Anwälte. Wir betreten den 70er-Jahre-Bau und suchen das Zimmer, in dem wir unsere Aussagen machen sollen. Vor einem alten, unaufgeräumten Schreibtisch nehmen wir Platz. Der Polizeibeamte ist ein gemütlicher Endvierziger. Im Hintergrund läuft Musik im Radio, das auch während der Aussagen nicht abgestellt wird. Wir waren davon ausgegangen, dass wir getrennt befragt werden. Das erscheint dem Polizeibeamten allerdings zu viel Aufwand. Er ist sichtlich unmotiviert.

Nach Aufnahme unserer Personalien und Erklärung unserer Funktionen bei Aldi beginnt er mit einer Frage. Frau Kolb kommt gar nicht groß zu Wort. Ich rede ohne Ende. Über die Entstehung von Aldi, das Discountprinzip, über Grundsätzliches bis hin zu Inventuren. Von Gegenfragen lasse ich mich nicht beeindrucken. Wie ein Hobbypolitiker weiche ich aus, erkläre «zum Verständnis notwendige Hintergründe». Der Polizeibeamte ist verwirrt, schreibt aber mit. Er tippt alles direkt in seinen Computer. Da er kein Zehn-Finger-System beherrscht, sondern eher nach dem Adler-Suchsystem vorgeht, dauert alles unendlich lange. Seine Fragen beantworte ich mit Allgemeinplätzen und möglichst vage. Als ich ihm erkläre, wie manueller Pfandbetrug funktioniert, schaltet er endgültig ab und tippt nur noch. Ich lasse kein Detail aus und gebe einige Beispiele. Ich mache ihm klar, dass der Fall Bayer völlig eindeutig ist und dass wir hier unsere Zeit verschwenden. Als Manager stehe ich unter Termindruck. Ich stelle mich dumm und frage, ob dieser Aufwand für einen solchen Fall normal ist. Schließlich murrt der Polizeibeamte: «Diese jungen Staatsanwälte immer. Wollen sich nur wichtig machen, und wir haben die Arbeit.» Er hat genug. Nach näheren Umständen des konkreten Trennungsgesprächs oder dem Vorwurf der Freiheitsberaubung werden wir erst gar nicht befragt. Ideal. Frau Kolb und ich sind froh, dass wir nicht lügen mussten. Dennoch haben wir Wolf herausgehauen und wären notfalls wohl auch noch weiter gegangen.

Die Stasi wäre neidisch

Für vier Wochen bin ich zur Einarbeitung bei Frau Stock. Sie verkörpert das «neue» Modell des Aldi-Bereichsleiters. Genauer gesagt der Aldi-Bereichsleiterin. Die «alten» Haudegen wie Wolf werden allmählich ausgemustert. Sie sind zwar hart und manchmal unfair, verstehen aber das Geschäft.

Die «neuen», wie Frau Stock, sind nach außen hin angepasster. Sie sind vor allem darauf bedacht, sich in alle Richtungen abzusichern und keine Fehler zu machen. Frau Stock trägt schicke Anzüge und tritt dezent auf, sie brüllt nur selten Mitarbeiter an. Hysterische Anfälle gehören dennoch zum Programm. Aus ihren eisblauen Augen trifft der leere Blick das Gegenüber. Sie lacht nie. Nur wenn ihr Gegenüber eine hierarchisch höhergestellte Person oder ein vermeintlich einflussreicher Bereichsleiterkollege ist, setzt Frau Stock ein gespieltes Lächeln auf.

Ihre Filialen leiden genauso wie ich als Trainee unter der «Zusammenarbeit» mit ihr. Sobald sie sich überlegen fühlt, behandelt sie andere Menschen wie Abschaum. Sie ist gleichermaßen inkompetent wie herrschsüchtig. Sie mobbt, triezt, schikaniert und tyrannisiert. Sie spricht wenig, arbeitet am liebsten schriftlich. Zettel ins Fach, erledigen, abhaken. Entsprechend mies ist die Stimmung. Sie schafft es, jedem Mitarbeiter auch noch den verbliebenen Rest von Spaß an der Arbeit zu nehmen. Umsätze, Leistungen, Inventuren oder gar das Wohl der Mitarbeiter sind für Frau Stock nebensächlich. Sie denkt nur an sich selbst und ihr berufliches Fortkommen. Entweder sie hat längst vergessen, worauf es bei Aldi in den Filialen ankommt, oder – was ich für wahrscheinlicher halte – sie hat es nie verstanden. Stattdessen ist sie vorwiegend auf Kontrollen und Listen fixiert, die sie abhakt. Dienst nach Vorschrift, nur kein Risiko eingehen, alles muss korrekt sein. Und sie dokumentiert alles. Mit «alles» meine ich «alles». Bei der Stasi hätte sie es weit bringen können.

Aus einer mir vorliegenden Notiz ein Beispiel gefällig? – Kopie der Dienstanweisung zum «Genuss von Tabakwaren». Frau Stock kreist folgenden Satz ein: «Das Rauchen ist nur bei ausreichendem Tageslicht, frühestens jedoch ab 8.00 Uhr morgens und bis spätestens ½ Stunde vor Ladenschluss gestattet.»

Darauf notiert sie ihre Beobachtungen: «22.11., 19.30 Uhr, Herr G., Hr. O. (Besucher) beim Rauchen an Rampe darüber informiert, dass so nicht i.O., kein ausreichendes Tageslicht, Tür sperrangelweit offen, Zeuge: Frau K.»

Unterschrift Fr. Stock

Weiter notiert sie: «FL zu BL: (Reaktion auf Hinweis) warum? Ne halbe Stunde vor Ladenschluss. Als Hinweis auf Tageslicht geäußert wurde vonseiten BL: ‹ja, ist doch hell› –> meinte Beleuchtung»

Unterschrift Fr. Stock

Frau Stock schreibt mit. Möglichst jede ungeschickte Äußerung wird protokolliert. Frau Stock registriert an diesem Tag mal wieder nicht, welchen Umsatz die Filiale erzielt, welche Leistung erbracht wird, geschweige denn, wie es den Mitarbeitern geht. Täglich fertigt sie solche Notizen für jede Filiale und für jeden Mitarbeiter an. Sie kopiert jeden Beleg. Jede Filiale und jeder Filialleiter hat einen eigenen Leitz-Ordner bei ihr zu Hause, wie sie mir erzählt. Und sie empfiehlt mir, dasselbe zu tun. Regelmäßig muss sie neue anlegen, weil jede noch so unwichtige Kleinigkeit festgehalten wird und sich die Ordner schnell füllen.

«Wofür?», frage ich sie.

«Für alle Fälle.»

Mir liegt ein Protokoll zur Arbeitszeitprüfung vor. Es belegt, dass Ruhezeiten der Mitarbeiter in ihrem Bereich nicht eingehalten wurden und wie sie selbst den Arbeitsplan nachträglich manipuliert. Fairerweise sei erwähnt, dass dies kein Einzelfall ist, wenn es darum geht, am Monatsende den Arbeitsplan zu «glätten». Weniger in dem Sinne, dass Arbeitszeiten unter den Tisch fallen. Die Zeiten werden vielmehr so verschoben und hingebogen, dass die gesetzlichen Regelungen nach außen hin eingehalten werden. Bei einer Überprüfung soll alles korrekt aussehen. Überschreitet ein Mitarbeiter die maximale Arbeitszeit von zehn Stunden täglich, werden die Zeiten auf einen anderen Arbeitstag eingetragen. Hält eine Verkäuferin beispielsweise die Ruhezeit von 11 Stunden nicht ein, wird das korrigiert. Besonders in kleinen Filialen mit wenigen Mitarbeitern kommt dies häufig vor. Die Filialleiter haben in manchen Situationen gar keine andere Möglichkeit, als den Plan nicht gesetzeskonform zu gestalten. Findet eine Inventur oder eine Grundreinigung statt, ist oft das gesamte Personal bis spätabends beschäftigt. Trotzdem muss die Filiale am nächsten Tag öffnen. Das wird später passend gemacht. Nicht ungewöhnlich also. Nur, dass Frau Stock diese Veränderungen am Arbeitsplan dokumentiert.

«Weshalb machen Sie das?», möchte ich wissen.

«Dass ich im Zweifel alles nachweisen kann.»

«Wem möchten Sie denn was nachweisen?»

«Das verstehen Sie nicht», herrscht sie mich an. Mit erhobenem Zeigefinger – an ihr ist eine Pädagogin verlorengegangen – erklärt sie, dass alles dokumentiert werden müsse. Grundsätzlich. Gut, denke ich, die Stock weiß es besser. Ich verstehe das nicht. Ich bin klein und dumm. Aber ich verstehe es durchaus, den Kopierer zu bedienen. Auf einem ihrer Protokolle notiert Frau Stock beispielsweise:

«bis max. 19h, bitte ändern!
Keine V-Kraft eingeteilt, die Schicht nach FL übernimmt, mit FL am 13.10. bespr.!»
Unterschrift Fr. Stock

Anhand des Ausdrucks ist ersichtlich, dass nur noch eine Person mit Bereichsleiterrechten im Programm die Zeiten «anpassen» kann. Das tut sie. Weiter hält Frau Stock für die Nachwelt fest:

«Handtasche v. Fr. P. muss ins Schließfach!»
«mit FL am 13.10. bespr.!»

Mehrfach hat sie dieses Thema schon angemahnt. Eieiei. Weiter:

«Kamera 1 + 2 müssen auf Kassen gerichtet sein»
«mit FL am 13.10. bespr.!»
Unterschrift Fr. Stock

Oft gerate ich mit Frau Stock aneinander. Wir sind zu unterschiedlich. Die Einarbeitung bei ihr ist für mich mit Abstand die unangenehmste Phase meiner Traineezeit. Ja, unangenehmer als die Filialzeit. Ein ständiges Unwohlsein begleitet die Tage mit ihr. Erst im Auto auf der Heimfahrt fällt der Stress von mir ab. Sie gibt mir ständig das Gefühl, alles falsch zu machen. Jeden Fehler und jede ungeschickte Äußerung von mir notiert sie sich. Sie macht mich bei Kollegen und bei Vorgesetzten schlecht. Nicht nur in Bezug auf die Arbeit. Ich sehe, wie sie beispielsweise schreibt:

«Hr. Straub schlecht rasiert. Überhaupt rasiert?»
«Anklicken Bankbeleg vergessen.»

Als Beweis fügt sie seitenlange Listen an. Am Ende übergibt sie Herrn Schukowsky einen riesigen Stapel Papier, in dem meine Verfehlungen aufgelistet sind. Dabei ist sie es, die es auf die Spitze treibt. An sinnlose und stupide Aufgaben bin ich bereits gewöhnt. So schnell schockt mich nichts mehr. Frau Stock aber übergibt mir Rundschreiben, anhand deren ich wöchentlich (!) sämtliche Preisschilder einiger Artikelgruppen kontrollieren muss. Ich komme mir vor wie der letzte Idiot. Sämtliche Preisschilder muss ich stundenlang prüfen. Im Laden prüfe ich alle Auszeichnungen durch, sogar Kunden schauen komisch. Und das in jeder Filiale. Währenddessen telefoniert sie mit Bereichsleiterkollegen und lästert über mich. Als sie zwei Tage freinimmt, gibt sie mir Unmengen von Arbeit. Zwei Seiten «To do»-Listen und Berge von Akten. Alles Aufgaben, die sie selbst schon längst hätte erledigt haben müssen. Teilweise schon vor Wochen. Nun soll ich herhalten.

Aber es gibt Grenzen. Das ist nicht machbar, selbst wenn ich den Samstag ohnehin und den Sonntag durcharbeiten würde. Mir reicht es: «Frau Stock, das ist zu viel. Fahren Sie zwei Tage oder zwei Wochen weg?»

Ruhe. Kein Wort sagt sie. Widerspruch ist sie nicht gewohnt. Nach einer langen Pause sagt sie mit versteinerter Miene, ich solle wieder Preisschilder kontrollieren. Alles noch mal. Zur Sicherheit. Ich verlasse das Büro, kontrolliere aber kein einziges Schild mehr. Stattdessen spreche ich mit dem Filialleiter. Er arbeitet gerade im Lager und bereitet Aktionsartikel vor. Wir sprechen über die Aktionsware, über einen Lidl, der in der Nachbarschaft eröffnet hat, und die Auswirkungen auf den Umsatz. Wir kennen uns schon ein wenig besser, haben öfters miteinander gesprochen. Zum Thema Stock haben wir dieselbe Meinung.

«Na, zickt die Alte wieder?», fragt mich der Filialleiter.

«Aber Hallo. Die hat sie nicht mehr alle.»

«Wir haben Umsatzeinbußen, aber das hat sie noch gar nicht bemerkt.»

«Steht der neue Lidl nicht auf irgendeiner Liste?»

Der Filialleiter verzieht das Gesicht: «Hören Sie bloß auf mit der dadrin und ihren Scheißlisten.»

«Abhaken von Listen macht sie glücklich.»

«Denken Sie? Mal unter uns, Herr Straub: Ich bin wirklich schon lange dabei. Aber so was wie die Stock habe ich noch nie erlebt. Ständig geht sie mir mit neuen Mätzchen auf den Sack.»

«Ich verstehe Sie. Mir macht es auch keinen Spaß mit ihr.»

«Wie kann ein Mensch nur so werden, Herr Straub?»

«Keine Ahnung.»

«Die sieht doch gar nicht, was wir leisten.»

«Ich weiß.»

«Was soll's. Ich schiebe nur noch Dienst nach Vorschrift. Ich habe viele kommen und gehen sehen. Die Stock sitze ich auch noch aus.»

«Lassen Sie sich nicht zu sehr von ihr ärgern», rate ich ihm. Dabei könnte ich selbst in die Luft gehen, wenn ich sie nur sehe. Leider wird der Filialleiter einige Zeit später entnervt kündigen. Offiziell nennt er keine Gründe, mir sagt er: «Ich lasse mich von der Stock in meinem Alter nicht mehr wie ein dummer Schuljunge behandeln.» Schukowsky gibt sich überrascht, echte Eigenkündigungen von Filialleitern sind bei Aldi selten. Zu gut ist die Bezahlung. Der Bereichsleiterin Stock ist der Abgang egal, sie tritt verbal noch nach, macht den Filialleiter überall schlecht. Dabei könnte sie froh sein: Er ist billig, ohne Abfindung aus dem Unternehmen geschieden und fällt nun aus der Kostenstatistik heraus. Er wird erst einmal durch einen wesentlich billigeren Stellvertreter ersetzt.

Mein Handy klingelt, ich entferne mich ein paar Schritte vom Filialleiter. Herr Schukowsky ist dran. Er müht sich, ernst und verstimmt zu wirken.

«Herr Straub, alles in Ordnung?»

«Ja, danke.»

«Wo sind Sie gerade?»

«Bei Frau Stock.»

«Wie läuft es so?»

«Jeder Bereichsleiter hat seinen eigenen Stil. An manche gewöhnt man sich schneller, an andere langsamer», antworte ich diplomatisch.

«Mir ist eine Beschwerde zu Ohren gekommen.»

«Echt?»

«Sie sollen Frau Stock beleidigt haben. Sie sollen Frau Stock gefragt haben, ob sie zwei Wochen in den Urlaub fahre statt zwei Tage?»

«Ja, stimmt. Ist sie deswegen beleidigt?»

«Was soll das?», brüllt Schukowsky ins Telefon.

«Sie hat mir etliche Aufgaben gegeben. Das ist in zwei Tagen einfach nicht machbar, alles zu erledigen.»

«Das geht trotzdem nicht. Ein wenig mehr Respekt vor Ihren Kollegen bitte.»

«Okay. Ich werde es mir merken.»

«Gut, dann sprechen Sie mit ihr.»

«Alles klar.»

«Wie läuft es sonst so?»

«Gut.»

«Bei wem sind Sie gerade?»

«Bei Frau Stock.»

«Ach so. Ja, klar.»

«Genau.»

«Ciao.»

«Ciao, Herr Schukowsky.»

Ich weiß, dass ihm Frau Stock im Grunde auch zuwider ist. Aber sie hat ein gutes Standing beim Geschäftsführer, Herrn Schneider. In der Zentrale lächelt sie immer an den richtigen

Stellen. Die Blöße, mich bei Frau Stock zu entschuldigen, gebe ich mir nicht. Ich tue so, als sei nichts gewesen. Mich direkt anzusprechen, traut sie sich nicht. Sie überreicht mir unter anderem drei Wäschekörbe («die geben Sie mir aber wieder zurück!») voll mit Bewerbungsmappen für Azubistellen. Drei Wäschekörbe voll! Seit über einem halben Jahr sammelt sie eintrudelnde Unterlagen. Sie sei viel in «Projekte» eingebunden und habe auch sonst eine Menge zu tun, rechtfertigt sie sich. Es gibt bei Aldi für Bereichsleiter kaum «Projekte». Eine von Frau Stocks großen Schwächen ist es, Entscheidungen nicht zu treffen. Entscheidungen sind mit Risiko verbunden. Man könnte einen Fehler machen. Das mag sie nicht. Daher überträgt sie diese eigentlich für einen Bereichsleiter elementare Aufgabe – die Personalauswahl – auf mich. Ich sichte die Unterlagen, entscheide schnell. Einige Bewerbungen sind interessant, aber bei jedem Anruf erhalte ich Antworten wie:

«Ich habe schon lange was.»
«Was, jetzt erst melden Sie sich?»
«Ich dachte schon, Sie melden sich gar nicht mehr.»
«Nein, ich habe leider schon eine Stelle.»

Die meisten für Aldi geeigneten Kandidaten sind längst vom Markt, haben anderweitig Stellen angenommen. Frau Stock sitzt mir gegenüber, bearbeitet ihre Listen. Allmählich bemerkt sie, wie nachlässig sie war. Als ich nach ein paar Tagen die Wäschekörbe geleert habe, zeigt sie mir einen Zettel, auf dem sie heute notiert hat:

«Mo, 28.04., Hr. Straub trifft erst 8.05 Uhr in Filiale X ein. Ausrede: Stau auf Autobahn.»
«Mo, 28.04., 13.45 Uhr. Filiale Y, Hr. Straub parkt falsch (Nähe Eingang Filiale)»

Vor meinen Augen vernichtet Frau Stock den Zettel und schlägt mir einen «Deal» vor: Sie werde diese wichtigen Informationen nicht an Herrn Schukowsky weiterleiten, wenn ich die «Sache mit den Bewerbungen» für mich behalte. Ich bin einverstanden, obwohl ich genau weiß, dass sie für jeden Tag solche Zettel hat und immer noch einen Stapel Papier mit meinen Verfehlungen weitergeben wird.

Ein Filialleiter ist Frau Stock ein besonderer Dorn im Auge. Er pflegt ein sehr gutes Verhältnis zu seinem Personal und ist bei seinen Mitarbeitern beliebt. Ihm wirft sie unter anderem vor, dass er in seiner Freizeit Fußball spielt und der Azubi – der wohlgemerkt vom Bereichsleiter eingestellt wurde – in derselben Mannschaft spielt. Nach Inventuren habe der Filialleiter seine Verkäuferinnen auf ein «Kaltgetränk» eingeladen. Arbeitsrechtlich sind die Vorwürfe nicht verwertbar. Daher sucht Frau Stock seit langem nach Gründen, den Filialleiter loszuwerden. Abgesehen vom unerwünschten Führungsstil ist jeder Filialleiter weniger gut für die Personalkosten. Stock notiert fleißig, füllt ihre Aktenordner, überprüft alle Protokolle genauestens. Sie bedient gerne, oft und regelmäßig die Kameraanlage. Frau Stock sucht nach einem Fehler – Geduld hat sie. Das Klima zwischen ihr und dem Filialleiter ist eisig.

Eines Tages findet sie, wonach sie sucht. Der Filialleiter senkt Reste von Aktionsartikeln im Preis. Bei Einzelstücken sind die Filialleiter dazu befugt und aufgefordert, selbständig deutliche Preisreduzierungen vorzunehmen. Die Schnäppchenjäger schlagen zu und schaffen im Aktionsbereich Platz für neue Ware. Das «Vergehen»: Der Filialleiter kauft einige Artikel, die er im Preis gesenkt hat, selbst. Es gibt keine interne Regelung, die das verbietet. Mitarbeiter haben prinzipiell die gleichen Rechte wie andere Kunden, schließlich erhalten sie auch keinen Rabatt auf normale Einkäufe. Allerdings hat der Vorgang ein «Geschmäckle»: Hat der Filialleiter die Artikel nur verbilligt, um sich selbst einen Vorteil zu verschaffen? Hat er sie stärker als üblich im Preis gesenkt? Kaum nachvollziehbar. Aber es sieht danach aus, jedenfalls für Frau Stock. Mit ihren Listen und Protokollen bewaffnet, vollzieht sie jeden einzelnen Vorgang mit der Kameraaufzeichnung nach. Nach Rücksprache mit Herrn Schukowsky, der die disziplinarische Verantwortung trägt, wird der Filialleiter entlassen. Allerdings gibt sich dieser «uneinsichtig», unterschreibt zunächst auch keinen Aufhebungsvertrag. Zu einer Einigung kommt es erst in einer gerichtlichen Auseinandersetzung. Am Ende ist der Filialleiter seinen Job los. Schukowsky und Stock sind stolz auf sich. Dabei stört Frau Stock wenig, dass sie selbst gerne bei verbilligten Artikeln zugreift, deren Preissenkung sie veranlasst hat. Herr Schukowsky ist da ebenso schmerzfrei. Kürzlich hat er wieder eine größere Rotweinbestellung aufgegeben. Die Verkaufsleiter senken immer mal wieder die großen Restmengen von Aktionsartikeln im Preis. Vor allem bei hochpreisigen und bei Food-Artikeln veranlassen sie die Preissenkungen. Nach Weihnachten und Ostern sind des Öfteren noch größere Mengen vor allem hochwertiger Rotweine übrig. Der Preis wird etwa halbiert. In der Zentrale zirkulieren Listen, in die jeder Prokurist seine Mengen eintragen kann. Von einzelnen Sorten müssen unsere Filialen ihre kompletten Bestände wieder an die Zentrale zurückschicken, damit sich die Herren privat eindecken können. Schukowsky füllt sein privates Weinregal kräftig auf, der Filialleiter wird für Peanuts entlassen. Aber das kann man sicher nicht vergleichen. Wo kämen wir hin, wenn für alle die gleichen Standards gelten würden? Schukowsky ist Manager, der Filialleiter Bodenpersonal.

An Schukowsky gehen die persönlichen Schicksale der Mitarbeiter immerhin nicht ganz spurlos vorüber. In einigen Momenten bemerke ich, dass er mitleidet. Es sind seine Augen, die ihn verraten. Ein Grundbestand von Menschlichkeit ist ihm geblieben. Nicht so Frau Stock. Andere Menschen sind ihr offenbar egal. Ihr Verständnis von Personalführung ist sehr eigenwillig. Am wichtigsten ist ihr, dass Regelungen und Vorschriften eingehalten werden. Damit tyrannisiert sie ihre Mitarbeiter so lange, bis diese teilweise durchdrehen, in den Burn-out getrieben werden oder von selbst gehen. Den klassischen Rauswurf praktiziert sie weniger. Lieber führt sie endlose Listen. Sie fertigt Aktennotizen, Protokolle und Abmahnungen. Eine Abmahnung sollte sich immer auf einen konkreten Vorfall beziehen, der detailliert dargelegt und bewiesen werden muss. Der Arbeitgeber muss konkret aufzeigen, wo und in welcher Weise der Mitarbeiter gegen Pflichten aus seinem Arbeitsvertrag verstoßen hat. Für den Wiederholungsfall kann die Kündigung des Arbeitsverhältnisses angedroht werden.

Eine Abmahnung bezieht sich üblicherweise auf einen (!) konkreten Verstoß. Werden mehrere Verstöße aufgelistet und auch nur einer erweist sich als nicht haltbar, ist die Abmahnung unwirksam. Welche Kompetenz hier bei Aldi teilweise an den Tag gelegt wird, zeigt das Beispiel von meiner Kollegin Frau Stock. Sie möchte einen Filialleiter abschießen, um selbst Karriere zu machen. Sie sammelt fleißig Material und lässt Herrn Schukowsky folgende Abmahnung, aus der ich wortwörtlich zitiere, unterschreiben:

ALDI GmbH & Co. KG

xxx
12.08.2008

Abmahnung

Herr Bauer, VST X

(Anmerkung des Autors: Herr Bauer ist der Filialleiter, VST steht für Verkaufsstelle. Alle Filialen sind bei Aldi durchnummeriert.)

Verstöße gegen die Dienstpflichten eines Filialleiters

Am 02.08.2008 fand ein Personalgespräch zwischen Ihnen und Ihrer Bereichsleiterin Frau Stock statt. In diesem Gespräch wurden Ihnen folgende Punkte zur Last gelegt:

(Anmerkung des Autors: Dem Filialleiter werden Punkte «zur Last gelegt» – hält sich Frau Stock für eine Staatsanwältin?)

- Unterlassen korrekter Tresorübergaben (trotz Hinweis der Vertretungskraft Frau P. am 01.08.2008). Durch das Unterlassen der Tresorzählung – weder bei Übergabe noch vor Verlassen der Filiale – kommt die an diesem Tag generierte Tresordifferenz erst am Folgetag zum Vorschein.

(Erstens wurde die Tresorübergabe einmal [!] unterlassen, zweitens: Woher will Frau Stock denn wissen, wann die Tresordifferenz «generiert» wurde?)

- Verlagerung einer Kassendifferenz in Höhe von -30 Euro in den Tresor (01.08.2008) und Unterlassen der Informationspflicht – trotz Hinterfragung der Bereichsleitung, wie die Tresordifferenz vom 02.08.2008 zustande gekommen sein könnte –, dass die Tresordifferenz vermutlich aus der Kassendifferenz des Filialleiters stammt.

(Es macht absolut keinen Sinn für den Filialleiter, absichtlich negative Kassendifferenzen in den Tresor zu verlagern. Für Kassendifferenzen kommt das Unternehmen Aldi auf, den Negativbetrag aus dem Tresor müsste er aus der eigenen Tasche ausgleichen.)

- Nicht erklärbare, immer wiederkehrende Kassendifferenzen in Höhe von -30 Euro (beginnend ab November 2007, wiederkehrend im Februar 2008, Mai 2008, Juli 2008 und zuletzt im August 2008)

(Der Filialleiter hat eine kleine Filiale, kassiert daher viel selbst. Durch den vielen Wechsel zwischen Kasse und anderen Tätigkeiten entstehen naturgemäß mehr Differenzen als bei reinen Kassierern. Die Kassendifferenzen betragen entgegen Frau Stocks Behauptung nicht immer genau –30 Euro, sondern variieren. Positive Differenzen, die in der Summe ausgleichend wirken, erwähnt sie nicht. Über den Zeitraum von fast einem Jahr sind seine Differenzen für eine Vollzeitkraft nicht ungewöhnlich.)

- Mitfahren auf Flurförderfahrzeugen im Filiallager: z.B. am 23.07.2008, um das Richten der Aktionen vorzubereiten.

(Frau Stocks sprachliche Fähigkeiten sind vorwiegend auf ihren Dialekt begrenzt; mit «Richten» meint sie «Vorbereiten».)

- Inkaufnahme hoher Obst- und Gemüseabschriften durch Bestellungen, die im Büro gemacht werden (siehe z.B. SPV-Beleg #4922 vom 19.07.2008)

(Umsatzschwächere Filialen haben in Relation immer schlechtere Abschriften. Sie müssen von jedem Artikel Mindestmengen abnehmen. Jedem Verlust steht hier weniger Umsatz entgegen. Auf Nachfrage bestätigt mir der Filialleiter, dass sich Bestellungen «im Büro» auf Artikel der Folgewoche bezogen, die ohnehin nicht in der Filiale begutachtet werden können.)

- Fahrlässiger Umgang mit dem Schreiben von Vertretungs- und Arbeitszeiten in TimeControl:

(«Fahrlässig»? «Schreiben»? Ich übersetze frei: Frau Stock will behaupten, dass der Filialleiter für fehlerhafte Eintragungen in den Arbeitsplan verantwortlich sei.)

- Die Vertretungskräfte mussten in Einzelfällen auf die Eintragung von V-Zeiten in TimeControl verzichten, da ansonsten eine Nichteinhaltung der Ruhezeiten vorgelegen hätte (die fehlende Arbeitszeit wurde nach hinten verlagert, die Vertretungszeit nicht, da ansonsten eine Überschneidung der Filialverantwortung vorgelegen hätte) – wie z.B. bei FrauN. am 20./21.6.2008.

(Weil Frau Stock die Filiale so knapp besetzt hat, bleibt dem Filialleiter gar nichts anderes übrig. Er muss [!] den Plan manipulieren, um gesetzliche Regelungen einzuhalten.)

- Der Filialleiter schreibt Arbeitszeiten zu seinen Gunsten; dies betrifft beispielsweise die Tage 03.05., 16.05., 17.05., 28.05. und 29.05.2008.

(Ein schwerwiegender Vorwurf. Ist Frau Stock allerdings nicht doch ein wenig vage an dieser Stelle? Wie und in welchem Umfang soll der Filialleiter manipuliert haben? Nähere Erklärungen oder gar einen Beweis bleibt sie schuldig.)

- Ausbildungsrichtlinien von ALDI XX werden als lästiges Übel angesehen. Dies bezieht sich z.B. auf die Durchführung von Lehrgesprächen im Hinblick auf die Führungs- und Organisationgrundsätze von ALDI SÜD: «das kann der Azubi doch selber lesen!»

(Der Filialleiter ist tatsächlich ein schlechter Ausbilder. Zu Recht tritt Frau Stock ihm hier auf die Füße.)

- Einräumen von Sonderrechten für den Obst- und Gemüseabholer:

(Aussortierte Ware wird in dieser Filiale von einem Bauern aus der Umgebung zweimal wöchentlich abgeholt.)

- Dieser durfte im Verkaufsraum abschachteln (z.B. am 28.06.2008), obwohl die Bereichsleitung dies mehrfach untersagt hat;

(Welche Ehre für den Bauer!)

- Dieser durfte auch beispielsweise Blumentöpfe mitnehmen, obwohl dies laut Abholnachweis nicht gestattet ist (z.B. am 09.08.2008),

(Die alten Blumentöpfe werden ansonsten weggeworfen. Der «Obst- und Gemüseabholer» ist schon ein schlimmer Finger!)

- Dieser durfte seinen Müll in der Filiale X. entsorgen (Hinterlassen zweier Müllsäcke am 09.08.2008, die nicht nur Folienreste von ALDI, sondern auch Konserven und TK-Verpackungsreste von LIDL, Netto etc. enthielten).

(Ich stelle mir bildlich vor, wie Frau Stock in ihrem teuren Hosenanzug mit strengem Blick durch die Hornbrille die Müllsäcke an der Laderampe durchwühlt und zu dieser bahnbrechenden Erkenntnis gelangt. Nur zur Erinnerung: Frau Stock ist leitende Angestellte.)

Diese Punkte wurden mit Ihnen in einem erneuten Gespräch am 12.08.2008 durchgesprochen und von Ihnen bestätigt. Bei diesem Gespräch waren sowohl Ihr Verkaufsleiter Herr Schukowsky und Ihre Bereichsleiterin Frau Stock anwesend.

Durch Ihr oben aufgeführtes Verhalten verstoßen Sie gegen die Pflichten Ihres Dienstvertrages, die Stellenbeschreibung für Filialleiter, das Sicherheitsrundschreiben im Umgang mit Bargeld, die Ausbildungsrichtlinien von ALDI XX, die Bestätigung über Abgabe von Waren an Landwirte und den Aktenvermerk, der den Umgang mit Flurförderzeugen regelt.

Wir ermahnen Sie, Ihre Arbeitsweise in oben genannten Punkten deutlich zu verbessern, um solche Vorkommnisse künftig auszuschließen. Wir sind nicht bereit, derartige Pflichtwidrigkeiten in Zukunft hinzunehmen.

Gleichzeitig machen wir darauf aufmerksam, dass ein erneuter Verstoß gegen Ihre Vertragspflichten eine Auflösung des Dienstvertrages nach sich zieht.

ALDI GmbH & Co. KG

ppa. Schukowsky
Leiter Verkauf

Kenntnis genommen:..................
Unterschrift

(Aldi droht eine «Auflösung» an. In einer Abmahnung muss die Kündigung des Arbeitsverhältnisses angedroht werden. Aldi kann den Dienstvertrag gar nicht auflösen. Eine Auflösung ist eine einvernehmliche Regelung, der der Filialleiter zustimmen muss. Aldi dokumentiert hier schwarz auf weiß, wie «einvernehmlich» Auflösungen wirklich sind, wenn sie sogar schon in Abmahnungen angedroht werden.)

Unabhängig von der juristischen Bewertung verfehlen solche Abmahnungen ihre Wirkung auf die Mitarbeiter nicht. Sie sind stark verunsichert, trauen sich fast keinen Schritt mehr zu unternehmen. Lange halten das die wenigsten durch. Der Filialleiter, Herr Bauer, ist mit den Nerven am Ende. Im Folgejahr verbraucht er seinen gesamten Jahresurlaub schon bis April, weil er nicht mehr kann. Ich habe längst meinen eigenen Bereich und bekomme von Frau Stocks weiterem Vorgehen im Einzelnen nichts mehr mit. Herr Bauer traut sich nicht, sich vom Arzt krankschreiben zu lassen, weil er um seinen Arbeitsplatz fürchtet. Dabei machen sich bereits körperliche Anzeichen seines psychischen Zustands bemerkbar: Sein rechtes Auge zuckt unkontrolliert, er dreht sich häufig um. Nachts kann er kaum mehr schlafen. Unser Verkaufsleiter, Herr Schukowsky, «rettet» ihn, indem er ihn in einen anderen Bereich versetzt: zu mir. Ich baue ihn im Lauf der Zeit wieder auf, verhelfe ihm zu neuem Mut. Ich finde es unerträglich, wie er von meiner Kollegin behandelt wurde. Das bedeutet nicht, dass ich Herrn Bauer besonders gut leiden kann. Zwei Jahre später wird er mich verraten. Die Aldi-Anwälte werden eine Falschaussage von ihm nutzen, um meine Kündigung zu rechtfertigen.

Immer wieder werde ich als Trainee ermahnt: «Sie müssen sich anpassen.» Und: «Die Firma Aldi wird sich nicht ändern.» Es wird mir verdeutlicht, dass ich ansonsten «bald was Neues» suchen könne. Ich will es schaffen. Die Filialzeit habe ich überstanden und selbst Kolleginnen wie Frau Stock. Es dauert bei mir länger als bei anderen, aber ich gewöhne mich ein. Zum Ende meiner Traineezeit erhalte ich von Herrn Lichtenstein nach gut einem Jahr Aldi erstmals Feedback. Er greift verschiedene Aspekte auf, kritisiert mich. Einzelne Punkte verändere ich sofort. Kurz darauf teilt er mir mit, dass ich nun eigene Filialen bekomme.

3. Was bei Aldi wirklich zählt

«Wir lieben gute Zahlen», schreibt Aldi Süd auf seiner Internetseite. Das stimmt. Um die Funktionsweise von Discountern zu verstehen, sind im Wesentlichen drei wirtschaftliche Größen von Bedeutung: die Personalkosten, die Inventur und der Umsatz.

Zu unterschiedlichen Zeiten wird die Bedeutung der Aspekte verschieden gewichtet. Einige Ziele lassen sich nicht miteinander vereinbaren. Mal ist Leistung wichtiger, mal die Ladenoptik oder der Kundenservice. Mal legt Aldi mehr Wert auf Warenverfügbarkeit, mal auf niedrigere Verluste, sprich bessere Inventuren. Ich könnte über Gründe philosophieren, aber letztlich ist es wie in der Mode: Mal sind kurze, mal lange Röcke «in». Es gibt kein Besser oder Schlechter; es ist vielmehr eine Frage der aktuellen Prioritäten und des Geschmacks.

Ein ehemaliger Aldi-Geschäftsführer, der mittlerweile für die Konkurrenz arbeitet, formuliert es so: «Am Ende eines Tages müssen die Mitarbeiter müde sein, weil sie viel gearbeitet haben, und die Zahlen müssen stimmen.» Es geht in der Verkaufsorganisation von Aldi letztlich um genau diese drei Zahlen: Personalkosten, Inventur, Umsatz.

In jedem Bereich gibt es eine Vielzahl von Kontrollmechanismen. Viele Missstände resultieren, sei es bei Aldi oder bei der Konkurrenz, die sich an der Nummer eins orientiert, letztlich aus diesen Maßnahmen. Der extreme Fokus auf die Zahlen lässt Aldi zu einem brutalen und rücksichtslosen Arbeitgeber werden. Nicht zuletzt ein ausgefeiltes Kontrollsystem und dessen konsequente Umsetzung machen Aldi so erfolgreich. «Aldi brutal» überschrieb denn auch das «Handelsblatt» 2009 einen ausführlichen und gut recherchierten Report über die Expansion von Aldi Süd unter anderem in Österreich. «Druck gehört zu Aldis Geschäftsphilosophie.» Die Autoren konstatieren eine «fast schon brutale Konsequenz des Systems Aldi», die im Übrigen Bereichsleiter besonders deutlich zu spüren bekämen.

Aber warum interessieren sich viele Aldi-Verkaufsmanager gar nicht für den Umsatz? Weshalb werden Inventurergebnisse so stark beachtet? Wie kann es sein, dass Aldi die höchsten Gehälter in der Einzelhandelsbranche bezahlt, aber die niedrigsten Personalkosten hat?

Den Umsatz maximieren

Eine durchschnittliche Aldi-Süd-Filiale erlöst circa 600 000 bis 700 000 Euro im Monat. Schwache Filialen erzielen etwa 200 000 Euro, die stärksten bis zu zwei, einige wenige sogar drei Millionen Euro monatlich. Wird in der Welt der Discounter von «kleinen» und «großen» Filialen gesprochen, so bezieht sich dies in aller Regel nicht auf die Flächen, sondern auf die Umsätze. Zeitlich betrachtet ist der Dezember mit dem Weihnachts- und Silvestergeschäft der umsatzstärkste Monat des Jahres. Die schwächeren Monate sind in der Regel Januar, Februar und die Sommermonate. Die höchsten Umsätze an einzelnen Verkaufstagen werden im Lebensmitteleinzelhandel im Regelfall vor Ostern erzielt, da hier die Feiertage noch dichter gedrängt aufeinanderfolgen als vor Weihnachten. Bei Aldi wird regelmäßig der höchste Tagesumsatz am Gründonnerstag vor Ostern erzielt.

Wenngleich in sämtlichen Stellenbeschreibungen von Mitarbeitern die Verantwortung für Umsätze eine Rolle spielt, so kann ihr tatsächlicher Einfluss als sehr begrenzt gelten. Im Wesentlichen bestimmen die Lage und der Einzugsbereich sowie das Wettbewerbsumfeld die Umsätze der Filialen. Eine gewisse Anzahl von Menschen hat eben einen gewissen Bedarf an Lebensmitteln, der von in der Nähe befindlichen Versorgern abgedeckt wird. Bei Aldi heißt es: «Die Leute können halt nicht mehr als essen.» Die Anforderungen an die Filialen sind dementsprechend weniger auf die Erhöhung der Verkaufszahlen gerichtet. Sie dienen eher dazu, das Ausbleiben von Umsätzen zu vermeiden.

Der Kunde kauft bei Aldi, weil die Produkte billig sind und eine vernünftige Qualität haben. Er kauft nicht, weil er eine besonders schöne Warenpräsentation oder gar Beratung erwartet. Kundenservice heißt bei Aldi: Die Ware ist verfügbar. Punkt. Alle darüber hinausgehenden Rahmenbedingungen sind bei Aldi in sogenannten Standards im Verkauf geregelt. In einem riesigen Ordner voller Erklärungen und Anweisungen legt Aldi fest, wie die Mitarbeiter auszusehen haben, wie sie sich zu kleiden haben und welche Sätze an der Kasse zu sagen sind. Es wird beschrieben, in welcher Höhe Plakate aufzuhängen sind und wie die Regale eingeräumt werden müssen. In der «Sortimentsreihenfolge nach Warengruppen» ist die Platzierung jedes Artikels vorgeschrieben. Innerhalb der einzelnen Warengruppe werden die Artikel nach dem sogenannten Preisgefälle angeordnet: In Laufrichtung des Kunden werden die Artikel immer billiger. Die wenigsten Kunden nehmen das bewusst wahr. Ihnen wird so suggeriert, dass die Preise immer noch niedriger sein können. Am Ende der Warengruppe befinden sich somit die billigsten Artikel. Konkurrenzunternehmen haben ausgefeiltere Systeme für die Platzierung von Artikeln. Grundsätzlich werden bei anderen Händlern die hochpreisigen, gut kalkulierten Artikel auf Sichthöhe des Kunden platziert. Es ist bequemer, die Artikel aus den oberen Regaletagen zu nehmen. Die billigeren Artikel werden zumeist weiter unten eingeräumt. Aldi hat eine einfachere Lösung gewählt.

Für alle Aldi-Filialen gibt es darüber hinaus Standardeinrichtungspläne. Der genaue Standort der Möbel und die Anordnung der Gänge sind festgelegt. Alle Filialen sollen ähnlich aussehen, um dem Kunden den Einkauf zu erleichtern. Die Filiale soll ordentlich sein und die Ware angemessen präsentiert werden. Insofern geht es für die Mitarbeiter im Verkauf weniger darum, den Umsatz zu erhöhen, als vielmehr die Minimalanforderungen zu erfüllen. Ist die Ware vorhanden und ordentlich präsentiert, so die Sichtweise, hängt der Umsatz nur noch am Kunden selbst.

In der Praxis bedeutet das vor allem viele Kontrollaufgaben für die Bereichs- und Verkaufsleiter. Sie wachen darüber, dass die festgelegten Standards in den Filialen umgesetzt werden. Anhand etlicher Listen und Ordner werden Prüfungen vorgenommen. Die Aldi-Manager suchen nach Abweichungen von der Norm. Einige sind geradezu kontrollsüchtig und treiben ihre Mitarbeiter in den Wahnsinn. Je nachdem wie kleinlich der Manager ist, kommen bei jedem Besuch in nahezu jeder Filiale einige Punkte zusammen. Der Filialleiter wird dafür zur Rechenschaft gezogen. Während die Verkaufsleiter nur alle ein oder zwei Monate in jeder Filiale sind, ist der Bereichsleiter im Schnitt dreimal pro Woche vor Ort. Wer will, findet immer ein paar Fehler. Die Mitarbeiter solcher Manager können sich daher dreimal wöchentlich auf einen Anpfiff einstellen. Wichtiger als alle Regelungen und Vorschriften ist aber der Kundenservice, sprich die Verfügbarkeit der Ware. Ist ein Artikel ausverkauft, macht Aldi weniger Umsatz, als theoretisch möglich wäre. Der Kunde weicht eventuell auf die Konkurrenz aus. Fast jeder Manager im Verkauf von Aldi entwickelt über die Zeit seine «Macken» und hat Artikel, die er immer beobachtet. Bei mir sind es immer einige Obst- und Gemüsesorten, meine Filialen müssen immer Eisbergsalat und Tomaten vorrätig haben. Andere Kollegen begutachten am liebsten das Hackfleisch. Wiederum andere tiefgekühlte Kuchen. Nur bei meinen Verkaufsleitern bin ich mir nicht sicher: Lichtenstein konzentriert sich hauptsächlich auf den Perlator auf der Herrentoilette und den Mülleimer im Nebenraum, Schukowsky auf die Blondinenquote in den Filialen und auf die Oberweite der Verkäuferinnen. Unser Geschäftsführer hat eine schöne Macke: Herr Schneider liebt Lachs.

«Ich sehe in den Filialen zu geringe Lachsbestände», mahnt er regelmäßig. Lachs ist eine seiner Lieblingsspeisen. Zeitweise werden täglich die Lachsbestandszahlen an alle Bereichsleiter geschickt, um für «Volldeckung» zu sorgen. Ein Filialbesuch von Schneider dauert maximal fünf Minuten. Mehr Zeit hat er nicht. Sein erster Gang ist immer zum Kühlregal. Jedes Mal prüft er persönlich, ob Lachs vorhanden ist. Steht er vor einem leeren Regal, fragt er den Filialleiter höflich: «Hatten wir heute schon einen starken Abverkauf?» Der alte Filialleiterhase weiß: schlecht. Ein unerfahrener Filialleiter verplappert sich vielleicht noch und denkt: «Ach, ist der nett. Von meinem Bereichsleiter bekomme ich immer gleich richtig Ärger.»

Exakt, denn der Ablauf ist folgender: Herr Schneider spricht nach seinem Filialbesuch den Verkaufsleiter an und fragt ihn, wie es zu solchen Fehlartikeln kommen kann. Der Verkaufsleiter heizt daraufhin dem Bereichsleiter ein. Der Bereichsleiter wiederum macht dem Filialleiter Dampf. Weder der Verkaufsleiter noch der Bereichsleiter möchten regelmäßig in solche Situationen geraten und ergreifen entsprechende Maßnahmen. Ein Beispiel gefällig? Ich übernehme den Abmahnungstext eines Kollegen hier aus Gründen der Anschaulichkeit wörtlich im Original, inklusive aller Fehler:

Aldi GmbH & Co. KG xxx, 20.12.06
Xxx

Herrn
XY

Abmahnung

Aufgrund Ihres Arbeitsvertrags in Verbindung mit dem Stelleninhalt einer Filialleiters sind Sie, Herr XY, u.a. und insbesondere verpflichtet, die jederzeitige und vollständige Warenverfügbarkeit unseres Sortiments zu gewährleisten.

Diesem Anspruch werden Sie nicht gerecht. Insbesondere die Verfügbarkeit des Artikels Räucherlachs läßt mehr als Zweifel an Ihrer Arbeitsweise aufkommen.

Im Anhang finden sich die Aufstellungen der Warenbewegungen mit Restbeständen zu den jeweiligen Daten aus den Jahren 2006 sowie auch 2005, mit Anmerkungen von Hr. Z. (Bereichsleiter), ab welchem Zeitpunkt der Artikel Räucherlachs an den betreffenden Tagen fehlend war, sowie wieviele Kunden überhaupt die Möglichkeit hatten, Lachs zu kaufen.

Hierbei zeigt sich ein desolates Bild. Über Wochen hinweg ist dieser Artikel in der von Ihnen geleiteten Filiale nicht bis Geschäftsschluß verfügbar! Beispielsweise am Freitag, 08.12.06, gab es bereits ab 11:02 Uhr keinen Räucherlachs mehr; gerade einmal 9 Kunden konnten diesen Artikel kaufen!

Die Tatsache, daß Sie im Vorjahr bereits das gleiche Bild ablieferten und schon damals Kritikgespräche mit Hr. Z. (Bereichsleiter) stattfanden, und Sie tatsächlich in diesem Jahr unverändert den gleichen Kurs fahren grenzt schon an eine vorsätzliche Unverschämtheit! Die unzähligen Gespräche mit Hr. Z. (Bereichsleiter) bzgl. Warendisposition bei ansteigenden Umsätzen im Weihnachtsgeschäft verhallen allem Anschein nach bei Ihnen, ohne daß Sie seinen Anweisungen in irgendeiner Form nachhaltig Rechnung tragen. Es werden - völlig unüberlegt - immer wieder die gleichen Standardbestellmengen in Höhe von 10 oder 20 Stück geordert, völlig unabhängig vm Wochentag oder gar einem anziehenden Weihnachtsgeschäft.

Selbst am 20.12.06, einem umsatztechnisch relativ normalen Mittwoch finden sich in Ihrer Filiale bereits um 13:30 Uhr folgende Fehlartikel: Schattenmorellen, Stangenspargel, Mandarin-Orangen sowie Weinsauerkraut. Ein nicht nachvollziehbares, absolutes Unding!

Als Filialleiter haben Sie nun einmal die unabdingbare Pflicht, in intensiver Zusammenarbeit mit Ihren Vertretungskräften für eine 100%ige Warenverfügbarkeit zu sorgen.

Auch wenn Sie, Hr. XY, nicht für jede Bestellung selbst verantwortlich sind, so tragen Sie als Filialleiter in jedem Fall die Verantwortung dafür, alle Möglichkeiten auszuschöpfen (Überprüfung von Bestellungen, Verbesserung Informationsfluß), um Fehlartikel zu vermeiden.

Die Firma ALDI verurteilt Ihr Verhalten auf das Schärfste und weist Ihnen mit massivem Nachdruck an, umgehend Ihre Arbeitsweise zu überdenken und dem an Sie gestellten Anspruch eines Filialleiters in jeglicher Form gerecht zu werden!

Sollten wir nochmals eine derartige Situation vorfinden, sehen wir uns gezwungen, Ihnen die Kündigung des Arbeitsverhältnisses auszusprechen!

ALDI GmbH & Co. KG
ppa. Lichtenstein

zur Kenntnis genommen:
Herr XY

Schon mit Blick auf die Formulierung dieser Abmahnung kann sich jeder in etwa vorstellen, wie das zugehörige Kritikgespräch abgelaufen sein muss. Während der Geschäftsführer nur mal im Vorbeigehen höflich anfragt, wird der Filialleiter vom Verkaufsleiter und Bereichsleiter mit «massivem Nachdruck» gebügelt. Dass dieser Filialleiter ansonsten einen hervorragenden Job macht, interessiert niemanden. Er erreicht sehr gute Leistungszahlen, hat eine top Inventur, und die Stimmung in seiner Filiale ist gut. Ich sehe nie übermäßig viele Fehlartikel in seiner Filiale. Er ist ein guter Filialleiter, hat den Laden im Griff. Allerdings fehlt ihm der Blick fürs Wesentliche: den Lachsbestand.

Gute Inventuren

Das zweitwichtigste Kriterium innerhalb der Verkaufsorganisation zur Beurteilung und zur Messung des Erfolgs einer Filiale ist die Inventur. Dabei werden prinzipiell die in der Filiale entstandenen Warenverluste in Relation zum Umsatz gesetzt. In einem bestimmten Zeitraum entstehen zum Beispiel 2000 Euro Verlust, dagegen stehen 1 000 000 Euro Umsatz. Somit hat die Filiale ein Inventurergebnis von 0,20 %.

Die meisten Filialen bewegen sich zwischen 0,20 % und 0,30 % Inventurverlust, wobei dies eine künstliche Zahl ist.

Die eigentlichen Verlusttreiber werden separat erfasst und aus dieser Zahl herausgerechnet. Insofern mutet der Wert zunächst extrem niedrig an, sagt aber längst nicht alles über die Verluste aus.

Dennoch wird dem Inventurwert große Bedeutung beigemessen. Die Inventur ist ein wesentliches Indiz, wie sauber und ordentlich in einer Filiale gearbeitet wird. Der weit überwiegende Teil der Inventurverluste wird von Mitarbeitern verursacht. Daher sagt das Inventurergebnis viel aus über die Organisation einer Filiale, die Schulung der Mitarbeiter und vor allem die Genauigkeit der Arbeit.

Gesetzlich ist jeder Kaufmann verpflichtet, einmal im Jahr (üblicherweise am Jahresende) eine Inventur durchzuführen, um den tatsächlichen Warenbestand zu ermitteln. Zahlreiche Handelsunternehmen belassen es – soweit es nicht zu größeren Ausreißern kommt – bei diesem Zeitraum. Der Aufwand für eine solche Aufnahme ist hoch. Nicht so Aldi Süd. Durch das schmalere Sortiment ist der Aufwand geringer. Die tatsächlichen Bestände jeder Filiale werden mindestens viermal jährlich erfasst. Je schlechter der Wert, desto häufiger muss die Inventur durchgeführt werden, bei Werten über 0,40 % sogar monatlich. Und dies, obwohl es das wichtigste Erfolgskriterium bei Aldi belastet: die Personalkosten. Eine Inventur verbraucht zusätzliche Mitarbeiterstunden, bringt aber keinen Umsatz.

Weshalb betreibt Aldi diesen Aufwand, weit über die gesetzliche Verpflichtung hinaus? – Die geheime Philosophie ist auch hier permanente, möglichst lückenlose Kontrolle. Das gilt insbesondere, wenn es um einen wichtigen Vermögensteil des Unternehmens geht: den Warenbestand. Der Hauptvorteil häufiger Inventuren liegt auf der Hand: Kommt es plötzlich zu größeren Abweichungen, kann der Zeitraum, in dem die Verluste entstanden sind, bereits eingeschränkt werden. Anhand der Ergebnisse und deren Auswertung können Fehler und Ursachen analysiert werden. Ein weiterer, nicht zu unterschätzender Faktor ist die menschliche Erinnerung: Gab es besondere Vorkommnisse, war irgendetwas anders als sonst, woran könnte es liegen?

Häufigere Inventuren bringen zudem Routine: die Planung, die Aufnahme und die Auswertung laufen viel effizienter ab. So kann der Personalaufwand im Rahmen gehalten werden. Und nicht zuletzt wird durch die regelmäßige Erfassung der Verluste das Bewusstsein der Mitarbeiter für den Wert der Ware geschärft. Fehler oder Unachtsamkeiten kommen spätestens nach drei Monaten ans Tageslicht. Jeder Mitarbeiter weiß, dass die Stimmung der Vorgesetzten wesentlich von diesem Ergebnis abhängt. Besonders die Filialleiter, die das Ergebnis direkt zu verantworten haben, sind vor und während der Aufnahme immer sehr angespannt, bis sie ein hoffentlich vernünftiges Ergebnis erhalten. Zur Zählung sind fünf bis sieben Mitarbeiter der Filiale anwesend. Der Bereichsleiter kontrolliert die Werte nach und erfasst die Mengen jedes Artikels.

Eine gute Inventur verschafft die Gewissheit: Es ist alles in Ordnung. Fällt sie weniger erfreulich aus, kann zeitnah die Ursache erkannt werden, sind die Reaktionen einfach. Kann zunächst kein eindeutiger Grund identifiziert werden, werden die Kontrollschrauben angezogen. Sämtliche sensiblen Bereiche und Fehlerquellen werden genauer beobachtet.

Jede Filiale hat eine eigene Buchhaltung. Die Ware wird ihr zum vorgegebenen Verkaufspreis belastet, sodass die Mitarbeiter nichts über die Einkaufspreise erfahren. Die Filialen dürfen generell keine Preisänderungen bei Artikeln des Grundsortiments vornehmen. Es ist auch nicht möglich, über dem allgemeinen, Aldi-Süd-weiten Preis zu verkaufen. Lediglich bei Aktionsartikeln dürfen die Preise gesenkt werden. Sind noch größere Mengen eines Aktionsartikels vier Wochen nach dem Werbedatum vorhanden, so kommen die Preisänderungen per Anweisung aus der Zentrale für alle Filialen. Dadurch wird die Einheitlichkeit innerhalb einer Regionalgesellschaft gewährleistet. Regelmäßig kommt es auf den Bereichsleitersitzungen zu Diskussionen, wann welcher Preis der richtige ist. Sind in wenigen Filialen noch mittlere Restmengen der Aktionsartikel vorhanden, weist im Normalfall der jeweilige Bereichsleiter die Preissenkungen an. Bei geringen Mengen oder Einzelstücken sind die Filialleiter befugt, selbst die Preise zu senken. Da die Filiale mit dem Originalpreis belastet wird, aber billiger verkauft, erhält sie die Differenz dann automatisch vom System gutgeschrieben. Insofern sind Preissenkungen nicht inventurrelevant.

Aus der Inventurbetrachtung werden Verluste einiger Warengruppen herausgerechnet. Bei Aldi werden Obst- und Gemüse-, Frischfleisch- und Backwarenverluste wöchentlich über separate Belege erfasst und abgeschrieben. Die Filiale notiert sich sämtliche Verluste und entlastet sich buchhalterisch um diesen Betrag. Der Filialverantwortliche hat hier eine Manipulationsmöglichkeit: Indem er mehr abschreibt, als tatsächlich an Verlusten anfällt, kann er sein Inventurergebnis verbessern. Daher kontrollieren die Bereichsleiter stichprobenartig die Abschriften nach. Wer bei einer solchen Manipulation erwischt wird, fliegt sofort.

Die Warenverluste aller Artikelgruppen zusammenaddiert, betragen etwa 1,5% des Umsatzes. Daher ist eine Inventurzahl von beispielsweise 0,25% eine künstliche, rein interne Messgröße. Sie sagt nur etwas über Verluste in bestimmten Sortimentsbereichen aus.

Wie entstehen Verluste? Hier die wichtigsten Beispiele:

- Die Filiale bemerkt bei der Wareneingangskontrolle nicht, dass ihr größere Mengen belastet wurden, als tatsächlich angeliefert werden. Dies kommt in der Praxis relativ häufig vor. Daher werden von den Bereichsleitern gerne sogenannte Testfuhren beauftragt: In die Lieferungen werden absichtlich vom Zentrallager Fehler eingebaut. Werden die Abweichungen nicht bemerkt, bekommt der Verantwortliche Ärger. Geht die sogenannte Fuhrenkontrolle regelmäßig schief, kann durchaus eine Abmahnung erfolgen.
- Es wird zu viel Ware bestellt. Diese ist irgendwann nicht mehr verkaufsfähig (z.B. weil das Mindesthaltbarkeitsdatum überschritten wurde) und muss vernichtet werden.
- Durch Missgeschicke von Mitarbeitern oder Kunden geht Ware zu Bruch und muss weggeworfen werden. Solche Fälle sind aber selten.
- An der Kasse werden Artikel übersehen oder nicht korrekt boniert.
- Kunden oder eigene Mitarbeiter begehen Ladendiebstahl. Sie werden häufig von Detektiven überführt.

Für jede Fehlerquelle, die zu Inventurverlusten führt, gibt es Standardmaßnahmen. Oft liegt die Schwierigkeit eher darin, die Ursache festzustellen. Auf zwei Maßnahmen möchte ich wegen ihrer besonderen Bedeutung ausführlicher eingehen: die Testkäufe zur Verbesserung der Arbeit an der Kasse und die Ladenüberwachung zum Schutz vor Diebstahl.

Testkäufe an der Aldi-Kasse

Testkäufe werden durchgeführt, um eine hohe Arbeitsqualität an der Kasse zu erreichen. Sämtliche Leistungskriterien, beispielsweise die kassierten Artikel pro Minute oder Stunde, lassen sich aus dem System ermitteln. Die beiden Ziele «Leistung» und «Qualität» konkurrieren indessen miteinander. Wenn die Kassenkräfte zu schnell arbeiten, machen sie mehr Fehler. Andererseits dürfen sie im Interesse der Gesamtleistung der Filiale und damit der Personalkosten auch keinesfalls zu langsam kassieren. Daher muss hier ein Mittelweg gewählt werden.

Bei Testkäufen in verschiedenen Gestaltungsvarianten werden sowohl das ordnungsgemäße Kassieren, als auch Servicequalität und Freundlichkeit untersucht. Letztere Faktoren spielen für Aldi die geringere Rolle und werden, wenn überhaupt, nur sporadisch überprüft. Aldi geht davon aus, dass die Kunden wegen der Produkte und der billigen Preise kommen. Freundlichkeit ist weder leistungs- noch inventurrelevant. Regelmäßig wird die Einhaltung des Gesetzes zur Abgabe von Alkohol und Tabak an Jugendliche überprüft.

Vor allem aber geht es bei den für Aldi wichtigsten Testkäufen darum, ob die Kassenkraft alle Artikel korrekt erfasst. So werden Artikel gezielt auf der Einkaufswagenablage, auf dem Haltegriff des Einkaufswagens oder zwischen Artikeln platziert. Wenn extrem schnell kassiert wird, werden solche Artikel oft übersehen. Bei Verwechslungstests werden Artikel in Kartons vermischt, die eine ähnliche Aufmachung, aber unterschiedliche Preise haben. Es wird unterstellt, dass der Kunde reklamiert, wenn ihm zu viel berechnet wird, aber nichts sagt, wenn sein Einkauf billiger ist als geplant.

Solche Tests werden manchmal von Aldi-Mitarbeitern oder deren Bekannten durchgeführt. Neben dem organisatorischen Aufwand ist vor allem die Unabhängigkeit dieser Variante umstritten. Daher werden eigene Testkäufer nur noch in Einzelfällen eingesetzt.

In unserer Regionalgesellschaft sind die Testkäufe an einen externen Dienstleister ausgelagert worden: Unser Hausdetektiv organisiert sie nebenbei. Der Detektiv ist seit vielen Jahren «dabei». Er kennt Aldi gut und ist mit den leitenden Mitarbeitern vertraut. Er braucht nicht viele Anweisungen. Die Tests sind mal schwerer, mal leichter gestaltet. Nur eines ist klar: Findet er keine oder sehr wenige Fehler, bekommt er schnell keine Aufträge mehr, da sich die Maßnahme dann nicht lohnt. Daher sorgt er schon im eigenen Interesse dafür, dass bei jeder Testkaufrunde die Protokolle was zu bieten haben. Etwa monatlich findet ein Durchgang statt; der genaue Rhythmus und die Termine variieren, um für die Kassenkräfte unberechenbar zu bleiben. Mit vier Testwagen fährt er alle 60 Filialen an fünf Tagen ab.

Die Testkäufer werden immer wieder ausgetauscht, sodass sie nicht erkannt werden. Der Detektiv hat die Anweisung, möglichst viele unterschiedliche Kassierer zu prüfen. Wenn allerdings nur eine oder zwei Kassen offen sind, kommt es vor, dass ein Kassierer alle Testwagen «abbekommt». Die genaue Gestaltung der Einkaufswagen und die Tourenpläne werden unabhängig von Schichtplänen erstellt. Wenn allerdings eine bestimmte Kassenkraft getestet werden soll, spricht man miteinander. Entweder weil ein konkreter Verdacht gegen den Mitarbeiter besteht, oder auch um eine Abmahnung zu provozieren. Der Detektiv berichtet mir schon genervt, dass sein Telefon regelmäßig wegen solcher kurzfristiger Änderungswünsche klingelt.

Da die Kassenkräfte disziplinarisch den Bereichsleitern untergeordnet sind, obliegt ihnen theoretisch die Entscheidung, wie Fehler an der Kasse einzuschätzen und zu ahnden sind. Dennoch ordnen die Verkaufsleiter eine einheitliche Handhabung an: bei Abgabe von Alkohol und Tabak an Jugendliche sowie beim Übersehen eines Artikels auf der Einkaufswagenablage muss (!) eine Abmahnung des Mitarbeiters erfolgen. Nach drei Abmahnungen erfolgt die Trennung vom Mitarbeiter.

Wie häufig passieren solche Fehler? Erfahrungsgemäß oft. Bei einer durchschnittlichen Testkauftour unseres Detektivs, also monatlich 4 mal 60 = 240 Einzeltests, treten immer mindestens 20 abmahnrelevante Fehler auf. Gestaltet er die Testwagen «scharf», können es leicht 40 oder 50 sein.

In meiner Zeit als Bereichsleiter schreibe ich zahlreiche Abmahnungen. Wie viele es genau sind, kann ich nicht mehr nachvollziehen, weil wir später nach dem Lidl-Skandal alle vernichten mussten. Ich habe für alle Standardfälle Vorlagen auf meinem Laptop und muss nur noch die Namen, Ort und Datum ändern. Einige Kollegen verlangen von den Verkaufsleitern bereits scherzhaft einen «Abreißblock».

Für die betroffenen Mitarbeiter ist es weniger lustig. So manche fliegen genau aus diesem Grund. Durch die Testkäufe und die konsequente Abmahnpolitik sind viele Mitarbeiterakten mit gerichtsrelevantem Material «angefüttert». Selbst wenn nur eine oder zwei Abmahnungen vorliegen, so ist das in Trennungsprozessen besser als gar keine. So können Kassenkräfte leicht «freigesetzt» werden. Selbst in dem äußersten Fall, dass ein Mitarbeiter vor das Arbeitsgericht ginge, sähe es für ihn dürftig aus. Da die Richter die Praxis der Testkäufe und Abmahnungen nicht kennen, geben sie immer Aldi recht. Ich verstehe das sogar, denn wenn nicht an solches Papier, woran sollen die Richter sonst glauben?

Übertreibt der mit den Testkäufen beauftragte Dienstleister phasenweise, leben viele Kassenkräfte in ständiger Angst. Eine Mitarbeiterin erzählt mir, dass sie vor einiger Zeit immer zitternd kassierte, weil sie in jedem Kunden einen Testkäufer fürchtete. Nach Dienstende habe sie schweißgebadet die Kasse verlassen. Einige Verkäuferinnen weigern sich fast, an der Kasse zu arbeiten. Nach Möglichkeit schaue ich die Testwagen an, wenn ich gerade vor Ort bin. Manche sind sehr tückisch. Beispielsweise wird eine Zahnbürste zwischen zwei Getränkegebinden versteckt. Um sie zu entdecken, müsste die Kassenkraft entweder sehr genau schauen und den Artikel zufällig entdecken oder die Getränke vom Kunden anheben lassen. Weil sie aber gleichzeitig Kassenleistung machen muss und die Kunden nicht zu sehr verärgern soll, ist das unrealistisch. Der Vorgesetzte kann aufgrund des Protokolls dennoch eine Abmahnung schreiben. Bei den Alkohol- und Tabakabgabetests werden Jugendliche als Testkäufer eingesetzt. Bei Bedarf ziehen sich die Testkäufer seriöser an, und die weiblichen werden «älter» geschminkt. Die sechzehn- oder siebzehnjährigen Käufer sind praktisch nicht von neunzehn- oder zwanzigjährigen zu unterscheiden. Daher muss die Kassenkraft nach dem Ausweis fragen.

In einer meiner Filialen bekomme ich die Details eines solchen Testkaufs mit. Die Filiale befindet sich auf dem Land, sie ist relativ abgelegen. Ein siebzehnjähriges Mädchen kauft einen ganzen Einkaufswagen voll Waren ein, für etwa 50 Euro. Sie ist auf «älter» geschminkt und trägt entsprechende Kleidung. Ich hätte sie auf mindestens zwanzig geschätzt. Ordnungsgemäß legt sie alle Artikel auf das Band. Mit dabei sind eine Flasche Schnaps und eine Packung Zigaretten. Durch die vielen Artikel schließt die Kassenkraft intuitiv, dass es sich um einen Wocheneinkauf handelt. Das Mädchen könnte die ganzen Waren nicht ohne Auto abtransportieren. Dennoch bemerkt sie die Alkohol- und Tabakartikel, fragt nach dem Ausweis. Die Testkäuferin ist instruiert zu sagen, sie habe ihn nicht dabei. Stattdessen hält sie ihren Schlüsselbund, unter anderem mit einem großen, schwarzen Schlüssel hoch. Für die Kassiererin sieht es nach einem Autoschlüssel aus. Sie schließt, dass die

Frau 18 sein muss, und verkauft alle Artikel. Normalerweise erhalte ich hinterher ein Protokoll über alle Testkäufe und schreibe darauf basierend Abmahnungen. In diesem Fall verzichte ich allerdings darauf, da ich die Vorgehensweise unfair finde. Den konkreten Fall spreche ich in einer Bereichsleitersitzung an und setze mich dafür ein, solches Vorgehen abzustellen. Für mich ist dies eine vorsätzliche Täuschung der Kassiererinnen. Daraufhin werden die Testkäufe ein wenig gelockert und im Voraus detaillierter abgestimmt. Freunde mache ich mir mit meinem Vorstoß allerdings nicht.

Verluste durch Langfinger und Kameraüberwachung

Der offensichtlichste Grund für Inventurdifferenzen ist der Diebstahl von Waren. Man geht im Handel generell davon aus, dass etwa 40 Prozent der geklauten Warenwerte auf das Konto der Beschäftigten gehen; die restlichen 60 Prozent werden den Kunden zugeschrieben. Anfangs kann ich gar nicht glauben, dass jemand im Aldi klauen würde. Rufen wir uns eine Aldi-Filiale vor Augen: Die Verkaufsfläche ist relativ überschaubar, und meistens sind viele Kunden im Laden. Zusätzlich sind viele Filialen mittlerweile mit Kameras ausgerüstet. Und außerdem: Was gibt es eigentlich zu klauen? Die meisten Artikel sind ohnehin billig. Hochpreisige Artikel wie PCs oder Laptops gibt es nur gelegentlich. Sie werden gesichert gelagert und nur auf Kundenwunsch herausgegeben. Und dennoch wird relativ viel gestohlen, und ich behaupte: im Schnitt jeden Tag in jeder Filiale. Je nach Lage und Klientel können dadurch erkleckliche Summen zusammenkommen. Zur Abschreckung und zur besseren Aufklärung von Ladendiebstählen setzt Aldi mittlerweile in zahlreichen Filialen Kameraüberwachungssysteme ein.

Meine Regionalgesellschaft hat flächendeckend alle Filialen mit Kameras ausrüstet. Bei der Einführung macht man sich über Persönlichkeits- oder Datenschutz keine großen Gedanken; die Kameras werden so platziert, wie es für die Überwachung der Filiale am sinnvollsten ist. Viele Mitarbeiter fühlen sich unwohl und ständig beobachtet.

Die Kameras dienen «zu ihrem eigenen Schutz», sagt der Geschäftsführer bei seinen Filialbesuchen. So recht glauben mag das niemand. Daher wird ausdrücklich schriftlich geregelt, dass die Kameras nicht zur Mitarbeiterüberwachung eingesetzt werden dürfen. Alle Bereichsleiter und alle Filialleiter müssen dieses Dokument unterschreiben. Mündlich sagt der Verkaufsleiter zu seinen Bereichsleitern: «Ab und zu sollte sich jeder mit der Funktionalität der Anlage vertraut machen. Wenn dann gerade ein Mitarbeiter im Bild ist und Sie zufällig etwas beobachten, kann ich auch nichts machen.» Damit ist uns klar: Nach außen hin dienen die Kameras nur zur «Abschreckung», zum «Schutz der Mitarbeiter» und zum Fang von Ladendieben, intern können und sollen (!) die Mitarbeiter sehr wohl kontrolliert werden. Die Firmenleitung ist fein raus: in Zweifelsfall kann auf die schriftliche Regelung verwiesen werden und die Verantwortung für einen Missbrauch nach unten durchgereicht werden. Etliche Filial- und Bereichsleiter machen sich häufiger mit der «Funktionalität» der Anlage vertraut.

In speziellen Fällen kommen zusätzlich auch versteckte Minikameras zum Einsatz. Regelmäßig die «Ecoline digital», ein Wunderwerk der Technik: 291 000 Pixel, ein nur 3,7 mm breiter Linsenkopf, für das menschliche Auge nicht wahrnehmbar, mit einem Eigengewicht von gerade einmal 15 Gramm, ¼“ Sharp Color CCD Monitor, geeignet für alle Temperaturen von –10°C bis +50°C, einsatzbereit schon ab einer Lichteinstrahlung von 0,05 Lux, mit einem Streuwinkel von 85 Grad 420 TVL.

Eine für mindestens drei deutsche Regionalgesellschaften sowie für Aldi Suisse tätige Detektei hat speziell für Aldi-Aufträge etliche genau dieser Minikameras angeschafft.

Die Minikameras, die Bilder in erstaunlich hoher Qualität liefern, werden bei Bedarf in kurzfristig geplanten Nacht-und-Nebel-Aktionen eingebaut. Die Mitarbeiter sollen schließlich nichts mitbekommen. Hierfür werden in den Filialen winzige Löcher in die Deckenplatten gebohrt, um die Kameras an den gewünschten Stellen zu platzieren, zumeist über den Kassen und im Büro. Über Kabel sind die Kameras mit einem WLAN-Sender verbunden, der die Videosignale per Funk an ein Empfängergerät (beispielsweise einen Laptop) überträgt. Alternativ können die Daten an ein Aufnahmegerät übertragen werden, das die Videos auf Festplatten speichert.

Heimliche Überwachungen können bei konkreten Verdachtsfällen und mit Zustimmung des Betriebsrats – sofern einer vorhanden ist, was bei Aldi Süd eher Seltenheitswert hat – sowohl arbeitsrechtlich als auch datenschutzrechtlich zulässig sein. Seit solche Überwachungspraktiken bei Wettbewerbern öffentlich kritisiert wurden, ist also Aldi an dieser Stelle zurückhaltender.

Nach dem Lidl-Skandal wird es bei uns etwas hektischer. Der «Stern» hat die systematische Überwachung und Bespitzelung von Mitarbeitern aufgedeckt. Lidl hat dazu auch Kameras eingesetzt. Der Aufschrei ist groß! In einer Nacht-und-Nebel-Aktion werden bei uns sämtliche Kameras abgebaut, die die Kassenzone überwachen. Der Verkaufsleiter legt in einem Aktenvermerk fest: «Diese Umrüstarbeiten haben absolute Priorität und müssen umgehend erledigt werden.» In einem Schreiben des Lieferanten der Videoanlagen heißt es wörtlich und in eigenartigem Deutsch: «Bei Filialen, in denen über die Kamera Eingang Sozial die EC-Terminals eindeutig eingesehen werden, wird diese ebenfalls versetzt (ca. 2–3 mtr.).» Der Dienstleister werde «mit den Umbauarbeiten am 07.04.2008 beginnen», die Arbeiten jedoch erst bis KW 17 abschließen. Dennoch geht bereits am 08.04.2008 eine als Frage und Antwort gestaltete Sprachregelung an alle Filialen.

> Frage: «Ist die Eingabe der PIN-Nummer bei ALDI SÜD sicher?»
> Musterantwort: «Jeder Kunde kann bedenkenlos seine PIN-Nummer eingeben und sicher sein, dass sie dabei nicht von einer Kamera identifiziert werden kann.»

Kurz darauf erhalten wir die Anweisung, die Kameras im Lager zu checken. In einigen Filialen wurden Kameras in die Rauchmelder integriert, sind also für die Mitarbeiter und Lieferanten nicht sichtbar. Die Rauchmelderkameras werden abgebaut und nie wieder gesehen. Solche Anweisungen erteilt die Firmenleitung von Aldi nie schriftlich. Sensible Informationen werden ausschließlich mündlich weitergegeben. Kein Papier, keine Dokumentation. Dies ist sicherlich ein Grund, weshalb es über Aldi wenig kritische Informationen in der Öffentlichkeit gibt. Nicht weil wir sauberer oder aufrichtiger arbeiten als die Konkurrenz, sondern weil wir Unappetitlichkeiten einfach besser vertuschen.

Diebstahl durch Kunden

Für Kunden sind die Möglichkeiten, Ware im Aldi «mitgehen» zu lassen, relativ begrenzt. Die Artikel müssen ja prinzipiell irgendwo verstaut werden, sodass sie beim Passieren der Kassenzone nicht sichtbar sind. Kleinigkeiten können in die Jackentasche oder den Mantel gesteckt werden. Bei Damen beliebt: die Handtasche. Solche Diebstähle von zwei, drei oder vier kleinen Artikeln sind die Mehrzahl der aufgedeckten Fälle. Oft klauen solche Diebe nur gelegentlich, vermutlich ohne großartig nachzudenken oder gar zu planen, begehen eher eine Art «Impulsdiebstahl». Typische Beispiele: die Jugendlichen, die sich eine Flasche Wodka besorgen, die Hausfrau, die ein Paar Strumpfhosen mitnimmt, die Ehefrau des Bürgermeisters, die zwei Tüten Haribos klaut (tatsächlich!), das ältere Ehepaar, das im Aktionsbereich einen Wecker abgreift, der nette Herr, der ein paar Süßigkeiten mitnimmt (Begründung: Er sei auf Diät und seine Frau dürfe die Artikel nicht auf dem Kassenzettel sehen), die junge Dame, die ein paar Artikel in ihrem Kinderwagen «vergisst», und so weiter und so fort. Zu Ladendiebstählen durch Kunden gibt es nahezu unendlich viele Beispiele und Geschichten, die ein eigenes Buch füllen könnten. Vom Clochard bis zum Millionär kaufen und klauen alle bei Aldi. Während einerseits Geldmangel und echte Bedürfnisse als Gründe zählen dürften, gibt es andererseits eine Klientel, die Diebstähle eher als Hobby begeht. Das ist allerdings eine Minderheit. Schätzungsweise liegt der Warenwert pro Diebstahl im Schnitt bei zehn Euro, viel mehr ist es selten. Zwar mögen auch solche Fälle ärgerlich sein, jedoch sind sie in Summe aus betriebswirtschaftlicher Sicht eine zu vernachlässigende Größe.

Für einzelne Filialen kann es problematisch werden, wenn ein oder zwei routinierte Diebe regelmäßig in den Laden kommen und über einen längeren Zeitraum nicht entdeckt werden. Es kann lange dauern, bis sie auffliegen, da Diebstahl, wie erläutert, nur eine von vielen Ursachen für schlechte Inventuren ist. Solche «Profis» benötigen etwas mehr Stauraum für die Ware. Daher haben sie meistens größere Taschen oder Rucksäcke dabei, manchmal werden Kinderwagen umgebaut, um darin haufenweise Ware zu verstauen. Es gibt viele Möglichkeiten, und solche regelmäßigen Täter entwickeln mit der Zeit erstaunliche Kreativität und Routine in der Ausführung. Besonders beliebt ist der Zigarettendiebstahl. Gelegentlich lassen die Kassierer die Zigarettenträger aus Unachtsamkeit offen. Das ist ein gefundenes Fressen für «Profis». Oft räumen sie unter Beteiligung eines oder mehrerer Komplizen in solchen Momenten die Zigarettenträger schnell aus. Ein Täter sichert beispielsweise ab und beobachtet das Personal, während ein weiterer die Zigaretten stangenweise in eine Sporttasche wirft. So können schnell Schäden im vierstelligen Euro-Bereich entstehen. Die Zigarettenbestände sind bei Aldi schwach gesichert, und seit Markenzigaretten im Sortiment sind, kommen solche Diebstähle häufiger vor.

Wird ein Dieb geschnappt, kommt es grundsätzlich zur Anzeige. Nur in absoluten Grenzfällen (wie der Frau des Bürgermeisters) wird darauf verzichtet. Üblicherweise zieht die Filiale die Polizei hinzu, um die Personalien der Täter aufzunehmen. Die hintergründige Intention dieser Maßnahme ist ein Abschreckungseffekt: Die Kunden sollen sehen, dass ab und an die Polizei vorfährt, weil Diebe erwischt werden. Für den gestellten Täter ist es eine zusätzliche Schmach, wenn er den Rückweg aus dem Filialbüro in Begleitung der Polizei antritt.

Weil das eigene Personal keine Zeit hat, werden zur Ladenüberwachung Detektive eingesetzt, vor allem, wenn eine Filiale Inventurprobleme hat. Der Detektiv sollte möglichst unauffällig aussehen und sich wie die anderen Kunden verhalten. Früher musste er viel in der Filiale spazieren gehen und die Kunden beobachten. Es gab – und gibt in manchen Regionalgesellschaften – zusätzlich eine sogenannte Spionbox. Einige Wochen vor dem Detektiveinsatz wird eine Palette durch eine 90 mal 60 Zentimeter große Holzbox ersetzt, bei der auf Augenhöhe etwa 20 Zentimeter hohe Spiegel angebracht sind. Die Box ist innen leer: Dort kann der Detektiv «reingesetzt» werden und durch von außen verspiegelte Fenster die Kunden beobachten.

Als Standort wird meistens der mittlere oder hintere Bereich des ersten Gangs gewählt, sodass das Wein- und Spirituosenregal sowie die Süßwaren auf der einen und der Aktionsbereich auf der anderen Seite beobachtet werden können.

Anfangs kann ich gar nicht glauben, dass eine solche Spionbox funktioniert: Das würde doch auffallen, wenn plötzlich an Stelle der Getränke eine solche Holzbox steht? Die meisten Kunden aber nehmen die eigentlich auffällige Holzbox gar nicht bewusst wahr. Einige wenige bemerken sie, wundern sich und rütteln anfangs daran. Doch schon nach ein paar Tagen oder Wochen registriert die Holzbox niemand mehr. Die Kunden sind auf ihre Einkäufe konzentriert. Sie haben Vertrauen und hinterfragen den neuen Einrichtungsgegenstand nicht; es wird schon irgendeinen Sinn haben, was der Aldi da wieder macht. So erzielen die Detektive erstaunlich gute Ergebnisse mit dieser Spionbox.

Die Arbeitstage für den Detektiv in einer solchen Box stelle ich mir nicht gerade angenehm vor: Um sich nicht zu verraten, darf er die Holzkiste möglichst wenig betreten und verlassen, sich darin nicht groß bewegen und schon gar keine Geräusche von sich geben. Mitunter ist er also stundenlang auf einem halben Quadratmeter eingesperrt und hat keine Möglichkeit, etwa zur Toilette zu gehen.

In solchen Regionalgesellschaften, die ihre Filialen mit Kameras ausstatten, ist die Arbeit für die Detektive mittlerweile komfortabler geworden. Statt viele Stunden in einer engen Spionbox zu sitzen, kann er jetzt zwölf Stunden im Nebenraum sitzen, auf einen pixeligen Monitor schauen, ab und an die Kamera wechseln und hin und her zoomen.

Diebstahl durch Mitarbeiter

Eine Vielzahl von Kunden verursacht erfahrungsgemäß etwa 60 Prozent der Warenverluste durch Diebstahl – die wenigen Mitarbeiter sollen für 40 Prozent verantwortlich sein?! Wie kann das sein?

Ganz einfach: Mitarbeiter haben wesentlich mehr und bessere Möglichkeiten. Zum einen wissen sie um die Gegebenheiten in der jeweiligen Filiale. Aus dem Dienstplan geht ganz genau hervor, wer zu welchem Zeitpunkt anwesend und wie die Besetzung der Filiale ist. Wenn ein Detektiv da ist, bekommen die Mitarbeiter das ebenfalls mit. Die Mitarbeiter kennen das Discount-System und seine Schwächen. Vertretungskräfte oder gar Filialleiter wissen im Regelfall, welche Abweichungen bei der Inventur ersichtlich sind und welche nicht. Filialverantwortliche mit einiger krimineller Energie können sogar Ausgleichsbuchungen im System vornehmen.

Das größere Wissen und die erweiterten Möglichkeiten nützen allerdings nur begrenzt. Die Ware muss noch aus der Filiale geschafft werden. An dieser entscheidenden Stelle werden die meisten erwischt. Irgendwann werden fast alle zu gierig und schleppen zu viel aus dem Laden. Oft hilft Kommissar Zufall. Jemand verplappert sich, verhält sich auffällig, oder ein Kollege bekommt Wind und informiert die Vorgesetzten. Der Schaden hält sich jedoch, wenn der Mitarbeiter auf eigene Faust agiert, normalerweise im Rahmen.

Hohe Schäden können durch den sogenannten Beziehungseinkauf entstehen. Der Trick: Ein Verwandter oder Bekannter der Kassenkraft kauft nach Herzenslust ein. Ganz normal geht er mit seinem Einkaufswagen an die Kasse und lädt sämtliche Artikel auf das Kassenband. Der Kassierer arbeitet bewusst «unsauber». Beispielsweise zieht er nur jeden zweiten oder dritten Artikel über den Scanner. Bei gleichen Artikeln kann die Mengentaste weggelassen werden. Oder ein Artikel wird gescannt und per Sofortstorno wieder aus dem Bon entfernt. Oder, oder, oder. Die dreisteste Variante ist ein Storno des kompletten Bons, jedoch benötigt die Kassenkraft für diesen Vorgang Stellvertretungsbefugnisse. Schätzungsweise jeder zweite bis dritte Mitarbeiter hat sie. Außer dem Kassierer und den Kunden in der Schlange bekommt keiner mit, was gerade passiert. Da der Kassiervorgang bei Aldi sehr schnell abläuft und die in der Schlange stehenden Kunden niemals auf solche Kleinigkeiten achten würden, ist der Beziehungseinkauf schwer aufzudecken.

Die Schäden durch diese Diebstahlvariante können immens sein. Zwei, drei komplett gefüllte Einkaufswagen können leicht pro Monat verschwinden. Selbst wenn der Verdacht auf Beziehungskäufe besteht, ist es schwierig, den betreffenden Mitarbeiter zu identifizieren. Bei den Inventuren fehlen in solchen Fällen meist große Beträge quer über alle Artikel- und Warengruppen verteilt. Wir hatten in meiner Anfangszeit einen solchen Fall. Über den nahezu unvorstellbaren Zeitraum von zehn Jahren betreibt eine Vertretungskraft dieses Spiel. Die Inventuren liegen jahrelang weit über dem Schnitt. Etliche Bereichsleiterwechsel lang wird jedes Mal von Neuem mit der Ursachenanalyse begonnen. Möglicherweise lenkt sie den Verdacht sogar bewusst in falsche Richtungen. Jedenfalls füllt ihr Mann bis zu dreimal pro Woche die Einkaufswagen und schiebt sie an ihrer Kasse durch. Obwohl es sich um eine Filiale im ländlichen Raum handelt, ist ihr Mann dem Filialleiter und den anderen Kassenkräften offenbar unbekannt. Beide Täter sind starke Raucher, und so werden insbesondere hochpreisige Tabakartikel entwendet. Deshalb werden sie schließlich geschnappt: Bei vielen Inventuren fehlt eine bestimmte Sorte Tabak, und die zuständige Bereichsleiterin kann gemeinsam mit dem Detektiv schließlich einen Zusammenhang mit besagtem Kunden, dem Ehemann der Kassiererin, feststellen. Den durch diese Beziehungseinkäufe entstandenen Schaden können wir nur noch schätzen: Er liegt, alle Warenverluste zusammengerechnet, in der Größenordnung von 100 000 Euro.

Personalkosten minimieren

Personalkosten sind die mit Abstand wichtigste Kennzahl und Steuerungsgröße im Verkauf bei Aldi. Keine andere betriebswirtschaftliche Zahl wird vom Management stärker beachtet: An dieser Zahl wird Erfolg bei Aldi gemessen. Wer als Manager gute Personalkosten abliefert, hat Chancen auf eine weitere Karriere. Unsere Regionalgesellschaft ist in der Personalkostenstatistik gut platziert. Meine eigenen Filialen sind gut aufgestellt. Insofern weiß ich, wovon ich in diesem Kapitel spreche. Vermutlich stammt das Gewicht, das dieser Zahl intern zugemessen wird, aus der Historie des Unternehmens, als jeder Cent beziehungsweise Pfennig umgedreht werden musste. Wenn im Discounterbereich von «den Kosten» gesprochen wird und keine nähere Spezifikation erfolgt, geht es immer um Personalkosten auf der Filialebene. Spricht man bei Aldi von Personalkosten im Allgemeinen, so ist nicht die absolute, sondern die relative Zahl gemeint: Personalaufwand geteilt durch den Umsatz. Diese Zahl wird pro Filiale, pro Bereich, pro Gesellschaft und pro Land berechnet.

Die jeweils Verantwortlichen befinden sich in einem ständigen Wettbewerb miteinander. Monatlich werden Listen erstellt und Rankings veröffentlicht. Es besteht ein ständiger Ansporn und Anreiz, sich im Vergleich mit den Kollegen gut zu positionieren.

Die absoluten Personalkosten berechnen sich grundsätzlich folgendermaßen:

> Menge (also die verbrauchten Stunden) × Preis (also die Stundenlöhne) + Sonderfaktoren (Abfindungen, sonstige Einmalzahlungen) = Personalkosten (absolut)

Das Ergebnis in einem Monat in einer Filiale könnte folgendermaßen aussehen:

> 1000 Stunden × 25 Euro (grober Durchschnitt, inklusive Arbeitgeberanteilen, Urlaubs- und Weihnachtsgeld) + null (keine Abfindungen, Einmalzahlungen etc. gezahlt) = 25 000 Euro

Diese Zahl wird dann in Relation zum Monatsumsatz der Filiale gesetzt, beispielsweise 700 000 Euro: 25 000 / 700 000 = 3,57 %

Wie kann man diese Zahl beeinflussen? Ganz einfach: Indem man die einzelnen Einflussgrößen möglichst niedrig hält. Das bedeutet also:

1. Menge: die Menge der erfassten Stunden möglichst gering halten. Bei Aldi heißt das: Leistung, Leistung, Leistung.
2. Preis: möglichst geringe Stundenlöhne für die notwendige Arbeit zahlen. Anders formuliert: billigeres Personal einsetzen.

3. Sonderfaktoren: möglichst wenige Zusatzkosten produzieren. Zum Beispiel: beim Rauswurf die Abfindungen gering halten.

Viele Skandale und das schlechte Image der Discounter resultieren in erster Linie aus Maßnahmen zur Senkung der einzelnen Einflussgrößen. Auch wenn es für den Leser im ersten Moment übertrieben oder gar lächerlich scheinen mag, aber es ist genau der Kampf um die Stellen hinter dem Komma dieser Zahl, der Aldi zu einem rücksichtslosen Arbeitgeber werden lässt.

Menge: Leistung, Leistung, Leistung

«Ware hinten reinstellen, vorne rauskassieren.» So erklärt mir in meiner Anfangszeit ein Filialleiter, wie Aldi funktioniert. So einfach das klingt, so treffend ist es. Die Verkaufsorganisation verkauft nicht im klassischen Sinne, sie wickelt ab – mit wenig Schnickschnack und schlanken Abläufen.

Basis der niedrigen Personalkosten von Aldi ist die hohe Produktivität der einzelnen Mitarbeiter. Andersherum ausgedrückt: Um einen bestimmten Umsatz abzuwickeln, werden möglichst wenige Mitarbeiterstunden eingesetzt. Für den einzelnen Mitarbeiter heißt das vor allem: schnell arbeiten, Gas geben. Diese Erwartungshaltung wird jedem Aldi-Mitarbeiter von Anfang an vermittelt. Das Leistungsprinzip ist eine Grundidee im Discount und Hauptkriterium für den Erfolg auf Filialebene. Leistung ist bei Aldi Süd eine Zahl, die jeden Tag aufs Neue in jeder Filiale berechnet wird.

Leistung im Allgemeinen bedeutet: Arbeit durch Zeit. Auf Aldi übertragen heißt das: Umsatz durch Mitarbeiterstunden. Beachtet wird vor allem die monatliche Leistung: Monatsumsatz geteilt durch die in diesem Monat verbrauchten Stunden. Nach jedem Monatsabschluss wird in der Zentrale eine sogenannte Leistungsliste erstellt. Sie ist allen Mitarbeitern zugänglich und die am meisten beachtete Seite Papier innerhalb unserer Gesellschaft. Auf ihr werden die Filialen nach Leistung absteigend sortiert. Für die Filialleiter ist diese Zahl extrem wichtig. Wer oben oder in der Mitte steht, hat wenig zu befürchten. Für die Unteren wird es ungemütlich. Naturgemäß steht in einem Ranking immer irgendjemand unten.

Ein Teil der Vergütung der Filialmitarbeiter basiert auf der Leistungszahl. Zwar sind die Unterschiede im Nettomonatsgehalt zwischen einer guten oder einer mittelmäßigen Leistung der Filiale für die Mitarbeiter eher gering. Dennoch sind alle dafür sensibilisiert und kontrollieren sich gegenseitig. Bei einer guten Leistungszahl verdienen die Mitarbeiter mehr, und die Filiale genießt intern höheres Ansehen. Aldi fokussiert damit selbst die hierarchisch ganz unten stehenden Mitarbeiter auf die Personalkosten und macht sie zu Mit-Unternehmern.

Zwei Beispiele zur Leistungsberechnung: Eine kleine Filiale X erzielt 10000 Euro Umsatz an einem schwachen Tag. Dafür verbraucht sie 20 Mitarbeiterstunden. 10000 durch 20 ergibt 500. Mit anderen Worten wurden also in einer Arbeitsstunde von jedem Mitarbeiter im Schnitt 500 Euro Umsatz abgewickelt.

Eine große Filiale Y erzielt 50000 Euro Umsatz an einem guten Tag, es werden dafür 50 Mitarbeiterstunden verbraucht. 50000 durch 50 ergibt 1000. Somit hat jeder Mitarbeiter dieser Filiale im Schnitt 1000 Euro Umsatz pro Stunde abgewickelt.

Die Beispiele spiegeln die realistischen Extreme wider: unter 500 ist selten, über 1000 fast unmöglich. In 80 Prozent der Filialen liegen die Leistungen in meiner Gesellschaft durchschnittlich zwischen 600 und 800.

Jeder Mitarbeiter weiß: Je höher die Leistungszahl, desto besser – für Aldi, aber auch für ihn selbst, weil das seinen Job sicherer macht. In einigen Filialen wird argumentiert, es sei für die Mitarbeiter finanziell interessant, Stunden «unter den Tisch fallen» zu lassen und dafür eine höhere Leistungsprämie zu erhalten. Das ist kompletter Unsinn! Der zusätzliche Vorteil einer höheren variablen Vergütung wiegt die Unterschlagung von Arbeitsstunden nie und nimmer auf. Fakt ist: Aldi profitiert in erster Linie von hohen Leistungszahlen. Wie kann nun diese Zahl verbessert werden?

Entweder durch mehr Umsatz bei gleichbleibenden Mitarbeiterstunden oder durch weniger Mitarbeiterstunden bei gleichbleibendem Umsatz. Im Idealfall beides: mehr Umsatz und dafür weniger Stunden. Da der Einfluss auf den Umsatz sehr begrenzt ist, konzentrieren sich die Anstrengungen auf die Verringerung der Mitarbeiterstundenanzahl. In Filialen mit mittlerem Umsatz ist eine Zweierbesetzung keine Seltenheit. Kleine Filialen laufen teilweise vormittags oder über die ruhigen Mittagsstunden mit nur einer anwesenden Person, was hohe Risiken vor allem in Extremsituationen birgt.

Ich unterscheide zwischen nicht beeinflussbaren Faktoren und beeinflussbaren Faktoren. Nicht beeinflussbar sind zum Beispiel die Verkaufsfläche und die Lagerfläche des Ladens; sie werden von der Expansionsabteilung vorgegeben. Grundsätzlich gilt: Je größer die Filiale, desto bessere Leistungszahlen können erzielt werden. Die Artikel können viel öfter auf Paletten gestellt oder im Regal breiter präsentiert werden. Sie müssen also seltener bestellt und seltener eingeräumt werden.

Eine weitere wichtige Größe ist der sogenannte Schnittkauf. Er stellt die durchschnittliche Bonsumme der Filiale dar. Je höher sie ist, desto besser für die Leistung. Die Kassenkraft muss ja jeden Kunden auf gleiche Weise abwickeln – unabhängig davon, ob er einen Artikel oder einen ganzen Einkaufswagen voll kauft. Bei einem höheren Schnittkauf hat sie weniger Abwicklungsvorgänge und also mehr Umsatz. Somit arbeitet sie effizienter.

Diese und andere nicht beeinflussbare Faktoren hängen vornehmlich mit der Lage und Kundenstruktur der Filiale zusammen. Die Konzentration erfolgt sinnvollerweise auf die beeinflussbaren Faktoren, die ich im Folgenden kurz erläutere:

1. Gute Organisation

Grundlage für gute Zahlen ist eine gute Organisation. Alle anfallenden Arbeiten müssen zum richtigen Zeitpunkt von den richtigen Mitarbeitern geleistet werden. Der Filialleiter muss den Umsatz vorausplanen und die entsprechende Besetzung der Filiale mit Personal vorhalten. Es gibt zwei Strategien für die Einteilung der Mitarbeiter: Der Filialleiter plant tendenziell mehr Personal ein, als voraussichtlich notwendig ist. Zeigt sich, dass der Umsatz weniger stark ausfällt als erwartet, werden Mitarbeiter früher nach Hause geschickt oder die Pausen verlängert. Alternativ plant er das Personal knapp ein, in der Hoffnung, dass sein Umsatzplan aufgeht. Bei einem leicht höheren Umsatz als erwartet kann das eingeteilte Personal manchmal zusätzliche Kräfte freisetzen und ihn dennoch abwickeln. Können die Arbeiten nicht bewältigt werden, muss eine Verkäuferin angerufen werden, die kurzfristig einspringt. Je besser die Planung des Filialleiters aufgeht, desto weniger Änderungen ergeben sich für die Verkäuferinnen. Dennoch wird ein Teil des Umsatzrisikos auf sie abgewälzt.

2. Individuelle Leistung

Die geforderten Arbeiten müssen möglichst schnell und sauber erledigt werden. Bezogen auf die beiden wichtigsten Aufgaben «Ware hinten reinstellen» und «vorne rauskassieren» heißt das: möglichst viele Paletten in einer gewissen Zeit in den Verkaufsraum fahren und die Ware einräumen. An der Kasse bedeutet Leistung, möglichst viele Artikel in einer Zeiteinheit über den Scanner zu ziehen. Als akzeptabler Wert gilt bei Aldi Süd etwa 1500 Artikel pro Stunde. Begünstigend für maximale individuelle Leistung wirkt die Teilzeitbeschäftigung: Es ist eher möglich, in fünf Stunden 100 Prozent zu geben als in acht oder zehn Stunden. Die Leistungszahl der Filiale am Ende jeden Tages oder Monats ist gleichzeitig die Summe von vielen individuellen Leistungen. Daher haben die Mitarbeiter im Regelfall keine Zeit, sich mit Kunden und deren Fragen zu beschäftigen. Von ihnen wird eine gewisse Arbeitsleistung pro Zeit erwartet, und da stören Kundenfragen nur. Die Bereichsleiter raten daher: «Rennen Sie einfach durch den Laden, dann spricht Sie schon keiner an.»

3. Optimale Bestellungen

Ein großer Stellhebel ist der Warenfluss. Der Filialleiter ist gehalten, einen einzelnen Artikel möglichst selten zu bestellen. Bestellt er, so sollten es größere Mengen sein. Das beschleunigt das Einräumen der Ware enorm und senkt die Logistikkosten. Er kann das Maximum bestellen, wenn er den Warenbestand möglichst weit absinken lässt. So passt am meisten in das Regal.

Beispiel: Eine Filiale hat eine Regalkapazität für 12 Gummibärchenkartons, pro Tag verkauft sie etwa zwei. Der Filialleiter könnte im Extremfall zehn Kartons Bestand vorhalten und jeden Tag zwei Kartons Gummibärchen bestellen. Das wäre aber nicht Discount! Im anderen Extremfall könnte er einmal pro Woche (sechs Verkaufstage) zwölf Kartons Gummibärchen bestellen. Der Aufwand, einmal mit der Palette an das Regal zu fahren und einmal die Ware einzuräumen, ist logischerweise viel geringer, als dies jeden Tag zu tun. Da aber sein Bestand bei einer Bestellung pro Woche am Liefertag nahe null sein muss, riskiert er, dass ihm die Ware ausgeht. Daher wählt der Filialleiter in der Praxis meistens den Mittelweg und wird im Gummibärchenbeispiel zweimal pro Woche bestellen. Fehlartikel in Filialen können solche Optimierungen als Ursache haben. Wenn Sie als Kunde vor leeren Regalen stehen, wissen Sie nun, woran es liegen könnte.

4. Optimale Belieferung

Jede Filiale erhält täglich frische Waren, Obst und Gemüse, Kühlartikel, Frischfleisch und Brot; das Standardsortiment und die Aktionsartikel werden mit der sogenannten Hauptfuhre geliefert. Je nach Umsatzgröße und Lagerkapazität werden die Filialen in unterschiedlicher Häufigkeit beliefert. Umsatzschwache Filialen, die über ausreichende Lagerflächen verfügen, kommen mit zwei Lieferungen pro Woche aus. Umsatzstarke Filialen, die begrenzte Lagermöglichkeiten haben, brauchen jeden Tag eine Warenanlieferung. Je weniger Liefertermine zur Verfügung stehen, desto seltener kann bestellt werden. Idealerweise findet die Lieferung zu einem Zeitpunkt statt, an dem die Ware gut in die Regale geräumt werden kann, weil gerade wenige Kunden im Laden sind. In extrem beengten Verhältnissen werden die Auffüllarbeiten außerhalb der Öffnungszeiten erledigt.

5. Die Kassenschlange

Das Hauptärgernis vieler Kunden ist gleichzeitig der Klassiker, um die Leistung zu verbessern: die Kassenschlange. Die Grundidee ist, die Mitarbeiter an der Kasse maximal auszulasten und die übrigen Mitarbeiter für andere Tätigkeiten frei zu halten. Angenommen, zwei Kassen laufen, die Kunden stauen sich bereits. Eine dritte Verkäuferin ist zwar anwesend, sie füllt aber gerade Tiefkühlware ein. Um eine weitere Kasse zu öffnen, müsste sie ihre Palette wieder in das Kühlhaus fahren, zur Kasse laufen, öffnen. Anschließend wieder zurücklaufen, die Palette rausfahren und weiterarbeiten. Diese Zeit kann eingespart werden, indem die Kunden einfach an den vorhandenen Kassen länger warten. Das funktioniert allerdings nur, wenn der Kundenstrom irgendwann weniger wird und die beiden Kassierer die Schlange sukzessive abbauen können. Wann es kritisch wird, ist eine Definitions- und Geschmacksfrage. Die offizielle Regelung besagt, dass nicht mehr als fünf Kunden an einer Kasse anstehen dürfen.

6. Leistungsförderliches Personal einsetzen

Aldi-intern werden gewisse Mitarbeitergruppen unter verschiedenen Bedingungen aus der Leistungsberechnung herausgenommen. Für die Einarbeitung neuer Mitarbeiter werden einige Stunden herausgerechnet, Auszubildende fließen im ersten halben Jahr gar nicht, später nur zu 50 Prozent in die Berechnung ein. Ist also beispielsweise ein Auszubildender im zweiten Lehrjahr 10 Stunden anwesend, fließen nur 5 Stunden in die Leistungsberechnung ein. In der Praxis spielt daher gerade die Zahl der Auszubildenden für die Leistungszahl der Filiale eine bedeutende Rolle. Die eigentliche Leistung wird dadurch verfälscht, denn im Grunde stellt dies keine echte Einsparung von Mitarbeiterstunden dar. Jedoch wird ein

Anreiz gesetzt, möglichst viele Auszubildende einzusetzen. Je mehr Azubis in einer Filiale sind, desto höher die Leistungszahlen und desto höher die Prämien. Unterm Strich spart Aldi Kosten ein, da die Auszubildenden weniger verdienen als das normale Verkaufspersonal. Starke Schwankungen der Anzahl von Azubis zwischen einem oder zwei und vier oder fünf pro Filiale verzerren die monatlich verteilte und mit Argusaugen betrachtete Leistungsliste zu meiner Zeit grotesk: Die Zahlen sind nicht mehr vergleichbar.

Es gibt sicher noch weitere Ansatzpunkte zur Leistungssteigerung, jedoch sind die ausgeführten Aspekte die großen Stellhebel. Bis auf einen. Angenommen, der Filialleiter ist mit den Ansatzpunkten am Maximum angelangt. Dennoch werden bessere Zahlen von ihm verlangt. Was bleibt ihm noch? Er muss bei der Arbeitszeiterfassung kreativ werden.

Erst seit 2004 werden bei Aldi Süd die Arbeitszeiten über ein PC-Programm namens TimeControl registriert, bis dahin wurde alles händisch erfasst und berechnet. Etwa zu dieser Zeit wird das «Schwarzbuch Lidl» veröffentlicht. Seither nimmt man es mit der Zeiterfassung genauer. Mehrere Kollegen berichten mir übereinstimmend, dass dadurch die Leistungen gesunken sind. Will sagen: Davor wurde einiges an Arbeitszeit unterschlagen. Es ist jetzt durch das Zeiterfassungssystem schwieriger, weil offensichtlicher, Arbeitszeiten zu manipulieren – aber nicht unmöglich. Berichten zufolge ist es auch bei Aldi Nord an der Tagesordnung, dass sogenannte graue Mehrarbeit von den Mitarbeitern geleistet werden muss. So berichtet «Spiegel online» Ende Oktober 2009 ausführlich über Zustände bei Aldi Nord, die mir sehr bekannt vorkommen. Es «häufen sich Beschwerden von Mitarbeitern über unbezahlte Überstunden, Schikanen und sogar Denunziationen», heißt es da. Die Arbeitszeiten würden bloß auf Handzetteln vom Filialleiter notiert. Eine Aldi-Nord-Mitarbeiterin, der gekündigt wurde, berichtet «Spiegel online», dass sie statt der tariflich festgelegten 37,5 Stunden regelmäßig 50 bis 55 Stunden in der Woche arbeiten musste. Aldi bestreitet das, der Anwalt der Mitarbeiterin aber setzt noch eins drauf: «Es herrscht ein System aus Angst und Schrecken.» «Spiegel online» bietet in dem Bericht (Überschrift: «System der Angst») eine ganze Reihe von Zeugen auf, die über Mobbing, psychischen Druck und Verstöße gegen das Arbeitszeitgesetz berichten. Mich wundert das nicht. Ich habe von Kollegen über Aldi Nord Ähnliches erfahren.

Dass Arbeitszeiten nicht korrekt erfasst werden, also weniger eingetragen wird, als tatsächlich gearbeitet wird, ist auch bei Aldi Süd an der Tagesordnung. Allerdings in meiner Wahrnehmung nicht im großen Stil. Seit ich dabei bin, wird jedes Jahr die Einführung einer Stempeluhr angekündigt; jedes Jahr warten die Mitarbeiter vergeblich darauf. Die Arbeitszeiten werden vom Filialleiter oder dessen Vertretungskräften «freihändig» erfasst. Es besteht keine gesetzliche Verpflichtung, Arbeitszeiten per Stempeluhr zu erfassen. Insofern ist diese Praxis nicht illegal. Ich schätze, dass jede Kassiererin im Schnitt pro Arbeitstag etwa eine halbe Stunde kostenlos für Aldi arbeitet: Sie muss mindestens fünfzehn bis zwanzig Minuten vor Dienstbeginn in der Filiale sein, ihre Kasse einwiegen, sich Informationen durchlesen, im Regelfall vor der offiziellen Startzeit beginnen, meistens macht sie etwas weniger Pause als vorgesehen, und für die Abrechnung der Kasse nach offiziellem Dienstende braucht sie auch noch mal ein paar Minuten. Wir bezeichnen das als «Rüstzeiten», die im Handel üblich sind und nicht bezahlt werden.

Flächendeckend, möchte ich behaupten – abgesehen von den Rüstzeiten –, werden die Arbeitszeiten heute bei Aldi Süd korrekt erfasst. In einzelnen Filialen kommt es dennoch zu Abweichungen. Übt der Bereichsleiter enormen Druck aus, kann der Filialleiter oft nicht anders. Ich erinnere mich gut an eine Urlaubsvertretung für einen Kollegen, der den neuen «Zeitgeist» nur widerwillig umsetzt.

Einige Beispiele für «graue Mehrarbeit»:

- In seinen Filialen ist es nach wie vor üblich, dass morgens die Mitarbeiter teilweise eine Stunde vor Dienstbeginn anwesend sind. Begründung: Die Mitarbeiter trinken noch Kaffee.
- Ich komme um 12.30 Uhr in die Filiale, eine Verkäuferin ist noch da und arbeitet, obwohl sie im Plan nur bis 11.00 Uhr eingetragen ist. Begründung: Sie hilft noch ihrer Kollegin.
- Zufällig fahre ich gegen 21.30 Uhr an einer Filiale vorbei, und dort wird noch gearbeitet. Im Arbeitsplan steht als Dienstende 20.15 Uhr. Begründung: Sie wollen es nur am nächsten Tag nicht so stressig haben, deshalb arbeiten sie freiwillig vor.
- Die Auszubildenden sind von 8.00 Uhr bis 20.15 Uhr in der Filiale, im Plan stehen 2 Stunden 15 Minuten Pause. Auf Nachfrage sagen die Auszubildenden aber, dass dies nicht eingehalten werde. Begründung: Dies sei ein Vorschlag der Filialleiterin gewesen. Wenn die Azubis lieber arbeiten, sollen sie das machen.

Ich könnte noch mehr Beispiele aufzählen, aber es ist offensichtlich, wie mein Kollege hier arbeitet beziehungsweise arbeiten lässt. Ich spreche ihn bei der Urlaubsübergabe auf meine Feststellungen an und zähle einige Beispiele auf. Er reagiert irritiert, zeigt aber seinen Unmut nicht offen.

«Die Mitarbeiter machen das freiwillig», erklärt er.

«Weshalb würden die Mitarbeiter sich freiwillig selbst bescheißen?», frage ich nach.

«Weiß ich nicht. Sie machen das gerne.» Noch immer spielt er das Unschuldslamm.

«Erzählen Sie doch nichts. In anderen Filialen machen die Mitarbeiter das auch nicht mehr.» Langsam gerät er unter Rechtfertigungsdruck, der Vergleich mit Kollegen zieht immer.

«Bei mir schon, meine sind einfach besser eingestellt. Aber eins will ich Ihnen gleich sagen: Ich habe das nie angewiesen.»

«Das kann schon sein, aber der Leistungsdruck geht von Ihnen aus», bohre ich weiter.

«Was wollen Sie damit sagen?»

«Dass Sie solche Zahlen verlangen, die die Filialen fast nur über diese Wege erreichen können.»

Mein Kollege hat keine Lust mehr auf dieses Thema. Meine Fragen nerven ihn. Er behauptet schließlich: «Wir sind ein Discounter. Das ist einfach so.»

Ich bin nicht einverstanden, lasse es aber damit bewenden. Später schwärzt er mich beim Verkaufsleiter an. Er berichtet ihm, ich sei «zu sozial eingestellt» und habe das Discountprinzip nicht verstanden. Für den Job als Bereichsleiter sei ich seiner Ansicht nach nicht geeignet. Mein Verhalten sei respektlos. In einem Gespräch muss ich mich beim Verkaufsleiter für mein «Fehlverhalten» und den «respektlosen Umgang mit Kollegen» rechtfertigen. Der Verkaufsleiter weiß aber auch, dass es in manchen Filialen nicht mit rechten Dingen zugeht. Er bescheidet mich: «Das passt schon so, wie es Ihr Kollege macht.»

Einige Leistungszahlen indessen, die vor allem von kleinen Filialen erreicht werden, sind rein mathematisch nicht mit regulärer Arbeitszeiterfassung möglich. Das Aldi-Management gibt Anweisungen heraus, dass alles korrekt laufen müsse. Nach außen hin wird erklärt, alles sei in Ordnung. Die nachgeordneten Mitarbeiter verpflichten sich per Unterschrift. Gleichzeitig wird enormer Kostendruck ausgeübt. Für manche Bereichsleiter ist es verlockend, vor allem, wenn schnell etwas passieren muss, diesen Druck auf den Filialleiter zu übertragen. Dieser wiederum erhöht den Druck auf die Kassiererinnen. Unter Zugzwang geraten, erledigt der Filialleiter, das unterste Glied der Leitungsebene, die Drecksarbeit und manipuliert am Ende die Stunden. Er selbst und die Kassiererinnen baden es aus, während das Management seine Hände in Unschuld wäscht.

Das System Aldi kombiniert die Vorteile eines Großkonzerns, beispielsweise im Einkauf, mit den Möglichkeiten kleiner, dezentraler Einheiten. In den Filialen wird vielfach agiert wie in einem Kleinbetrieb. Aldi erklärt den Filialleiter zum «Unternehmer vor Ort». In vielen Unternehmen, kleinen Handwerksbetrieben oder mittelständischen Dienstleistern, wird gearbeitet, bis das Soll erfüllt ist, und Mehrarbeiten gehen zu Lasten der Mitarbeiter. Aber Aldi ist ein Großkonzern, und die Mitarbeiter sind, trotz aller rhetorischen Bemühungen, keine Unternehmer, sondern kleine Angestellte.

Dennoch wird längst nicht mehr wie früher bei den Arbeitszeiten gemogelt. Heute funktioniert die Kostensenkung anders. Wir haben uns neue, elegantere Möglichkeiten ausgedacht.

Preise senken = Löhne drücken

Die Löhne der Mitarbeiter möglichst gering halten: Selbst mancher Aldi-Mitarbeiter wird sich nun fragen: Wie geht das? Die Löhne sind doch von der Zentrale vorgegeben und überall einheitlich? Richtig ist, dass alle Regionalgesellschaften dieselbe Gehaltstabelle verwenden. Jedoch gibt es innerhalb des Systems erhebliche Spielräume.

Zunächst einige grundlegende Erwägungen zum Thema Vergütung. Aldi zahlt seinen Mitarbeitern auf allen Stufen der Hierarchie ein Gehalt über dem marktüblichen Durchschnitt. Dafür sehe ich vier Gründe.

Der erste und wichtigste Grund ist, dass dafür eine entsprechende, also ebenfalls überdurchschnittliche Leistung erwartet wird. Theo Albrecht soll einmal gesagt haben: «Wenn ich 30 Prozent mehr zahle, bekomme ich die doppelte Leistung.» Wenn das Unternehmen denkt, es bräuchte überdurchschnittlich leistungswillige und -fähige Mitarbeiter, so ist es doch nur fair, diesen etwas leistungsbereiteren Mitarbeitern auch etwas mehr zu bezahlen.

Zweitens wissen Bewerber meistens relativ genau, was der angemessene Preis für ihre Arbeitskraft (und nichts anderes ist Gehalt) ist. Mit anderen Worten, jeder weiß, dass er über dem Markt und im Grunde auch über seinem eigenen Preis liegt. Einerseits freut die Mitarbeiter dies natürlich; es gibt ihnen aber auch das latent ungute Gefühl, mehr zu bekommen oder sich zu nehmen, als ihnen angesichts ihrer eigenen Fähigkeiten und der Tätigkeit zusteht. Wobei diese Überlegung vermutlich nur unterhalb der Managementebene angestellt wird.

Drittens leiden der gesamte Einzelhandel und der Discount im Besonderen unter einem schlechten Image, sodass gute Bewerber, egal für welche hierarchische Ebene, in erster Linie mit Geld geködert werden müssen. Oder haben Sie schon mal im Ernst gehört: «Hey cool, du arbeitest bei Aldi»? Das ist also die dritte Komponente des Deals: Gegen etwas mehr Geld nimmt man ein relativ schlechtes Image in Kauf.

Diese Gründe würde Aldi möglicherweise sogar zugeben.

Der vierte Grund, den man bei Aldi selbst mit Sicherheit nicht nennen würde, ist die Kontrolle über die Mitarbeiter. Sie spielt zusammen mit der im Unternehmen verbreiteten Angstkultur. Die Mitarbeiter gewöhnen sich nach einer gewissen Zeit an ihr Einkommen und passen ihren Lebensstil an. Sie haben teurere Wohnungen, fahren ein besseres Auto, machen öfter einmal Urlaub. Gleichzeitig leben sie in einer ständigen Angst, ihr Vorgesetzter könnte einen Fehler (oder gleich mehrere) finden (oder finden wollen). Außerdem weiß jeder Mitarbeiter, dass er jederzeit problemlos ersetzt werden kann. Sämtliche Jobs – inklusive Management – sind hochgradig standardisiert und können relativ schnell und reibungslos von einer anderen Person übernommen werden. Gerade diese Kombination macht die Mitarbeiter sehr gefügig. Ein Personalberater hat dies mir gegenüber sehr treffend zusammengefasst: «Die Leute sollen ja schließlich auch was zu verlieren haben.»

Neben der Höhe des Gehalts hat Aldi einen weiteren Motivationsfaktor und Anreiz für seine Mitarbeiter eingebaut. Das Gehalt aller Mitarbeitergruppen steigt nach einem standardisierten, vierstufigen Modell an. Das bedeutet: Ich fange mit einem moderat über dem Markt liegenden Verdienst an und erhalte jedes Jahr automatisch ohne Verhandlungen eine Steigerung. Gehaltsverhandlungen gibt es bei Aldi Süd nicht, auf keiner Hierarchiestufe. Alle Prokuristen beispielsweise verdienen gleich viel. Die Gehälter sind einheitlich und zentral festgelegt. So gibt es keinen Neid, und die Mitarbeiter können sich auf ihre eigentlichen Aufgaben konzentrieren. Einerseits entfallen mühsame Einzelverhandlungen, andererseits gibt es durch die Fixgehälterstruktur kaum Leistungsanreize. Nach vier Jahren Betriebszugehörigkeit ist die sogenannte Endstufe erreicht. Je nach Mitarbeitergruppe beträgt die Steigerung vom Einstiegsniveau bis zur höchsten Stufe zwischen 20 und 40 Prozent. Da das Aldi-System sehr einfach ist und von nahezu jedem innerhalb kürzester Zeit erlernt werden kann, sind neue Mitarbeiter schnell auf demselben Produktivitätsniveau wie die sogenannten Bestandsmitarbeiter. Die Managementgehälter sind standardisiert, die Filialmitarbeiter erhalten eine anteilige Leistungsprämie. Die leistungsbezogenen Komponenten sind dennoch anteilsmäßig gering. Die meisten Tätigkeiten sind einseitig und wiederholen sich ständig. Insofern wird unterstellt, dass spätestens nach dem Erreichen der höchsten Gehaltsstufe die Motivation einiger Mitarbeiter nachlässt.

Aus Kostensicht stehen daher Mitarbeiter in den hohen Gehaltsstufen besonders in der Optik. Es ergibt wirtschaftlichen Sinn, die Mitarbeiter in den höchsten Gehaltsstufen regelmäßig durch neue mit den niedrigeren Einstiegsgehältern zu ersetzen. Im Klartext: alte Mitarbeiter rauszuschmeißen und neue einzustellen. Vor allem auf der Bereichsleiterebene wird denn auch so verfahren. Spätestens nach fünf oder sechs Jahren heißt es: Up or out. Es ergibt ebenso kostentechnisch Sinn, ältere Kassiererinnen durch jüngere zu ersetzen. Einerseits wegen des unmittelbaren Gehaltsvorteils, andererseits wegen der höheren Leistung frischer Mitarbeiter. Über den ständigen Leistungsdruck werden ältere Mitarbeiter oft zu Eigenkündigungen gedrängt. Sie halten dem Stress nicht mehr stand. Viele empfinden sich selbst als Belastung für das «Hochleistungsteam», haben ein schlechtes Gewissen, weil sie nicht mehr mithalten können. Oft arbeiten sie freiwillig (unbezahlt) mehr und gehen früher oder später von selbst.

Das bedeutet auf der anderen Seite allerdings nicht unerhebliche Transaktionskosten. Erstens muss bei einem Rauswurf eventuell eine Abfindung bezahlt werden, zweitens müssen die neuen Mitarbeiter rekrutiert und eingearbeitet werden.

Würde man eine Strategie, ältere durch jüngere zu ersetzen, tatsächlich zu hundert Prozent praktizieren, so wäre die Stimmung schnell komplett dahin. Insofern ist diese Strategie zwar immer mal wieder ein Thema, insbesondere auf der Bereichsleiterebene, wird aber zunehmend durch intelligentere und noch kostensparendere Lösungen ergänzt.

Teure Mitarbeiter durch billige ersetzen

Die Grundidee lautet, Tätigkeiten, die normalerweise durch einen Mitarbeiter einer teuren Gehaltsgruppe durchgeführt werden, durch einen billigeren Mitarbeiter ausführen zu lassen. Es geht also darum, nicht nur die Spielräume innerhalb einer Mitarbeitergruppe zu nutzen, sondern übergreifend zu denken. Dadurch lassen sich enorme Einsparungen realisieren.

1. Filialleiter durch Stellvertreter ersetzen

Fangen wir mit der lukrativsten Einzelmaßnahme an: dem Filialleiter. Ein Filialleiter in der Endstufe verdient bei Aldi etwa 60 000 Euro brutto im Jahr. Ersetzt man ihn durch einen Stellvertreter in einer mittleren Einstufung, der genau die gleichen Arbeiten erledigt, sind Einsparungen von etwa 50 Prozent drin. Etwa 30 000 Euro also verdient ein Stellvertreter bei Aldi im Jahr, der diese Position zwei oder drei Jahre innehat. In der günstigsten Stufe verdienen die Stellvertreter noch weniger, jedoch sind sie beispielsweise sofort nach der Ausbildung im Regelfall noch nicht in der Lage, eine Filiale zu führen. Bis ein Stellvertreter die Endstufe als Filialleiter erreicht, gehen neun Jahre ins Land, manchmal sogar bis zu 12 Jahre. Zwar steigt das Gehalt kontinuierlich über die verschiedenen Stationen bis zur Filialleiterendstufe an, aber der Kostenvorteil, über einen gewissen Zeitraum berechnet, ist immer deutlich. In einem detaillierten Aktenvermerk haben die Verkaufsleiter geregelt, wer wie lange in welcher Stufe verbleiben sollte. Um den maximalen Kostenvorteil zu realisieren, heißt es in dem Aktenvermerk: «Diese Vorgehensweise muss zwingend eingehalten werden. So dürfen keine Ebenen übersprungen werden, und die jeweilige Verweildauer darf nur im Rahmen dieses Leitfadens und in Absprache mit den Leitern Verkauf verändert werden.»

Seit etwa zwei Jahren hat sich nach meiner Wahrnehmung der Kostendruck bei Aldi Süd verstärkt. Bei der Arbeitszeiterfassung sind wir nicht mehr so flexibel wie früher. Daher wundert es wenig, dass die Verkaufsleiter öffentlich über den «dekadenten Filialleiterhaufen» sprechen und in Bereichsleitersitzungen «Köpfe» verlangen. Zitat: «Die Filialleiter sind unser Problem.» Als Aufhänger für einen Rausschmiss werden individuelle Gründe gesucht, aber die Verkaufsleiter geben Tipps. Beispielsweise tönt Herr Lichtenstein gerne in Sitzungen: «Der Filialleiter, der nicht richtig ausbildet, den nehme ich freihändig raus.» Durch den enormen Leistungsdruck und die Vielzahl von Auszubildenden ist es für viele Filialleiter schwierig, den jungen Mitarbeitern viel beizubringen. Der eine bildet schlecht aus, der andere könnte unehrlich sein, der Nächste macht zu wenig Leistung, wiederum ein anderer hat eine schlechte Inventur, ein weiterer bestellt schlecht – irgendwas findet sich immer. Wer suchet, der findet. Die Bereichsleiter werden dazu ermuntert. Meist in allgemeiner Form und über den generellen Personalkostendruck, manchmal aber auch ganz ungeniert: «Bereiten Sie den Abgang von Herrn/Frau XY vor.»

Allein in meiner Regionalgesellschaft haben in den beiden letzten Jahren mindestens zehn Filialleiter unfreiwillig ihren

Hut genommen. Es werden immer individuelle Gründe gefunden, die Verantwortung wird dem Mitarbeiter zugeschoben. Dass dahinter Kostengründe stehen, sagt kaum einer öffentlich. Den Kostenvorteil, so heißt es allenfalls, nimmt man «nebenbei» mit. Weil mittlerweile so viele Filialen von Stellvertretern und nicht mehr von Filialleitern geführt werden, wird sogar die Rhetorik geändert: Man spricht intern nicht mehr von «Filialleitern», sondern von «Filialverantwortlichen». So sind die billigeren Stellvertreter, die dieselben Aufgaben für deutlich weniger Geld wahrnehmen, sprachlich einbezogen.

Einzelne Tätigkeiten können sogar durch Auszubildende fortgeschrittener Reife übernommen werden. Die Auszubildenden im dritten Lehrjahr sollen bereits erste Verantwortung übernehmen. Sie werden teilweise als Ersatz für Stellvertreter oder Filialleiter eingesetzt. Sie erhalten kein Vertretungsgeld und sind damit noch günstiger für den Kostenvorteil, wenngleich der Ausbildungsaspekt hier eher im Vordergrund steht: «Learning by doing». Indessen erreichen wenige Auszubildende überhaupt das dritte Lehrjahr, und sie sind auch nur über einige Wochen oder Monate für diese Maßnahme verfügbar. Regelrecht als billige Hilfskräfte ausgebeutet werden vielmehr die Auszubildenden im ersten und zweiten Lehrjahr.

2. Verkäuferinnen werden durch Auszubildende in den ersten beiden Lehrjahren ersetzt

Seit einigen Jahren bildet Aldi aus. Das bis heute kommunizierte Ziel ist, dadurch Filialleiter heranzuziehen. Auf der Firmenhomepage von Aldi Süd heißt es: «Die Karrierewege vom Azubi zum Filialleiter (...) sind kurz und reizvoll.» Auch in internen Protokollen steht: «Wir bilden mit dem primären Ziel aus, potenzielle Filialleiternachwuchskräfte zu gewinnen.»

Ich unterstelle zunächst ehrbare Erwägungen, die zu dieser Entscheidung für eine eigene Ausbildung junger Menschen führen. Da die Tätigkeiten der Filialverantwortlichen komplexer werden und es schwieriger wird, geeignete Mitarbeiter zu finden, bildet man eben selbst den Nachwuchs aus. Möglicherweise spielt sogar der Gedanke an eine gesellschaftliche Verantwortung eine Rolle. Aldi sorgt sich angesichts der demographischen Entwicklung um Nachwuchs. Zu Beginn werden Auszubildende in einigen ausgewählten Filialen eingestellt. Sie erhalten anfangs in der Mehrzahl direkt Verträge für die Ausbildung als Einzelhandelskaufleute, wenige nur zu Verkäufern. Auf die wenigen Stellen bewerben sich gute Kandidaten, die Potenzial für eine Filialleiterlaufbahn besitzen.

Schnell bemerkt die Unternehmensleitung allerdings, welches Potenzial zur Kostensenkung in den Auszubildenden steckt. Die Zahl der Azubis wird Jahr für Jahr ausgeweitet. Der Schnitt bei uns liegt mittlerweile bei drei bis vier Azubis pro Filiale. Dies entspricht oft mehr als 25 Prozent der gesamten Filialbesetzung. In einzelnen Filialen werden bis zu 40 Prozent der anfallenden Stunden durch Auszubildende abgedeckt. Laut Bundesministerium für Bildung und Forschung beträgt die durchschnittliche Quote bundesweit etwa 5,7 Prozent. Weshalb beschäftigt Aldi mehr als viermal so viele Auszubildende wie der Schnitt der deutschen Wirtschaft? Der durchschnittliche Stundenlohn eines Azubis beträgt etwa die Hälfte vom dem einer Kassiererin. Für ihn fällt keine Leistungsprovision an. Die Einarbeitung dauert maximal ein bis zwei Monate. Anschließend beherrscht der Azubi alles, was er die nächsten beiden Jahre bei Aldi macht: Ware einräumen und kassieren. Für die Ausbilung verantwortlich sind die Filialleiter. Durch den Leistungsdruck kommen sie kaum dazu, den

Auszubildenden etwas beizubringen. Dies ist der Unternehmensleitung selbstverständlich bekannt. In einem internen Protokoll heißt es: «Oftmals werden die Auszubildenden aus Leistungsgesichtspunkten überwiegend an der Kasse sowie zum Verräumen der Fuhre eingesetzt.»

Von einer echten Ausbildung kann hier nicht mehr gesprochen werden. Die Auszubildenden in den ersten beiden Lehrjahren erhalten zwar einige Seminare in der Zentrale. Aber wie soll ein Filialleiter, der ohnehin unter enormem Zeit- und Leistungsdruck steht, gleichzeitig drei oder vier Lehrlinge ausbilden? Die ersten beiden Jahre sind die reine Augenwischerei. Aldi besitzt aber die Dreistigkeit, sich mit der hohen Zahl an Auszubildenden öffentlich zu brüsten. Eine durchschnittliche Gesellschaft hat heute pro Filiale ca. drei Auszubildende. Bei etwa 60 Filialen macht das 180 Azubis. Wenn ernsthaft in jedem Azubi das Potenzial zum Filialleiter stecken würde, müsste jede der 60 Filialen jedes Jahr mit einem neuen Filialleiter besetzt werden. Das ist blanker Hohn!

Die Firma Aldi, wohlgemerkt im Besitz der reichsten Deutschen, hat sich ein perfides System zur Ausnutzung und Ausbeutung junger Mitarbeiter ausgedacht. Während meiner Zeit werden generell mit den Azubis nur noch Verträge für die Ausbildung zum Verkäufer abgeschlossen – dies ist eine offizielle Anweisung an die Bereichsleiter. Längst werden nicht mehr nur Potenzialträger mit guten Noten eingestellt. Vorherrschend ist inzwischen ein schlechter Hauptschulabschluss. Niemand hat mit dem Großteil dieser neuen Mitarbeiter vor, sie länger als zwei Jahre zu beschäftigen. Daher wird kurz vor Ablauf dieser zwei Jahre dauernden «Ausbildung» entschieden, ob das dritte Lehrjahr als Einzelhandelskaufmann gewährt wird. In einem detaillierten Aktenvermerk ist geregelt, welche «Mindestanforderungen» und welcher «Pflichtleistungsstand» dazu erreicht sein muss. Die meisten Azubis sind von vorneherein dazu nicht in der Lage. Daher gehen sie in der Regel nach zwei Jahren wieder ab und werden durch neue Auszubildende im ersten Lehrjahr ersetzt.

Allerdings ist diese Option, das dritte Lehrjahr zu bekommen, während der ersten zwei Jahre ein hervorragendes Druckmittel. Jedem Azubi wird suggeriert, auch er könne das dritte Lehrjahr erreichen und eine Karriere bei Aldi machen. Aus Sicht des Auszubildenden ist daher seine erste Motivation und gleichzeitig die Hürde, die es für die weitere Laufbahn bei Aldi zu überspringen gilt, das dritte Lehrjahr zu bekommen. Dafür wird ein Schnitt der Berufsschulnoten besser als 2,5 erwartet und eine ordentliche Arbeitsleistung in der Filiale. Weiterhin sollte der Auszubildende Potenzial für die Übernahme erster Verantwortung zeigen. Doch auf wie viele von den gut 60 eingestellten pro Jahr kann das realistischerweise zutreffen?

Absolviert der Auszubildende tatsächlich das dritte Lehrjahr mit Erfolg, so besteht die Chance auf die Übernahme in ein – befristetes – Arbeitsverhältnis. Das Ziel ist die Position eines stellvertretenden Filialleiters; als Kassierer werden nur einige wenige übernommen. Von diesen Positionen aus bestehen wiederum weitere Möglichkeiten, die Karriereleiter im Discounter emporzuklimmen.

Die Zahlen aber sind erschreckend, erfahrungsgemäß sieht die Selektion etwa folgendermaßen aus: In einer durchschnittlichen Gesellschaft mit etwa 60 Filialen werden für ein Ausbildungsjahr 60 Azubis eingestellt, im Schnitt also einer pro Filiale. Die Frage nach dem dritten Lehrjahr stellt sich für ca. 40 Azubis, die restlichen 20 werden innerhalb der ersten drei Monate Probezeit oder zwischendurch wegen Diebstahl,

Pfandbetrug oder Ähnlichem entfernt. Ab und an, jedoch selten, kommt es zu echten Eigenkündigungen der Azubis. Von den verbleibenden 40 werden im Schnitt maximal 20 ins dritte Lehrjahr übernommen, der Rest scheidet aus. Mit abgeschlossener Ausbildung zum Einzelhandelskaufmann werden schätzungsweise 6 oder 7 Leute befristet als stellvertretende Filialleiter übernommen. Davon sind nach weiteren zwei Jahren vielleicht noch zwei oder drei im Unternehmen, die sich im Sinne von Aldi «dauerhaft» etablieren.

Ein fragwürdiges, aber kostensparendes System. Achten Sie selbst in den Aldi-Filialen einmal darauf: Sie werden kaum noch Stellenaushänge für Verkäufer/-innen finden. Dafür sucht Aldi ständig nach Auszubildenden.

3. Azubis durch Praktikanten ersetzen

Wem selbst die Azubis zu teuer sind, der kann noch auf Praktikanten zurückgreifen. Billiger geht es nimmer. Eine Zeitlang wird das bei uns exzessiv betrieben. Manche Filialen erhalten neben drei oder vier Auszubildenden noch einen Praktikanten. Von der Arbeitsagentur gefördert, gibt es das sogenannte Einstiegsqualifizierungsjahr (EQJ). Die jungen Mitarbeiter erhalten etwa 250 Euro pro Monat für 40 Stunden Arbeit die Woche. Diese 250 Euro werden Aldi von der Arbeitsagentur zurückerstattet. Die Mitarbeiter kosten also null Euro. Die allermeisten werden ein Jahr lang beschäftigt und können dann gehen. Die Idee dieses Programms ist es allerdings, Praktikanten auf den Weg in eine Ausbildung zu bringen. Ein findiger Bereichsleiter aus meiner Regionalgesellschaft kommt zuerst auf den Trick mit den EQJ-Praktikanten. Durch seine niedrigeren Kosten bringt er wiederum Kollegen unter Druck, es ihm nachzumachen. Nach außen wird kommuniziert, dass man jungen Menschen mit Einstiegsschwierigkeiten in den Beruf eine Chance geben wolle. In Wirklichkeit geht es um Personalkostensenkung. Ich erlebe viele Tränen dieser jungen Menschen, denen fast ein Jahr lang vorgegaukelt wird, sie hätten realistische Chancen auf eine Ausbildungsstelle. An eine EQJ-Praktikantin erinnere ich mich besonders gut. Sie arbeitet mit mir zusammen in meiner ersten Filialzeit. Sie hat die Hauptschule mit mittelmäßigen Noten absolviert, ist ein ruhiges, in sich gekehrtes Mädchen. Aber sie erscheint jeden Tag zuverlässig in der Filiale und arbeitet fleißig mit. Ich treffe sie ein Jahr später zufällig. Auf meine Frage, wie es ihr geht, bricht sie fast zusammen und weint. Sie erzählt mir von der schreienden Ungerechtigkeit, die ihr widerfahren ist. Nachdem ich die Filiale verlasse, geht für sie der Betrieb weiter wie gehabt. Sie arbeitet gut mit und wird nach einiger Zeit sogar an der Kasse eingesetzt. Mein Kollege Schweinbaur gibt dem Mädchen nach über einem Dreivierteljahr EQJ-Praktikum und somit kostenloser Arbeit für Aldi die Zusage für eine Ausbildungsstelle. Sie ist überglücklich. Allen Freunden und Bekannten erzählt sie von ihrer Zusage. Sie hat es geschafft!

Kurz vor Unterschrift des Ausbildungsvertrags macht mein Kollege seine Zusage rückgängig. Die Leistung von ihr, so seine Begründung, habe in den letzten Tagen nachgelassen, sie zeige zu wenig Engagement und lasse Eigeninitiative vermissen. Ein Schock. Das Mädchen versteht die Welt nicht mehr. Fast ein Jahr lang hat sie sich eingesetzt, fleißig gearbeitet und alles getan, was von ihr verlangt wurde. Für einen Hungerlohn. Aber mit der Aussicht auf eine bessere Zukunft. Welche Leistungen sie zuvor erbracht hat, interessiert aber niemanden mehr. Sie wird durch einen neuen EQJ-Praktikanten ersetzt. Ich zitiere die Aldi-Homepage: «Unsere Unternehmenskultur ist geprägt von Fairness, Offenheit, Wertschätzung und Transparenz.»

Die Lokalpresse wird auf den ausufernden Einsatz von Praktikanten bei Aldi Süd aufmerksam. Herrn Schneider wird es plötzlich zu riskant, er unterbindet die Maßnahme de facto. Schneider äußert in einer Bereichsleitersitzung, er fürchte, die Öffentlichkeit könne Aldi unterstellen, dass es um Kostenvorteile gehe. Er fürchte negative Presse. Zwar nicht aus innerer Überzeugung, aber aus Angst vor Öffentlichkeit ordnet er an, diesen jungen Mitarbeitern dasselbe Gehalt wie den Auszubildenden zu bezahlen. Die Verfechter der EQJ-Maßnahme sind seither ruhiger und sinnen über neue Maßnahmen nach. Die EQJ-Praktikanten werden nach der Regelung des Geschäftsführers entlassen. Damit liegt offen zutage, dass sie vor allem aus Kostengründen beschäftigt wurden.

Die Idee, teure Mitarbeiter durch neue, billigere zu ersetzen, wird auf den unteren Ebenen gelebt. Im oberen Management setzt das Unternehmen auf Kontinuität und Vertrauen. Diese Manager sind die Wächter des Systems, sie werden nicht ständig ausgewechselt. Gespart wird weiter unten.

Hohe Leistungen und niedrige Stundenlöhne sind also der Schlüssel zum Erfolg: zu niedrigen Personalkosten. Beide Faktoren können zusätzlich durch Fluktuation befeuert werden. Die Fluktuation wiederum kann von Aldi-Managern angestachelt werden.

Durch besondere Härte und Anwendung zweifelhafter Tricks, beispielsweise eines «kleinen Blöffs», werden bezahlte Freistellungen sowie Abfindungen gering gehalten. Trennungsgespräche laufen nach meiner Erfahrung knallhart und ohne Rücksicht auf Befindlichkeiten ab. Im Regelfall wird bereits im Gespräch mit dem Mitarbeiter eine Einigung erzielt. Besonders harte Fälle enden meist vor Gericht mit einer etwas höheren Zahlung beim Gütetermin. Aldi spart durch seinen harten Kurs kräftig Zahlungen in Verbindung mit dem Ende von Arbeitsverhältnissen ein. Nur in besonders schweren Fällen oder wenn der Mitarbeiter an die Öffentlichkeit gehen möchte, wird der Geldbeutel etwas weiter geöffnet. Um nahezu jeden Preis stellt Aldi in solchen Situationen eine Einigung her und den Mitarbeiter ruhig. Schließlich soll der gute Ruf des Unternehmens nicht beschädigt werden.

Die kreative Alternative

Eine elegante Lösung außerhalb der beschriebenen Methoden ist das komplette Outsourcing bestimmter Tätigkeiten. Standard ist heute, dass Reinigungsarbeiten von externen Dienstleistern übernommen werden. Früher mussten die Aldi-Mitarbeiter noch selbst die regelmäßige Unterhaltsreinigung und die Grundreinigung durchführen. Die Mitarbeiter der Fremdfirmen erhalten zwischen 7 und 8 Euro pro Stunde – über die Arbeitszeiterfassung wollen wir lieber gar nicht erst reden. Die Aldi-Verkäuferin erhält fast das Doppelte. Definiert man nun «Reinigungsarbeiten» etwas weiter und rechnet das Entfernen der leeren Kartons mit ein (wahlweise je nach Regionalgesellschaft «Pappe ziehen», «Abdeckeln», oder «Abschachteln» genannt), ergeben sich weitere Einsparpotenziale. Aus interner Sicht ist zudem interessant, dass diese Kosten komplett aus den Personalkosten herausfallen und zu Sachkosten werden. Wir wissen: Personalkosten stehen im Fokus, Sachkosten weniger. Sinnvoll ist diese Maßnahme vor allem in sehr umsatzstarken Filialen. Da sehr viel aus Kartons verkauft wird, fallen auch viele leere Kartons an. In unserer Gesellschaft wird in einer Filiale seit Jahren von einer Fremdfirma «abgeschachtelt». An umsatzstarken Tagen sind ein oder zwei Kräfte des Dienstleisters ständig in der Filiale und arbeiten mit. Ich weiß von Filialen anderer Regionalgesellschaften, dass dort ebenfalls seit Jahren solches Outsourcing betrieben wird. Es findet allerdings nicht flächendeckend statt. Dabei ist die Kosteneinsparung für das Gesamtunternehmen durchaus interessant. Zwar verlangen die externen Dienstleister mehr als die reinen Lohnkosten ihrer Mitarbeiter. Dennoch liegen die Einsparungen zwischen 20 und 25 Prozent insgesamt. Problematisch sind die Qualität und die Zuverlässigkeit des Fremdpersonals. Bei diesem Stundenlohn wenig verwunderlich. In unserer Filiale ist es teilweise so, dass diese Mitarbeiter dem Dienstleister wiederum von der Arbeitsagentur gestellt werden. Ich erinnere mich an einen, der regelmäßig betrunken in die Filiale kam und die leeren Kartons entfernte. Einige Kunden sollen wenig erfreut gewesen sein über den «besoffenen Abschachtler».

Solange Aldi noch nicht überall das gleiche Verständnis von «Reinigungsarbeiten» hat, bietet sich für den schlauen und innovativen Bereichsleiter die Möglichkeit, die Kosten für das Entfernen der leeren Kartons komplett aus der Personalkostenstatistik zu bekommen.

4. «Die Herren sind gerade in der Pause» – die Aldi-Zentrale

Hoher Besuch – das Topmanagement kommt

Etwa alle zwei Jahre besucht die oberste Führung von Aldi Süd einen Tag lang die einzelnen Regionalgesellschaften.

Das Topmanagement bei Aldi Süd bilden de facto der Verwaltungs- und der Koordinierungsrat. Offiziell sind das freiberufliche Manager, die als Aufsichtsrat der Regionalgesellschaften fungieren. Formaljuristisch sind alle Regionalgesellschaften voneinander unabhängig. Es gibt keine Holding- oder Dachgesellschaft. Deshalb muss Aldi keine Zahlen für das Gesamtunternehmen veröffentlichen. Auch kann so Mitbestimmung auf Konzernebene verhindert werden. Der Verwaltungs- und Koordinierungsrat sind dennoch in der Praxis die «oberste Heeresleitung» der Verkaufsarmee und treffen die wichtigsten Entscheidungen. Über den Geschäftsführern der Regionalgesellschaften stehen in jedem Land zwei sogenannte Verwaltungsräte. Sie steuern die Geschicke des Unternehmens in diesem Land ähnlich dem Landesvorstand einer großen Aktiengesellschaft. Über den Länderchefs steht der sogenannte Koordinierungsrat, momentan bestehend aus drei Personen, der die weltweiten Aktivitäten von Aldi steuert, ähnlich dem Gesamtvorstand einer Aktiengesellschaft.

Die Verwaltungs- und Koordinierungsräte werden bei Aldi Süd wiederum kontrolliert vom Stiftungsrat, der als eine Art Aufsichtsrat fungiert. Große Teile des Familienvermögens der Albrechts sind in der Siepmann-Stiftung mit Sitz in Eichenau (Oberbayern) gebündelt. Dem Stiftungsrat steht Karl Albrechts Enkel vor, Peter Max Heister. Weitere Mitglieder sind Karl Albrechts Tochter Beate Heister, Renate Köcher,

Geschäftsführerin des Allensbacher Meinungforschungsinstituts, und Jürgen Hambrecht, Vorstandsvorsitzender der BASF AG. Sowohl Theo als auch Karl Albrecht haben die grundsätzliche Entscheidung getroffen, dass Familienangehörige nicht im Tagesgeschäft, sondern nur in strategischen Fragen tätig sein dürfen. Der Stiftungsrat entscheidet beispielsweise über die Rahmenbedingungen der Sortimentsgestaltung, über die Expansionsgeschwindigkeit des Gesamtunternehmens, über die Expansion in neue Märkte oder auch über den Rückzug aus einzelnen Ländern, wie jüngst aus Griechenland.

Die Besuche des Topmanagements werden lange im Vorfeld angekündigt und komplett durchorganisiert. Nichts wird dem Zufall überlassen. Es werden zwei oder drei vom Geschäftsführer ausgewählte Filialen in Augenschein genommen, bevor es in die jeweilige Zentrale der Region geht. Meistens werden besonders interessante Filialen oder vielversprechende Bereichsleiter präsentiert. So kann das Topmanagement schon mal einige Kandidaten kennenlernen.

In unserer Regionalgesellschaft bietet sich die Besichtigung einer Filiale an, die aktuell die größte Verkaufsfläche bei Aldi Süd hat. Für einige Wochen, in die der Besuch des Topmanagements fällt, bekomme ich die Filiale zugewiesen.

Ich habe mich bereits daran gewöhnt, dass bei Aldi Informationen knapp gehalten und nur äußerst kurzfristig weitergeleitet werden. Umso überraschender sind meine Erlebnisse vor diesem Besuch. Viele Kollegen sind wie ausgewechselt. Selten habe ich meine Chefs so kommunikativ und engagiert erlebt. Nichts wird dem Zufall überlassen, jeder Schritt detailliert geplant und die Filiale ohne Rücksicht auf Kosten und Mühen auf Vordermann gebracht. Während beim Personal sonst jeder Cent zweimal umgedreht wird, werfen wir das

Geld für das bevorstehende «Theaterspiel» mit vollen Händen aus dem Fenster.

Für die besuchte Filiale ist eigentlich mein Kollege, Herr Wolf, zuständig. Glücklicherweise hat er das Wichtigste vorbereitet, bevor er sich in den Urlaub verabschiedet. Er ist ein alter Hase und besitzt eine Menge Organisationstalent. Obwohl die Filiale relativ neu ist, wird sie komplett frisch gestrichen. Die Malerkolonne ist mehrere Tage damit beschäftigt. Einzelne Regale und Möbel werden ersetzt, auch wenn sie nur winzige Macken haben. Der Gärtner erhält einen Großauftrag und pflanzt neue Beete an. In den Nebenräumen werden die Deckenplatten ausgetauscht, weil zwei oder drei leicht lädiert sind. Damit alle genau gleich aussehen, werden eben alle ausgetauscht. Es findet eine komplette Grundreinigung statt: Kühlregale, Kühltruhen, Fußboden, Regale, Lager, Kassen, Büro, Außenbereich, Laderampe – das volle Programm. Tagelang werden alle Preisschilder überprüft, wird jedes noch so winzige Detail geklärt. Die Leistung der Filiale interessiert niemanden mehr. Der gleiche Vorbereitungsaufwand findet in zwei weiteren Filialen und im Zentrallager statt. Herrn Schukowsky sehe ich in der Woche vor dem Besuch so oft «draußen» wie sonst im ganzen Jahr. Üblicherweise werden sogar ältere Aktionsartikel per Warenaustausch in andere Filialen geschickt, um einen gut abverkauften Eindruck zu hinterlassen. Oft wird ein kompletter LKW mit Ware vollgeladen, der nach dem Besuch die Ware wieder zurückbringt. Als Herr Schukowsky dies vorschlägt, weigere ich mich. Aus der größten Filiale Artikel in kleinere zu schicken, die ohnehin an Platzproblemen leiden, erscheint mir völlig unsinnig.

Ich selbst bin vor dem «Event» jeden Tag stundenlang in der Filiale. Ich kontrolliere die Handwerker und externen Dienstleister, beauftrage kleinere Arbeiten, die sich noch ergeben. Der Filialleiter erhält jeden Tag To-do-Listen. Auch Herr Schukowsky ist ständig anwesend, redet mit und stiftet zusätzliche Verwirrung. Er erklärt mir, unser Geschäftsführer, Herr Schneider, habe die Devise ausgegeben, es müsse alles perfekt sein. Geld spiele keine Rolle. Das habe ich bereits bemerkt. Ich erinnere mich unweigerlich an meinen Geschichtsunterricht: Zur Vorbereitung von Festlichkeiten des römischen Kaisers war dessen Hofstaat monatelang mit der Planung beschäftigt – voller Angst, dass selbst kleinste Nachlässigkeiten schwere Konsequenzen nach sich ziehen würden. Ob das Aldi-Management weiß, dass es bei Besuchen wie ein römischer Kaiser behandelt wird?

Der Tag der Tage kommt. Meine Filiale ist die erste Station. Neben mir sind der Expansionsleiter und der Verkaufsleiter seit dem frühen Vormittag anwesend. Herr Schukowsky persönlich überprüft nochmals schnell sämtliche Feuerlöscher. Nicht auf ihre Funktionsfähigkeit, sondern ob sie abgestaubt wurden. Einer unserer obersten Bosse hat den Tick, mit dem Finger über die Feuerlöscher zu fahren. Bei einem der letzten Besuche hat er wohl etwas Staub gefunden. Ich prüfe – Ehrensache – den Perlator und den Mülleimer im Nebenraum.

Zu dritt inspizieren wir den Backraum und kontrollieren die Außenanlage. Als wir gerade draußen stehen, kommt der Besuch, etwas früher als geplant: ein Koordinierungsrat, also unser weltweiter Chef, ein Verwaltungsrat, also unser Deutschlandchef, in Begleitung von unserem Geschäftsführer, Herrn Schneider. Im Vergleich zu den drei Herren komme ich mir richtig klein vor. Nicht nur, weil meine Position vergleichsweise unbedeutend ist. Alle drei haben eine Körpergröße von mindestens 1,90 m. Studien belegen, dass größer gewachsene Menschen mit höherer Wahrscheinlichkeit in Führungspositionen gelangen. Körpergröße wird mit Stärke, Selbstbewusstsein und Durchsetzungsvermögen assoziiert. Vor allem im Verkauf wirkt sich das positiv auf Karrieren aus. Da habe ich mit meinen 1,75 m (großzügig gerechnet) wohl schlechte Karten. Einzig der Expansionsleiter, Herr Baumeister, tröstet mich: Er ist noch kleiner als ich. Die Herren sind gut gelaunt. Beim Zusammentreffen auf dem Filialparkplatz freut sich der Deutschlandchef: «Hier riecht es nach Rindenmulch.»

«Ja, ja», erklärt Schneider schnell. «Wir haben das alles frisch gemacht, weil die Filiale gerade erweitert wurde.»

Die Räte grinsen. Immerhin scheinen sie zu wissen, was gespielt wird. Nach einem kurzen Smalltalk und einer Vorstellung beginnt der Rundgang durch die Filiale. Wir plaudern locker. Die Stimmung ist gut, die hohen Herren sind untereinander vertraut. Schneider ist mit seinen Vorgesetzten per Du. Die harten Fragen, auf die mich Schukowsky vorbereitet hat, kommen nicht. Den ganzen Aufwand, den wir in die Vorbereitung der Filiale gesteckt haben, registriert niemand.

Wie der Kaffee seit der Preissenkung laufe, wollen die Räte von mir wissen.

«Sehr gut, die Leute reißen ihn uns aus den Händen. Auch beim Mehl mussten wir schon nachbestellen», antworte ich.

Unser weltweiter Chef fragt, wie es mit den Weihnachtsartikeln aussieht.

«Auch hervorragend, wir liegen schon deutlich über dem Vorjahr», antwortet Schukowsky.

«Das stimmt so nicht», berichtigt ihn Schneider. «Prozentual vielleicht schon, aber Sie vergleichen das mit einer falschen Zahlenbasis. Wir haben die Gesamtmengen reduziert. Mengenmäßig hinken wir noch hinterher.»

Damit ist Schukowsky vorgeführt und ruhiggestellt. Bei den Aktionsartikeln fällt unserem Deutschlandchef eine Anti-Falten-Creme auf. Scherzhaft sagt er zu seinem Vorgesetzten: «Das wäre doch was für Sie.»

Wir lachen. Der oberste Aldi-Boss murrt im Spaß, er möge sich benehmen. Schneider fügt an: «Mein Expansionsleiter ist auch immer so frech.»

In Richtung von Herrn Baumeister: «Wie lange sind Sie jetzt schon dabei, morgen mal nicht mitgerechnet?» Ich lache mit, finde es aber nicht witzig. Auf Kosten des Expansionsleiters werden Scherze gemacht. Selbst auf dieser Ebene wird mit der Angst vor dem Jobverlust gespielt.

Wir gehen weiter die Aktionsartikel entlang, der Deutschlandchef fragt: «Wer kauft dieses ganze Zeug immer?»

Schneider: «Das frage ich mich auch, bis ich den Mist dann bei mir zu Hause sehe, weil meine Frau wieder im Aldi war.»

Überhaupt leitet Schneider den Rundgang sehr geschickt. Er ist ein guter Verkäufer und weiß, wie man sich gekonnt präsentiert.

«Die Filiale ist ziemlich voll mit Aktionsartikeln», bemerkt einer der Räte zu mir.

«Das ist in allen Filialen so. Die Artikel laufen in letzter Zeit nicht mehr so gut», erkläre ich.

«Aha, wir waren gestern in einer anderen Regionalgesellschaft, und da hatten wir ein anderes Wahrnehmungsbild.»

«Kann schon sein, das schwankt immer mal», antworte ich diplomatisch. Dabei weiß ich ganz genau, dass die andere Regionalgesellschaft ebenfalls voll mit Aktionsartikeln steht. Von den Bereichsleiterkollegen weiß ich, dass sie Unmengen von Aktionsartikeln aus den besuchten Filialen per Warenaustausch in andere Filialen geschickt haben.

Wir setzen den Rundgang durch das Lager fort. «Ah, schön! Eine Mitarbeiterin bereitet die Aktionsartikel vor», freut sich Schneider.

Er schaut mich fragend an. Ich flüstere ihm zu: «Frau Kolb. Stellvertretende Filialleiterin.»

Sie bekommt einige Fragen gestellt, ist aber eher irritiert. Was diese Akademiker nur von ihr wollen? «Ich habe zu tun», lässt sie uns wissen und verschwindet.

Wir lachen und bestaunen das Kühlregal, schließlich betreten wir das Filialbüro. Die Räte und Herr Schneider tragen sich in das Gästebuch ein, wir plaudern weiter. Der weltweite Chef möchte die Leistungsliste der Filiale sehen. Ich gebe sie ihm. Die Herren sind von den Zahlen beeindruckt. Schukowsky grinst mich an. Für die Vorbereitung des Besuchs sind etliche Mitarbeiterstunden angefallen. Die Zahlen sollen gut aussehen. Schukowsky hat mich angewiesen, einige Stunden «rauszunehmen» und sie auf einem Blatt Papier zu erfassen. Einige Mitarbeiter musste ich tageweise ganz aus dem Plan nehmen. Als ich hinterher die Stunden wieder eintrage, sinkt die Leistungszahl drastisch. Aus einer guten Zahl wird plötzlich eine schlechte. Ein Teil der monatlichen Vergütung der Filialmitarbeiter basiert auf der Leistungszahl. Sie ist in diesem Monat um einiges niedriger als sonst. Das Personal leistet einen unfreiwilligen Beitrag zur Finanzierung des Managementbesuchs.

Der gesamte Aufwand und die damit verbundenen Kosten sind für mich nicht nachvollziehbar. Was hat das mit Discount zu tun? Das ganze Jahr wird gespart, die Filialleiter bekommen Ärger, wenn sie einen neuen Locher kaufen, und hier werden Zehntausende von Euro für den Besuch von Internen ausgegeben. Unseren höchsten Vorgesetzten wird ein Bild präsentiert, das von der Wirklichkeit weit entfernt ist. Die ganze Aktion ist reine Blenderei.

Nach einer guten halben Stunde verabschieden sich alle, fahren zur nächsten Filiale. Die Räte wünschen mir viel Erfolg für meine Aldi-Karriere. Ich bleibe als einziger Anzugträger in der Filiale, aber mit einem guten Gefühl. Der Besuch ist positiv verlaufen. Trotzdem atme ich auf, als die Karawane weiterzieht. Kaum ist die Tür zu, rufe ich wie verabredet meinen Bereichsleiterkollegen an. Seine Filiale wird als Nächstes besucht. «Sie sind unterwegs zu dir.»

«Okay. Danke. Wie ist es gelaufen?»

«Gut. Die sind locker drauf.»

«Wollten sie was Bestimmtes wissen?»

«Nein, nur allgemeines Geplänkel. Warum wir so viele Aktionsartikel haben, wollte der Deutschlandchef wissen. Die andere Gesellschaft hätte weniger.»

«Haben die wieder alles weggeschickt?»

«Exakt.»

«Mein Filialleiter macht sich schon fast in die Hose.»

«Du nicht?»

«Doch, ich musste auch schon den Anzug wechseln.»

«Ich wünsche dir viel Spaß.»

«Arsch.»

«Danke. Ciao.»

«Ciao.»

Der bestbezahlte Teilzeitjob Deutschlands: Aldi-Geschäftsführer

Manager haben oft viel Arbeit und sind ständig im Stress. Je höher sie in der Hierarchie steigen, desto mehr Verantwortung tragen sie, und desto schneller kann auch eine Karriere mal enden. Nach meiner Wahrnehmung ist es bei Aldi umgekehrt: Je höher der Mitarbeiter steigt, desto weniger Arbeit hat er. Prinzipiell sind alle Stellenbeschreibungen ähnlich gestaltet. Der Geschäftsführer hat unter der Rubrik «Besondere Befugnisse» aber einen schönen Zusatz: «Der Stelleninhaber ist nicht an die Geschäftszeiten gebunden.» Mit anderen Worten: Er kann machen, was er will.

Innerhalb der Regionalgesellschaft sind die Tätigkeiten nach der speziellen Verrichtung (Funktion) organisiert. Jede Einheit spezialisiert sich auf bestimmte Funktionen, z. B. Beschaffung, Verkauf oder Verwaltung. Diese sogenannte funktionale Organisation eignet sich hauptsächlich für standardisierte Abläufe, die wenig Abstimmung zwischen den Funktionen erfordern. Aldi ist hochgradig standardisiert, insofern ist sie ideal. Im Zuge ständiger Sortimentserweiterungen und Internationalisierung entsteht jedoch zunehmend Abstimmungsbedarf zwischen den Funktionen. Hierfür sind Arbeitskreise eingerichtet worden.

Durch die dezentrale Organisation kontrolliert den Geschäftsführer niemand direkt. Hochgradige Standardisierung und das Organisationsmodell sorgen für wenig Arbeit auf seiner Hierarchiestufe. Alles ist so organisiert, dass es von selbst läuft. Entscheidungen werden auf der untersten möglichen Stufe getroffen: Die Hierarchiestufen darüber kontrollieren nur und greifen in Ausnahmesituationen ein. Die Aldi-Prokuristen haben bereits ein entspanntes Leben, der Geschäftsführer hat den Platz an der Sonne. Sein Motto könnte lauten: «Nichts sehen, nichts hören, nichts tun.» Öffentliche Termine muss er nicht wahrnehmen, im Gegenteil. Aldi hält sich bedeckt, und der Geschäftsführer soll gar keine Interviews geben oder nach außen wirksam auftreten. Schweigen und Golfen, könnte die Devise lauten. Wenig verwunderlich daher, dass viele Geschäftsführer von Aldi-Regionalgesellschaften ein ziemlich gutes Handicap haben.

In Donaueschingen betreibt der Albrecht-Clan ein eigenes Luxushotel, den «Öschberghof». Hinweise auf die Eigentümer, die Familie Albrecht, finden sich nirgends. Die Homepage wirbt verheißungsvoll: «Freuen Sie sich auf Ihre Zeit am Öschberghof. Idyllisch zwischen Schwarzwald, Schweiz und Bodensee gelegen, bietet der Öschberghof [...] ein ideales Ambiente, um bei SPA, Wellness, Golf und exzellenter Küche unvergessliche Tage zu erleben.» Die Geschäftsführer von Aldi Süd erleben alle zwei bis drei Wochen solche «unvergesslichen Tage». Das firmeneigene Luxushotel bietet eine entspannte Atmosphäre für die regelmäßigen Geschäftsführerbesprechungen. Fernab der Realität in den Filialen.

Unser Geschäftsführer, Herr Schneider, ist seit über zwanzig Jahren am Ruder. Er arbeitet mit den meisten seiner Prokuristen ebenso lange zusammen. Schneider ist immer braun gebrannt und gut gelaunt. Kein Wunder, er hat einen der bestbezahlten «Teilzeitjobs» Deutschlands. Er führt seinen Zuständigkeitsbereich nach Gutsherrenart: Entscheidungen werden spontan getroffen, ohne nach links oder rechts zu schauen.

DIE TOP 5 SPRÜCHE DES GESCHÄFTSFÜHRERS

1. Zu Aktionsartikeln: «Ich frage mich, wer diesen ganzen Scheiß immer kauft. Bis ich die Artikel bei mir zu Hause sehe.»
2. Beim Hinzutreten zur Bereichsleiterbesprechung: «Der Duft des Mittagessens lockt auch mich an.»
3. Auf jeder Weihnachtsfeier: «Sehen Sie mich an. Ich kann essen, was ich will, ich nehme nicht ab.»
4. Zum Thema Bespitzelung: «Ich will auch keine Kamera in meinem Büro. Es soll schließlich nicht jeder sehen, wenn ich gerade Zeitung lese, Kaffee trinke oder ob ich tatsächlich mal was arbeite.»
5. Am Ende eines jeden Gesprächs: «Kann ich sonst noch was für Sie tun?», sowie fast täglich gegen 14 Uhr: «Ich bin dann mal draußen.»

Neben einer Prise Humor besitzt Schneider im Wesentlichen drei Eigenschaften, die ihn zum erfolgreichen Aldi-Manager machen: Erstens hat er ein Händchen für die Personalauswahl. Seine direkten Mitarbeiter, also die Prokuristen, sind gut ausgewählt. Mit der Ausnahme von Schukowsky, aber solange Lichtenstein noch da ist, spielt das keine Rolle. Schneider hat die richtigen Leute an den richtigen Stellen, auf die er sich verlassen kann. Das spart viel Arbeit und Nerven.

Zweitens ist Schneider ein guter Verkäufer. Im Umgang mit seinen Mitarbeitern ebenso wie mit seinen Vorgesetzten. Er versteht es, jeden Sachverhalt für ihn vorteilhaft darzustellen. Schneider findet immer die positiven Seiten und stellt sie gekonnt heraus. Er schafft es, selbst rückläufige Umsätze als Erfolg darzustellen.

Drittens ist Schneider knallhart. Obwohl er sich um einen höflichen und korrekten Eindruck bemüht, sind ihm andere Menschen offenkundig egal. Er verfolgt allein seine eigenen Interessen. Mitarbeiter sind da Mittel zum Zweck. Die ständigen Zu- und Abgänge registriert er nicht einmal. Selbst direkt ihm unterstellte Mitarbeiter serviert er eiskalt ab, wenn sie nicht voll hinter ihm stehen. Stolz berichtet er, bereits fünf Prokuristen «verschlissen» zu haben.

Schneider ist auf den ersten Blick nicht unsympathisch. Er tritt freundlich und betont höflich auf. In der Zentrale ist er meistens in der Küche mit seinen direkten Mitarbeitern anzutreffen. Mehrmals täglich. Die Tür ist zu, und die Mitarbeiterinnen in der Zentrale dürfen nicht hinein. «Die Herren sind gerade in der Pause», erklärt mir eine Sekretärin. Wenn die Tür geschlossen sei, sollte ich die Küche auf gar keinen Fall betreten: «Die Herren wollen in der Pause ungestört sein.»

«Ich wollte nur einen Kaffee holen», sage ich.

«Lieber nicht. Zu mir hieß es, als ich nur den Kopf durch die Türe steckte: ‹Sie stören.›»

Schneider gehört zu den besseren Aldi-Geschäftsführern. Es gibt auch regelrechte Tyrannen, die sich an ständigen Entlassungen erfreuen. Die Fluktuation in einigen Regionalgesellschaften ist atemberaubend. Anderen Geschäftsführern wiederum ist alles gleichgültig. Sie wissen gar nicht mehr, was sich in ihrem Zuständigkeitsbereich abspielt. In einer Nachbargesellschaft beispielsweise «feiert» ein Bereichsleiter sein zehnjähriges Firmenjubiläum. Zugegebenermaßen eine außergewöhnliche Situation, so lange sind die wenigsten bei Aldi. Der Geschäftsführer dieser Gesellschaft hat ihn eingestellt, seit zehn Jahren arbeitet der Kollege für ihn und bringt sich in das Unternehmen ein. Der Geschäftsführer ist offiziell sein disziplinarischer Vorgesetzter. Leider weiß er beim Gratulieren nicht einmal seinen Namen. Er muss erst auf der Jubiläumsurkunde nachlesen.

Der Einkauf: Das Gehirn von Aldi

Die Bedeutung der Einkaufsorganisation ist in fast allen Unternehmen in den letzten Jahrzehnten gewachsen, wird aber dennoch nach wie vor unterschätzt. Globalisierung und zunehmendes Outsourcing – Stichwort Konzentration auf die Kernkompetenz – lassen die Einkaufsvolumina stetig steigen. Selbst große Industrieunternehmen kaufen heute vielfach 60 bis 70 Prozent ihrer Umsatzerlöse als Vorprodukte zu. Führende Automobilhersteller, beispielsweise Porsche, haben die sogenannte Fertigungstiefe, also das, was der Hersteller tatsächlich noch selbst produziert, auf ein Minimum reduziert. Sie konzentrieren sich lieber auf die Produktentwicklung, das Design und das Marketing.

Im Handel liegt die Einkaufsquote naturgemäß mit 80 bis 85 Prozent am höchsten. Das Geschäftsmodell besteht im Ein- und Weiterverkauf fertiger Produkte. Bis auf wenige Ausnahmen – Aldi unterhält zum Beispiel eine eigene Kaffeerösterei – produzieren Discounter ihre Waren nicht selbst.

Daher bestimmen eingekaufte Waren mindestens 80 Prozent der Kosten dieser Unternehmen. Die restlichen 20 Prozent verteilen sich auf Kapitalkosten, Abschreibungen, die Unterhaltskosten der Filialen, die Personalkosten, diverse kleinere Positionen und – nicht zu vergessen – den Unternehmergewinn. Der Einkauf verhandelt und entscheidet also über den bei weitem größten Kostenblock im Unternehmen. Daher wird ihm bei Aldi intern eine wesentliche und sehr mächtige Stellung eingeräumt.

Ein fiktives Beispiel, um dies zu verdeutlichen: Morgen beschließt Familie Albrecht, dass bei 100 Euro Umsatz nicht mehr nur 5 Euro, sondern 6 Euro als Gewinn hängenbleiben. Weil zwischen 5 und 6 kein großer Unterschied ist, sollen die Verkaufspreise konstant bleiben. Das Management ist jetzt gefordert. Es muss nun zeigen, dass es seine Gehälter und Dienstwagen wert ist. Da die Verkaufspreise nicht verändert werden sollen, muss an der Kostenschraube gedreht werden. Die Kapitalkosten, die Abschreibungen und die Unterhaltungskosten lassen sich kurzfristig nicht verändern, sie sind fix. Es gibt also nur noch zwei Möglichkeiten: die Einkaufskosten und die Personalkosten.

Um das Ziel zu erreichen, müssten die Manager im Verkauf nun die Personalkosten von etwa 5 Prozent auf 4 Prozent vom Umsatz drücken. Eine Senkung also um 20 Prozent, bei einem Personal, das ohnehin schon bis zum Limit und teilweise darüber hinaus ausgequetscht wird. Wird schwer.

Der Einkauf hingegen müsste seinen Kostenblock, also

80 Prozent des Umsatzes, um etwa 1,2 Prozent reduzieren, damit pro 100 Euro Umsatz 1 Euro mehr für die Albrechts übrig bleibt. In harten Verhandlungen dürfte den Lieferanten so manches Zugeständnis abzuringen sein. Akzeptiert man hier und da Abstriche bei der Qualität der Produkte oder bei den Verpackungen, sind 1,2 Prozent Einkaufspreissenkung drin.

An dem theoretischen Beispiel wird deutlich, welche enormen Stellhebel im Einkauf liegen und welche Bedeutung er für den Unternehmensgewinn hat. Eine kleine Gruppe von Zentraleinkäufern führt die für den Unternehmenserfolg maßgeblichen Verhandlungen. Sie sind das Gehirn von Aldi. Tausende Mitarbeiter im Verkauf sind ersetzbare Kräfte, die zu tun haben, wozu sie angewiesen werden. Während in der Verkaufsorganisation allenfalls versucht werden kann, aus dem Personal immer noch ein wenig mehr herauszuholen, werden im Einkauf die großen Kostenblöcke verhandelt. Hier sind Erfahrung und Geschick gefragt. Daher setzt Aldi mit den Einkäufern auf eine längerfristige Zusammenarbeit; die Fluktuation ist eher gering.

Die Verkaufs- und die Einkaufsorganisation arbeiten nach ähnlichen Grundsätzen und mit der gleichen Konsequenz. Der Verkauf ist gewissermaßen das Herz von Aldi, der Einkauf das Gehirn. Im Zentraleinkauf, intern ZE abgekürzt, wird das Sortiment bestimmt. Hier wird festgelegt, wie viele Produkte im Sortiment sind, welche Produkte neu aufgenommen werden, welche Artikel im Sortiment bleiben, welche verändert und welche gestrichen werden. Nicht der Verkauf, sondern der Einkauf legt bei Aldi die Preise für den Endkunden fest. Basierend auf dem Einkaufspreis, wird ein Aufschlag gewählt, der je nach Artikel und Warengruppe unterschiedlich ist. Produkte, deren Preise im Fokus der Verbraucher stehen, werden nur mit sehr geringen oder gar keinen Aufschlägen versehen. Das gilt insbesondere für die Grundartikel des täglichen Bedarfs wie Mehl, Zucker, Mineralwasser, Butter oder Milch. Diese Artikel sind in ihren Qualitäten für den Verbraucher kaum zu unterscheiden und stehen wegen der starken Nachfrage sehr in der Optik. Alle Discounter in Deutschland orientieren sich bei den Preisen dieser Artikel an Aldi. Wenngleich die Konkurrenz in vielen Bereichen nachzieht oder überholt, ist Aldi nach wie vor der unangefochtene Preisführer. Sogar der Lidl-Einkaufsvorstand gibt in einem Gespräch mir gegenüber zu, dass Aldi die Preise festsetzt und sie einfach nachziehen. Alle anderen machen es genauso. Testen Sie es selbst einmal: Sie werden in jedem Discounter für den jeweils billigsten Artikel von Mehl, Zucker, Mineralwasser, Butter, Milch usw. das Gleiche bezahlen. Wenn hingegen eher das Produkt im Vordergrund steht, weil es neu ist oder einen besonderen Nutzen verspricht, dreht Aldi Süd an der Preisschraube. Gleiches gilt für Artikel, die schwerer vergleichbar sind. Mit ihnen wird das Geld verdient. Besonders lukrativ sind zum Beispiel Bio-Artikel und die zweimal wöchentlich angepriesenen Aktionsartikel.

Ein großes Mysterium, das sich um die Produkte rankt, sind angeblich bekannte Markenhersteller, die für Aldi produzieren. Tatsächlich werden einige wenige Produkte von bekannten Herstellern zugeliefert und unter Eigenmarken vertrieben. Die überwiegende Mehrheit der Lieferanten sind allerdings Mittelständler. Sie sind beinahe jederzeit austauschbar. Der Vorteil der Eigenmarken liegt darin, dass der Discounter selbst die Marke ist. Die Menschen kaufen bei ALDI und nicht ein bestimmtes Markenprodukt. Dadurch verschiebt sich die Macht gerade im Einkaufsbereich stark zu Aldi.

Das Grundsortiment bei Aldi Süd umfasst weniger als 100 Artikel, wobei die Tendenz seit Jahren eindeutig hin zu mehr Variation besteht. Das Sortiment wird kontinuierlich erweitert. Dennoch betont Aldi nach außen hin nach wie vor, dass das schmale Sortiment ein Erfolgsfaktor sei. Durch einen Trick bietet Aldi bereits heute viel mehr Variation: Viele Artikel sind in unterschiedliche Sorten geteilt. Einen fettreduzierten Joghurt gibt es beispielsweise in mehreren Geschmacksrichtungen. Die Kaffeepads sind in vier unterschiedliche Varianten gegliedert. Die Sorten sind unter einer Artikelnummer zusammengefasst. So werden aus einem Artikel de facto mehrere gemacht. Ich schätze, dass Aldi, die Sortierungen mitgerechnet, im Grundsortiment etwa 1200 verschiedene Produkte anbietet. Etwas weniger verbreitet ist dies bei Aldi Nord, das man vermutlich noch am ehesten als «Discounter alter Schule» bezeichnen könnte.

Um die Einkaufspreise wird Geheimniskrämerei betrieben. Alles ist streng vertraulich. In anderen Handelsunternehmen, beispielsweise der Edeka, einem Unternehmer-Unternehmen, kennt jeder Mitarbeiter selbstverständlich die Einkaufspreise. Die Verkaufsmitarbeiter bei Aldi, bis hin zur Ebene der Verkaufsleiter, haben keinen Zugang zu Informationen über die Einkaufspreise. Die Philosophie ist, dass sich die Mitarbeiter im Verkauf ausschließlich um die Warenverfügbarkeit, saubere Läden, gute Inventuren und niedrige Personalkosten kümmern; die Einkaufspreise sollen sie nicht interessieren und sind für die geforderte Arbeit nicht wichtig.

Die Einkaufsabteilung in den Regionalgesellschaften

Der Einkaufsleiter telefoniert gerade, als ich sein Büro betrete. Respektvoll warte ich ab. «Hast du schon vom Transfer gehört ... nein, ich glaube nicht, dass die das packen ... dieses Wochenende gilt es ...», telefoniert der Einkaufsleiter unserer Regionalgesellschaft, Herr Krahn, aufgeregt. Er bedeutet mir, Platz zu nehmen. Namen wirbeln durch die Luft, es geht um Transfers und Preise.

«Ich muss jetzt Schluss machen.» Der Hörer fliegt auf das Telefon.

«Hallo, Herr Straub. Sind Sie auch Fußballfan?» Unser Einkaufsleiter ist FC-Nürnberg-Fan. Ohne dass ich zu Wort komme, geht es los: Dieser Transfer sei überteuert, das rechne sich niemals. Der Trainer wackle. Was ich vom Spiel am Wochenende erwarte?

«Weiß nicht genau. Ich bin kein großer Fan, aber wenn, dann für Stuttgart.»

Ein Hauch von Enttäuschung legt sich über sein Gesicht. Wahrscheinlich hätte er gerne noch eine halbe Stunde mit mir diskutiert. Da ich für die falsche Mannschaft bin und mich nicht besonders gut auskenne, sprechen wir über den Einkauf. Jetzt, wo ich schon mal da bin.

Der Einkaufsleiter erläutert mir, dass grundsätzlich alle Einkaufsaktivitäten aus Mühlheim gesteuert werden. Die Frage «Was machen Sie dann eigentlich?» liegt mir schon auf der Zunge, ich verkneife sie mir aber. Herr Krahn erklärt schon, dass jede Aldi-Gesellschaft eine kleine Einkaufsabteilung unterhält, die regional Obst und Gemüse, Brot und Kuchen sowie Frischfleisch beschafft.

Obst und Gemüse werden über ein Online-Bidding-System eingekauft. Dieses System funktioniert im Grunde umgekehrt wie eBay: Der Kunde stellt seinen Bedarf ein, und verschiedene Anbieter unterbieten sich gegenseitig. Beispielsweise stellt Aldi Süd einen Bedarf von 100 Paletten Eisbergsalat ein. Verschiedene Lieferanten, die an dem Geschäft interessiert sind und diese Menge liefern können, bieten jeweils einen Preis an. Sie sehen allerdings nicht, welches Angebot die Konkurrenten abgeben. Bei vergleichbaren Qualitäten und Liefertreue kann so immer der Günstigste ausgewählt werden. Im wöchentlichen Rhythmus werden die Artikel neu beschafft. Zum einen schwanken die Preise bei Obst und Gemüse relativ stark, zum anderen wird das Sortiment regelmäßig verändert. Der Kunde bekommt so ständig die wichtigsten Grundartikel und zusätzlich einige wechselnde Frischeartikel. Trotz des Onlinesystems wird noch telefoniert. Über die Jahre sind Beziehungen zu besonders guten Lieferanten gewachsen, sodass nicht immer allein der Preis ausschlaggebend ist. Die Ware wird im Zentrallager vor Auslieferung an die Filialen auf Qualität geprüft (was die Filialleiter gelegentlich bezweifeln). Mitarbeiter eines beauftragten Dienstleisters laufen in weißen Kitteln herum und begutachten die Ware. Wird ein Artikel vom Prüfer für nicht verkaufsfähig befunden, erfolgt eine Mitteilung an den Einkaufsleiter. Dieser begutachtet die Ware abermals und gibt sie entweder in den Verkauf oder an den Lieferanten zurück. Muss der Lieferant die Ware wieder abholen, entsteht ihm ein immenser Schaden. Er erhält kein Geld für die Ware, muss unter Umständen noch eine Strafe bezahlen und den Transport. Die Kunden gehen an diesem Tag leer aus. Was genau mit den Produkten anschließend geschieht, weiß nur der Lieferant. Oft freuen sich die Kunden auf dem Wochenmarkt aber am nächsten Tag über Schnäppchen.

Bei Brot und Kuchen setzt der Einkauf traditionell auf mindestens zwei Backbetriebe, um nicht von einem einzelnen abhängig zu sein. Ein Bäcker beliefert immer eine Filiale mit dem kompletten Selbstbedienungs-Backsortiment. Das Sortiment und die Verkaufspreise werden in Verhandlungen zwischen dem regionalen Einkauf und dem Backbetrieb bestimmt. Weil die Backwaren in der Nacht vor dem jeweiligen Verkaufstag produziert werden, erfolgt die Belieferung durch den Bäcker direkt an die Filiale.

Bei Frischfleisch gibt es in unserer Regionalgesellschaft nicht viel zu verhandeln. Seit Jahren liefert dasselbe Unternehmen.

Für jeden dieser Frischebereiche gibt es Vorgaben aus dem Zentraleinkauf. So soll trotz der lokalen Beschaffung dieser Artikel eine gewisse Einheitlichkeit gewahrt bleiben. Um das Sortiment nicht unendlich auszudehnen und das Discountkonzept nicht weiter zu verwässern, existieren für jede Warengruppe Höchstwerte hinsichtlich der Artikelanzahl. Bei Obst und Gemüse dürfen beispielsweise, Stand Ende 2010, maximal 50 unterschiedliche Artikel verkauft werden. Durch einmalige Zuteilungen kann diese Zahl auf 55 bis 60 ausgeweitet werden.

Nach diesen grundsätzlichen Ausführungen des Einkaufsleiters kann ich Fragen stellen. Da mich das Thema interessiert, habe ich einige. Vor allem die Einkaufsstrategie und die Kalkulation einzelner Produkte und Produktgruppen interessieren mich. Herr Krahn nimmt sich Zeit und kann gut erklären. Ich lerne viel an diesem Tag. Wir betrachten gerade verschiedene Beispiele, als das Telefon wieder klingelt. Es geht um den Spielertransfer und das Spiel am nächsten Wochenende. Herr Krahn unterbricht sein Telefonat kurz, legt den Hörer weg:

«Haben Sie so weit noch Fragen?»

«Vorerst nicht», antworte ich diplomatisch. Ich merke, dass er jetzt Wichtigeres zu besprechen hat.

«Gut, dann schauen Sie doch mal den Damen über die Schulter ...»

«Ja. Gerne.»

«... da bin ich wieder. Ja, der Wechsel war für mich auch total überraschend, aber ich sage dir ...»

Ich gehe lieber zu seinen Mitarbeiterinnen, als der Fachsimpelei über Fußball beizuwohnen. An jedem Arbeitsplatz verweile ich kurz, stelle ein paar Fragen und lasse mir die einzelnen Tätigkeiten erklären. Für heute Nachmittag ist ein Termin mit dem Brotlieferanten angesetzt. Der Lieferant ist ein mittelständischer Backbetrieb. Er gilt als kostengünstig, aber wenig innovativ. Da Aldi sein größter Kunde ist, kommt der Geschäftsführer persönlich. Um eine Preiserhöhung soll es gehen und um zwei neue Produkte.

Haben Sie da das Salz vergessen?

14 Uhr. Die Vertreter des Bäckers treffen mit mehreren Brotkisten im Gepäck ein. Der Geschäftsführer und Inhaber ist dabei sowie der Verkaufsleiter. Auf der Käuferseite sitzen unser Einkaufsleiter, eine Einkäuferin und ich als interessierter Zuschauer. Krahn eröffnet die Besprechung. Die Preisverhandlungen laufen entgegen meinen Erwartungen recht entspannt ab. Durch die langjährige Zusammenarbeit ist ein Vertrauensverhältnis gewachsen. Der Lieferant klagt über gestiegene Mehlpreise, der Einkaufsleiter hält mit einigen gesunkenen Kostenfaktoren dagegen. Nach etwas Hin und Her einigt man sich auf eine moderate Erhöhung. Interessanter sind die neuen Produkte.

Der Geschäftsführer des Lieferanten hält eine halbstündige Powerpoint-Präsentation über die beiden «Produktinnovationen». Er preist die hochwertigen Zutaten, die phantastische Verarbeitung, das wunderbare Geschmackserlebnis. Ich wusste gar nicht, dass man so viel und so lange über Brot reden kann.

«Jetzt wollen wir das mal testen», beschließt Krahn. Einzelne Häppchen von jedem Produkt werden serviert. Zusätzlich hat der Lieferant Vergleichsprodukte mitgebracht, die bereits im Sortiment sind.

Wir kauen alle, sagen «ja», «hmm», «aha». Ich erkenne keine großen Unterschiede, das «besondere Geschmackerlebnis» stellt sich nicht ein. Aber lieber mal abwarten, wie die Meinung der Experten ausfällt. Als der Verkaufsleiter des Bäckers bereits neue Lobeshymnen auf die Produkte anstimmen möchte, hat Herr Krahn schon entschieden: «Was ist denn das? Das schmeckt ja nach gar nichts.»

Die Vertreter des Lieferanten sind geschockt. Ihre Gesichtsfarbe wird heller. Sie kauen verzweifelt, suchen nach Erklärungen.

«Äh, aber das ist doch, wir müssen ...»

«Ja, äh vielleicht, ist da was in der Produktion ...»

Aber der Einkaufsleiter kommt erst richtig in Fahrt: «Haben Sie da das Salz vergessen? Diese Brote können wir höchstens für Bluthochdruckpatienten anbieten. Die dürfen kein Salz essen.»

Betretenes Schweigen. Ratlose Bäcker sitzen uns gegenüber. Ihre tollen neuen Produkte drohen zu scheitern.

«Mit so einem Mist brauchen Sie hier nicht mehr ankommen. Das schmeckt nach nichts.»

Die Brotlieferanten senken die Häupter und ringen um Fassung. Sie kauen nochmals und schwenken schnell auf die Meinung des Einkaufsleiters ein: «Ja, bei dieser Charge muss in der Produktion etwas schiefgegangen sein. Ich kann mir das auch nicht erklären.»

«Soso», murrt Krahn.

«Wir werden das umgehend korrigieren und Ihnen das nächste Mal wie gewohnt tolle Produkte präsentieren.»

«Da bin ich ja mal gespannt. Aber denken Sie bitte an das Salz!», spottet Herr Krahn.

Das Gespräch wird beendet, die zurechtgestutzten Lieferanten ziehen ab: Zwar haben sie ihre Preiserhöhung durchsetzen können, sind aber unsanft motiviert worden, an ihrer Innovationskraft zu feilen.

An mehreren Stellen überschneiden sich die Zuständigkeiten von Einkauf und Verkauf. Hier ist Kooperation gefragt, wobei der Verkauf eher zuarbeitet und der Einkauf letztlich das Sagen hat. Im Grundsortiment und bei Aktionsartikeln kann der Verkauf vorschlagen, welche Artikel eingelistet und welche ausgelistet werden sollten. Ebenso werden Qualitäten bewertet und die Ergebnisse weitergegeben. Kommt es beispielsweise bei einem Artikel zu erhöhten Reklamationen, kann die Ware in manchen Fällen an den Lieferanten zurückgegeben werden. Andererseits führen vom Einkauf beauftragte Prüflabore regelmäßig Untersuchungen durch, die zu Verkaufsverboten einzelner Artikel führen. Die Filialen erhalten bei gravierenden Qualitätsabweichungen ein Sofortfax und müssen die Ware schnellstmöglich aus dem Regal nehmen.

Ideen für Produkte, die Aldi unbedingt braucht, gibt es viele. Jeder Verkaufsmitarbeiter kann sicher aus dem Stegreif mindestens zehn nennen, nach denen Kunden immer wieder fragen. Würden alle Vorschläge aufgenommen, wäre Aldi kein Discounter mehr, sondern schnell ein Vollsortimenter. Daher muss der Einkauf sensibel mit diesen Vorschlägen umgehen.

Regelmäßig sind Mitarbeiter des Verkaufs bei Wettbewerbern und beobachten allgemeine Entwicklungen und Neuerungen. Im Auftrag des ZE wird jedes halbe Jahr eine detaillierte Untersuchung des Grundsortiments vorgenommen. Eine Regionalgesellschaft ist immer für ein bestimmtes Konkurrenzunternehmen zuständig. Anhand von Artikellisten wird verglichen, wo die Preise unterschiedlich sind. Bei gleichen oder höheren Preisen der Konkurrenz werden die Daten nur in der Liste vermerkt. Ist der Wettbewerber billiger, wird das jeweilige Produkt gekauft, die Preise und Mengenangaben werden notiert und an den Einkauf geschickt. Zweimal bin ich bei dieser Prozedur dabei. Wir informieren die örtliche Norma-Filialleiterin immer im Voraus. Etwa sieben oder acht Aldi-Anzugträger rennen an diesem Tag mit ihren Listen durch die Norma-Filiale und machen sich fleißig Notizen. Ich bin erstaunt, bei wie vielen Artikeln Norma tatsächlich billiger ist. Wir kaufen die Artikel, und der ZE überprüft, ob die Qualitäten schlechter sind oder ob es sich um einen echten Preisunterschied handelt. Über einzelne Maßnahmen oder Ergebnisse erhalten wir nie Feedback.

Einmal jährlich besucht ein Vertreter des Zentraleinkaufs jede Regionalgesellschaft, um sich über allgemeine Themen auszutauschen. Wochenlang haben dafür alle Bereichsleiter Anregungen und Verbesserungsvorschläge gesammelt. Diese Listen werden vom Einkaufsleiter anschließend so bearbeitet, dass sie politisch korrekt sind und in Mühlheim gut ankommen.

«Mist, keine Post da» – die Logistik

Drei Tage bin ich in der Logistik. Niemand informiert mich, wie das genau ablaufen soll, daher frage ich den Herrn Schwabe. Als Logistikleiter hat er einen der begehrtesten Prokuristenjobs bei Aldi Süd – seit über zwanzig Jahren.

Als ich Herrn Schwabes Büro betrete, hat er gerade mit privaten Aktiengeschäften zu tun. Dass ich hinzukomme, stört ihn nicht. Gut gelaunt begrüßt er mich. Auf seinem Schreibtisch liegt: nichts. Eine schmale Unterschriftenmappe befindet sich auf einer Ablage rechts von ihm, links liegt ein riesiger Stapel mit Zeitschriften, ganz oben die aktuelle «auto motor sport». Daraus bezieht er die für ihn wichtigsten Informationen.

Das Tagesgeschäft in der Logistik einer Aldi-Regionalgesellschaft ist hochgradig standardisiert, und Schwabe hat sämtliche operative Arbeit an seine ihm nachgeordneten Bereichsleiter Logistik delegiert. Wenn mal ein anderer Prokurist krankheitsbedingt eine Zeitlang ausfällt, macht er meistens seinen Job nebenbei mit. Insofern kann man sich seine Arbeitsauslastung ausrechnen. Womit er sich beschäftigt? Ganz genau weiß es wohl nur Schwabe selbst. Um einen Eindruck zu erhalten, welchen Fragen er nachgeht, zitiere ich aus einem Besprechungsprotokoll: «Abhaken von Kommissionierscheinen. Herr Schwabe klärt, inwieweit Lieferscheine zur besseren Unterscheidbarkeit, ob diese vom Lager oder in der Filiale kontrolliert wurden, mit einer anderen Farbe (vorzugsweise z.B. in Grün) abgehakt oder statt einem Häkchen nur mit einem Punkt versehen werden können.» Schwabe ist passionierter Tennisspieler und Autofan. Schwabe macht immer einen ausgeglichenen und freundlichen Eindruck. Nach allem, was ich weiß, verhält er sich gegenüber seinen Mitarbeitern korrekt. Er arbeitet seit Jahren mit den gleichen Menschen zusammen. Die Fluktuation ist – für Aldi-Süd-Verhältnisse zumal – extrem gering in der Logistik. Etliche der Bereichsleiter machen ihren Job bis zur Rente, die Prokuristen ohnehin. Das Betriebsklima ist nicht vergleichbar mit dem Verkauf. Der Logistikleiter und seine Bereichsleiter gehen viel vertrauter miteinander um, als dies im Verkauf denkbar wäre. Jeden Freitag werden die wichtigsten Themen traditionell bei einem gemeinsamen Weißwurstfrühstück besprochen.

Schwabe erklärt mir, dass der Standort der Aldi-Regionalgesellschaften aus logistischen Gründen bestimmt wird. Die Zentralläger werden immer außerhalb großer Ballungszentren in der Nähe einer Autobahn gewählt, wo die großen Flächen günstiger sind. Die Logistik ist in allen Regionalgesellschaften gleich organisiert. Sämtliche Kostenzahlen werden ständig untereinander verglichen. Die Logistik ist eingeteilt in einen Wareneingangsbereich, die Warenbereitstellung und den Warenausgang. Nach etwa fünf Minuten Einführung schickt er mich nach «hinten», wo ich mir alles anschauen solle.

Die nächsten drei Tage bewege ich mich gewissermaßen mit der Ware. Zuerst in den Wareneingang. Die Zentrale hat etwa 40 Laderampen, an denen LKW von Zulieferern andocken können und die Ware abliefern. Das Lager ist in unterschiedliche Produktgruppen eingeteilt. Der Lieferant leert sein «Auto» – so nennen die Fahrer ihre LKW – und bekommt den Erhalt der Ware quittiert. Ein Wareneingangsleiter kontrolliert alles nach.

Dem Wareneingang steht als Bereichsleiterin Frau Parchim vor. Bei Aldi gibt es das ungeschriebene Gesetz: Wer einmal bei Aldi gearbeitet hat und geht, kommt nie wieder. Eine eiserne Regel, ein Prinzip. Frau Parchim war vor Jahren als Sachbearbeiterin im Einkauf unserer Gesellschaft beschäftigt und hat das Unternehmen verlassen. Einige Zeit später stellte sie Herr Schneider persönlich wieder ein, allerdings gleich als Bereichsleiterin. Wie genau sie diesen Job bekommen hat, ist nicht überliefert. Frau Parchim hat eine sehr weibliche Figur und ist adrett gekleidet. Schon vor meinem Besuch in der Logistik warnen mich erfahrene Kollegen vor: Sie sei mit Vorsicht zu genießen und habe ein sehr gutes Standing beim Geschäftsführer.

Frau Parchim teilt sich mit den beiden anderen Bereichsleitern Logistik ein Büro «hinten» im Lager. Sie bearbeitet gerade eine Gutschrift, als ich eintrete und sie begrüße. Sie ist eine waschechte Berlinerin. Wenn Filialen Ware an das Lager zurücksenden, erstellen sie solche Gutschriften. Frau Parchim überprüft die Gutschriften und gibt sie frei. Häufig entsteht Chaos, weil Frau Parchim ewig für die Bearbeitung braucht. Obwohl sie eigentlich gemäß Vorgabe nur drei Tage Zeit hat, braucht sie oft über eine Woche.

«Ick mach ma noch die Jutschrift fertich.»

Währenddessen gieße ich mir einen Kaffee ein. Parchim spricht so langsam, dass ich mir nach jedem Satz einen Kaffee eingießen könnte. Viel zu sagen hat sie auch nicht: «Jut, wir nehmen die Ware an. Dat machen die Wareneingangsleiter. Ick mach denn viel drum rum und die Jutschriften. Und allet mit Personal.»

Aha. Wir bearbeiten noch ein paar Jutschriften und wissen schon nach kurzer Zeit nicht mehr, was wir besprechen sollen. Nach etwa dreißig Minuten schwingen wir uns daher auf firmeneigene Fahrräder und drehen eine Runde durch das Lager. Frau Parchim erklärt mir, sie treibe außerhalb der Arbeit wenig Sport und sei daher froh, hier immer Fahrrad fahren zu können. Wir verteilen Post an die Wareneingangsleiter, halten überall ein Schwätzchen. Ihre Standardfragen:

«Na, wieder Ware gekommen?»

«Wie jehts?»

«Oi, dat is aber einiges heute.»

«Allet jut?»

Auf meinen Vorschlag machen wir ein kleines Wettrennen mit den Fahrrädern und drehen noch eine Extrarunde durch das Lager. Erst reagiert sie irritiert, aber es macht ihr Spaß: Beim Schlusssprint lasse ich sie gewinnen. Wieder im Büro zurück, trinken wir Kaffee, Frau Parchim hat eine Idee:

«Machen wir noch mal ne Jutschrift.»

«Klar, immer.»

«Ah, Mist. Kene mehr da.»

Da sitzen wir, ratlos. Mehr aus Verlegenheit erklärt sie, dass der Wareneingang alle angelieferten Paletten zählt und auf offensichtliche Fehlmengen kontrolliert. Allerdings müsse man bei einigen Artikeln aufpassen, vor allem im Süßwarenbereich. Herr Schneider sei fast täglich «hinten», und wenn mal «eine Packung Rocher oder so fehlt, war es meistens der Geschäftsführer». Jede Kassiererin oder jeder Lagerarbeiter wird für eine solche Entnahme sofort fristlos entlassen. Aber für das obere Management gelten bei Aldi Süd offenbar andere Regeln.

Diese Steilvorlage kann ich nicht ungenutzt lassen: «Ist der Geschäftsführer denn so ein Süßer?»

Ich sehe, wie ihr Gehirn arbeitet. Frau Parchim wirkt peinlich berührt. «Wes ick nich», murrt sie und schlägt dann schnell vor, ich solle zu den Wareneingangsleitern gehen und denen über die Schulter schauen. Gesagt, getan.

Gegen halb zwölf ruft sie mich auf dem Handy an: Mittagspause. Ihr Kollege habe ihr den Tipp gegeben, dass es «vorne» etwas abzustauben gebe. Mehrere Geschäftsführer von anderen Regionalgesellschaften sind zu Gast und es sei noch Essen übrig. Mit den anderen Bereichsleitern Logistik zusammen halten wir Mittagspause, über eineinhalb Stunden lang. In meiner Zeit in den Filialen oder als Bereichsleiter kann ich mich nicht an eine solche Pause erinnern. Nett ist es, und wir schwatzen gemütlich. Nur der Warenbereitstellungsleiter wird gelegentlich durch Anrufe belästigt.

Auf dem Rückweg drehen wir noch mal eine Runde mit dem Fahrrad durch das Lager, bevor wir nach gut zwei Stunden wieder im Büro sind. Frau Parchims Plan ist, neue Post an die Wareneingangsleiter zu verteilen.

«Mist, keine Post da.»

Sie überlegt wieder. Schließlich fällt ihr ein, dass sie noch ein paar «Jutschriften» zu bearbeiten habe, obwohl ich keine neuen sehe. Ich solle noch mal den Wareneingangsleitern über die Schulter schauen und mein Wissen vertiefen.

Pünktlich um 16 Uhr ist Feierabend. Jut.

Die beiden Folgetage verlaufen weniger unterhaltsam. Der Bereichsleiter Warenbereitstellung muss für sein Geld arbeiten. Er hat wenig Zeit, ständig klingelt das Telefon. Er ist im Stress. Seine Mitarbeiter setzen anhand der Filialbestellungen die Ware im Zentrallager auf Paletten. Früher mit einem Ausdruck der Bestellungen, heute erhalten sie die Artikel über einen Knopf im Ohr angesagt. Es wird ausgewertet, wer wie viele Artikel pro Zeiteinheit umsetzt. Ähnlich wie im Verkauf, nur heißt es hier «Kommissionierleistung».

Der Leiter Warenausgang ist so langweilig wie seine Kostentabellen, die er den ganzen Tag pflegt. Er müht sich immerhin, einen geschäftigen Eindruck zu hinterlassen, hat aber nicht übermäßig viel zu tun. Etwa 80 Prozent der Touren werden mit eigenen LKW und eigenen Fahrern geleistet, die restlichen 20 Prozent an Speditionen vergeben. Die detaillierte Tourenplanung der LKW übernehmen drei dem Bereichsleiter nachgeordnete Mitarbeiter. Er schickt mich nach kurzer Zeit zu einem LKW-Fahrer. Ich fahre bei einer Tour mit, und wir liefern Ware an zwei Filialen aus. Er berichtet, dass Aldi-LKW immer ein Hindernis auf der Straße seien, da sie sich an die Geschwindigkeitsvorschriften halten müssen. Generell sind die Aldi-LKW-Fahrer zufrieden mit ihren Jobs, weil sie einerseits gut verdienen, andererseits im Gegensatz zu Fernfahrern fast schon beamtenmäßige Arbeitszeiten haben.

Am letzten Tag in der Logistik melde ich mich beim Chef, Herrn Schwabe, ab. Meine Eindrücke behalte ich für mich, er ist gerade in eine «auto motor sport» vertieft. Da will ich nicht weiter stören.

Die Expansion: Ein kritischer Erfolgsfaktor

Herr Baumeister hat einen undankbaren Job. Obgleich mit Prokura ausgestattet, muss er für sein Geld arbeiten. Er ist morgens der Erste in der Zentrale und schaltet abends das Licht aus. Baumeister leitet die Expansionsabteilung unserer Aldi-Gesellschaft. Sie ist schlank organisiert, besteht aus zwei Mitarbeitern: einer Sachbearbeiterin und Baumeister selbst. Bereits optisch fällt er aus dem Rahmen, weil er im Gegensatz zu seinen Kollegen relativ klein ist, sogar etwas kleiner als ich. Er ist höflich und pflegt vornehme Umgangsformen. Dennoch strahlt er Autorität aus. Baumeister ist für alles rund um die Filialgebäude zuständig. Früher organisierte er hauptsächlich den Kauf von Grundstücken und den Neubau von Filialen. Seit das Expansionstempo innerhalb Deutschlands gedrosselt ist, kümmert er sich mehr um den Umbau und die Erweiterung bestehender Objekte, was nicht weniger arbeitsintensiv ist. Aldi Süd strebt möglichst große Verkaufsflächen an. Das Sortiment wächst und damit der Platzbedarf. Der Kunde fühlt sich in größeren Filialen wohler, und es lassen sich aus Verkaufssicht bessere Zahlen erzielen. Für alle Filialgrößen gibt es in der Zentrale in Mühlheim Pläne, um überall ähnliche Gebäude zu errichten. Für die örtliche Umsetzung arbeitet die Expansionsabteilung mit Architekten und einem Ingenieurbüro zusammen. Baumeister muss hierbei jeweils die örtlichen Gegebenheiten und Auflagen einzelner Gemeinden berücksichtigen. Hier ist viel politisches Fingerspitzengefühl gefragt. Früher waren die Widerstände durch den ortsansässigen Handel noch größer. Deren Vertreter sitzen oft im Gemeinderat und blockieren Bauvorhaben. Sie fürchten insbesondere eine Verödung der Innenstädte. Für einzelne Vorhaben muss die Expansionsabteilung jahrelange Überzeugungsarbeit leisten. Viele Gemeinden sträuben sich zunächst,

Erweiterungen der Verkaufsfläche zu genehmigen. Baumeister erweitert in solchen Fällen meistens das Lager. Sobald die größere Fläche genehmigt ist, zum Beispiel durch einen neuen Bürgermeister oder Gemeinderat, wird einfach die Wand versetzt und die Verkaufsfläche erweitert.

Einen Tag bin ich bei Herrn Baumeister zur Einarbeitung. Leider nur einen Tag. Ich mag ihn und seine Art. Das Thema Expansion interessiert mich. So wird es ein sehr kurzweiliger Tag, an dem ich viel lerne. Gleich morgens fahren wir «raus», gemeinsam in seinem Dienstwagen, einem neuen Audi A6. Baumeister erzählt aus seinem Leben, auch von seiner Frau und seinen Kindern, was kein anderer Prokurist je tun würde. Baumeister hat nicht studiert. Nach einer Ausbildung zum Industriekaufmann ist er vor über dreißig Jahren bei Aldi eingestiegen. Er hat sich hochgearbeitet, war eine Zeitlang Bereichsleiter. Baumeister hat sich alles selbst beigebracht. Ich garantiere, er macht den meisten Managern, die an einer Eliteuniversität studiert haben, etwas vor.

Einige Baubesprechungen stehen heute an. Er weiht mich in alle Details ein, plaudert aus dem Nähkästchen. Wir haben wenig Zeit. Die Termine sind dicht gedrängt. Mal wickelt er einen Politiker ein, mal macht er auf der Baustelle Dampf. Wir sind beide gute Esser und halten nicht ohne einen Snack durch. Mittags suchen wir einen Imbiss. Baumeister lädt mich ein: auf eine Leberkäsesemmel und eine Cola. Ich habe das Gefühl, ihm vertrauen zu können. Und er vertraut mir. Wir unterhalten uns über viele generelle Themen, und er gibt mir wertvolle Tipps. Schade, dass er nicht mein Chef ist.

Nach dem Mittagessen fahren wir auf eine weitere Baustelle. Eine bestehende Aldi-Filiale wird erweitert. Baumeister parkt weit hinten auf dem Parkplatz der Filiale. Diskretion sei wichtig. Er wolle den Kunden keinen guten Parkplatz wegnehmen. Ein Kooperationspartner von Aldi ist anwesend, wir besprechen die Platzierung eines Anbaus.

Die Pläne habe ich schon in der Hand, als Baumeister sagt: «Nicht nötig, ich habe alles im Kopf.»

Ich lege die Unterlagen wieder auf den Rücksitz. Baumeister tritt hinzu, dreht den Stapel um. Er bemerkt meinen verwunderten Blick.

«Immer die beschriftete Seite nach unten. Reine Vorsichtsmaßnahme», erklärt er. Er handhabe es auch mit anderen wichtigen Unterlagen so.

Eigenartig, denke ich mir. Der Parkplatz ist relativ verlassen, wir parken abseits. Das Auto ist abgeschlossen. Wer sollte sich für die oberste Seite unseres Papierstapels interessieren? Andererseits hat er recht: Weshalb nicht einfach umdrehen? Er ist extrem vorsichtig, dass ja nichts nach außen dringt.

Baumeister stellt mich dem Geschäftspartner vor: «Das ist mein Kollege, Herr Straub.»

Ich fühle mich geehrt. Jeder andere Aldi-Prokurist hätte den hierarchischen Unterschied herausgestellt. Er beteiligt mich an den Verhandlungen, und wir entwickeln gemeinsam Ideen. Als wir später noch kurz in die Filiale gehen, bezeichnet Baumeister die Kassiererinnen als «Kolleginnen». Dafür hat mir Lichtenstein fast den Kopf abgerissen. «Diese Frauen bringen die Leistung. Ich kenne ehrlich gesagt die wenigsten mit Namen, weil ich so selten da bin. Aber ich freue mich immer, wenn wir kurz sprechen können.»

Baumeister hat seine Filialzeit noch nicht vergessen. Er ist menschlich korrekt und bodenständig geblieben. Im Gegensatz zu vielen seiner Kollegen weiß er die Leistung der Mitarbeiter zu schätzen. Er tritt jedem gegenüber respektvoll auf. Seine Expansionsabteilung ist anerkanntermaßen eine der erfolgreichsten bei Aldi Süd. Wenige Regionalgesellschaften sind so gut positioniert. Ich bin mir sehr sicher, dass Baumeisters kluge Politik, seine Weitsicht und sein Arbeitseifer ein maßgeblicher Erfolgsfaktor für unsere Regionalgesellschaft sind.

Der Herr der Listen

Für einige Tage bin ich in der Verwaltung. Sie umfasst alle Backoffice-Funktionen der Regionalgesellschaft: Personal, Buchhaltung und EDV. Sämtliche Anweisungen sowie die Handhabung kritischer Fragestellungen sind in sogenannten Handbüchern aus der Zentrale geregelt. Jeder Arbeitsschritt wird darin haarklein beschrieben. Die Damen arbeiten alles ab wie vorgeschrieben. Über ihnen thront der Verwaltungsleiter. Er ist so spannend wie seine grauen Anzüge. Gleich auf zwei Weihnachtsfeiern hintereinander ziehe ich das undankbare Los, neben ihm zu sitzen. Ein Gesprächsthema außerhalb von Aldi mit ihm zu finden gelingt mir nicht.

Er sucht und findet im Tagesgeschäft gerne Fehler. Unser Verwaltungsleiter hat sich beispielsweise eine Strichliste mit bestimmten Fehlerkategorien für die Jahresabschlussinventuren ausgedacht. In einer ellenlangen Anleitung hat er geregelt, wie ein Blatt Papier ausgefüllt werden muss. Vergisst ein Bereichsleiter im Formblatt, das von Hand ausgefüllt und berechnet werden muss, eine Buchhalternase, gibt es einen Strich. Vergisst er versehentlich, einen Kleinbeleg aufzulisten, gibt es einen Strich. Verrechnet er sich, gibt es einen Strich. Der Verwaltungsleiter hat sich noch mehr solche Kategorien ausgedacht. Diese Liste wird nach Abschluss der Jahresendinventuren veröffentlicht. Der Verwaltungsleiter stellt einzelne «Schlamper» an den Pranger. Ich selbst habe mir eine solche Liste noch nie angesehen, sie muss immer vorher in den Aktenvernichter gefallen sein.

Moderne Technik und IT sind bei Aldi Süd verpönt. Das Unternehmen lebt weit hinter dem Stand der Technik. Sämtliche Neuerungen werden erst angenommen, wenn es nicht mehr anders geht. Nur ein markantes Beispiel: Es gibt (Stand 2010 [!]) eine einzige E-Mail-Adresse pro Regionalgesellschaft. Innerhalb der Regionalgesellschaft gibt es einen PC mit Internetzugang, der ausschließlich dafür genutzt wird, Kundenbeschwerden abzurufen. Diese Beschwerden werden ausgedruckt und per Hauspost oder Fax an die Bereichsleiter verteilt. Nach Bearbeitung müssen diese per Hauspost oder per Fax die Lösung des Problems handschriftlich und per Unterschrift bestätigen. Aldi-Bereichsleiter gehören wohl zu den wenigen noch verbliebenen Außendienstmitarbeitern ohne Firmenlaptop. Selbst Abmahnungen müssen auf privaten PCs geschrieben werden.

Einen Tag bin ich in der Personalabteilung. Ich verbringe die meiste Zeit damit, die Personalakten zu durchstöbern. Ich sichte Berge von Papier an diesem Tag. Zu meiner Verwunderung heißt es: «Schauen Sie sich alle Akten an, die Sie interessieren, und kopieren Sie, was Sie wollen.» Ich habe Bedenken: Sind das nicht teilweise sehr persönliche Informationen? Und warum soll ich Kopien machen? Was ist mit dem Datenschutz? Egal, wird schon seine Richtigkeit haben. Die Neugierde überwiegt, und ich lasse mir diese Chance nicht entgehen – außerdem wird es vermutlich von mir erwartet und ich möchte nicht, dass mir ein abweichendes Verhalten als Desinteresse ausgelegt wird. Zunächst informiere ich mich über die Akten meiner zukünftigen Filialleiter. Im Gegensatz zu uns Bereichsleitern haben die Filialleiter bei Aldi meistens sehr interessante und abwechslungsreiche Werdegänge. Ich lerne einiges Neue über meine Mitarbeiter; mit dem einen oder anderen Detail werde ich sie später überraschen. Sie sollen ruhig wissen, dass ich ein engagierter Bereichsleiter bin und mir die Akten angeschaut habe. Einer meiner Filialleiter hat Abi gemacht, der andere eine Ausbildung im Hotel absolviert, wiederum ein anderer war bei der Bundeswehr, eine Filialleiterin hat Fleischereifachverkäuferin gelernt.

Für Arschtritte zuständig: Die Verkaufsleiter

Der Verkaufsleiter ist bei Aldi für Arschtritte zuständig. Er ist direkter Vorgesetzter der Bereichsleiter und hat ähnliche Aufgaben. Er ist einfach eine Ebene höher, betreut ein paar mehr Filialen. Verkaufsleiter stellen nie Mitarbeiter ein, sie entlassen sie nur. Sie werden bezahlt, um für Zucht und Ordnung zu sorgen, auf allen Ebenen unterhalb der Prokuristen. Die Position des Verkaufsleiters ist mittlerweile in allen Aldi-Süd-Regionalgesellschaften von zwei Personen besetzt. Sie teilen sich ihre Aufgaben nach eigenem Dafürhalten. In unserer Gesellschaft ist die Rangordnung klar: Lichtenstein ist der Boss, Schukowsky ein hochbezahlter Assistent. Die Zuständigkeiten für die Bereichsleiter und damit für die Filialen haben sie sich geographisch aufgeteilt: Schukowsky für den Norden, Lichtenstein für den Süden. Da meine Filialen nördlich liegen, ist Schukowsky mein direkter Chef.

Alle übergreifenden Aufgaben sind nach Priorität eingeteilt: Herr Lichtenstein bearbeitet alle wichtigen Themen und trifft sämtliche Entscheidungen, sein Kollege Schukowsky arbeitet ihm zu und schreibt die Protokolle. Schukowsky erhält alle arbeitsintensiven, aber einfachen Aufgaben. Er macht alles, worauf Lichtenstein, der in ein paar Jahren in Rente geht, keine Lust mehr hat. Wie alle anderen Prokuristen und der Geschäftsführer arbeiten die Verkaufsleiter generell von Montag bis

Freitag und haben jeden Samstag frei. Das hält sie nicht davon ab, gelegentlich Filialleiter zu entlassen, weil sie zu häufig samstags freinehmen. Der Filialleiter ist schließlich Vorbild für seine Verkäuferinnen.

Lichtenstein ist ein Verkaufsleiter alter Schule: Er tritt aggressiv und herrschsüchtig auf. Er ist unberechenbar und entscheidet schnell – gerne auf Basis von Halbwissen. Heute hü, morgen hott. Aber er trifft Entscheidungen und ist eine starke Führungspersönlichkeit. Seine Ausstrahlung ist autoritär und respekteinflößend. Eine Auszubildende bezeichnet ihn mir gegenüber einmal versehentlich nicht als Prokuristen, sondern als Prokurator. Treffend für alle altgedienten Verkaufsleiter: eine Mischung aus Prokurist und Terminator. Prokurator.

Herr Schukowsky ist ein Meister der Anpassung. Er versteht es, sich innerhalb kürzester Zeit in verschiedenen Situationen zurechtzufinden und sich genau so zu verhalten, wie es von ihm erwartet wird. Als ich bei Aldi anfange, fällt mir sofort auf, dass Herr Lichtenstein seine Krawatten nur lose und sehr schlampig trägt – er hat keine Lust mehr darauf. Schukowsky passt sich an und trägt seine Krawatten ebenfalls stark gelockert. Als Lichtenstein auf Druck von Schneider seine Krawatten eines Tages wieder ordentlich bindet, zieht Schukowsky sofort nach. Seither laufen beide wieder mit ordentlich gebundenen Krawatten durch die Gegend.

Herr Schukowsky wird also mein Chef. Wir pflegen ein gutes, fast schon freundschaftliches Verhältnis. Vor allem liegt das daran, dass ich ihn so gut wie nie sehe. Um einen ersten Eindruck zu erhalten, hier seine besten Sprüche:

DIE TOP 5 SPRÜCHE VON HERRN SCHUKOWSKY

1. Zu mir: «Herr Straub, einer Ihrer Mitarbeiter hat mir eine fachliche Frage gestellt.» – Ich: «Und, konnten Sie antworten?» – Schukowsky: «Natürlich nicht.»
2. Herr Schukowsky zur Verkäuferin: «Hallo, Frau Klein.» – Antwort der Verkäuferin: «Ich bin zwar klein, heiße aber Kehr.»
3. Zur Stellvertreterin: «Wie haben Sie sich jetzt hier eingelebt?» – Irritierter Blick der Mitarbeiterin. Schukowsky: «Na, sind Sie nicht erst seit kurzem hier in der Filiale?» – «Seit zwanzig Jahren.»
4. Zum altgedienten Filialleiter: «Mein Firmenwagen, der neue A6, hat einen zu PS-schwachen Motor. Der zieht einfach nicht.» – Antwort des Filialleiters, der einen A8 fährt: «Ich habe auch mal klein angefangen.»
5. Zu mir: «Können Sie nicht eine Filiale nur mit Blondinen bestücken?» – «Warum?» – «Dann würde ich öfters mal vorbeikommen.»

5. Bereichsübernahme

Endlich richtig loslegen

Endlich. Nach über einem Jahr Frondienst erhalte ich meine eigenen Filialen. Die Einarbeitung liegt hinter mir. Ich frage mich selbst, wie ich die Zeit überlebt habe, aber ich habe es geschafft! Meine Filialen und die Mitarbeiter kenne ich schon aus Urlaubsvertretungen. Ich freue mich auf sie. Von einer desolaten Ausgangslage und chaotischen Zuständen sollte ich nun berichten. Von schlechten Umständen und widrigen Einflüssen. Davon, wie ich als energischer Manager unter höchstem Einsatz das Ruder herumreiße. Aber so ist es nicht. Ich habe Glück, bekomme gute Filialen, gute Filialleiter und Mitarbeiter. Abgesehen von einer Filiale, in der ich größeren Handlungsbedarf sehe, kommt es vor allem auf die Feinheiten an. Von Anfang an bin ich offen zu meinen Mitarbeitern und pflege einen kooperativen Führungsstil. Ich bin motiviert, ich möchte ein guter Bereichsleiter sein.

In einer Filiale stelle ich gleich zu Beginn eine recht eigenwillige und großzügige Auslegung der Arbeitszeiterfassung fest. Teilweise wird bis zu einer Stunde pro Mitarbeiter unterschlagen, teils sollen ganze Tage über Monate hinweg verschoben worden und irgendwann ganz verschwunden sein. Das toleriere ich nicht. Daher führe ich mit dem Filialleiter ein Gespräch und weise ihn an, ab sofort die Arbeitszeiten korrekt zu erfassen. «Korrekt» heißt bei Aldi: alle Arbeitszeiten, aber nach wie vor ohne die Rüstzeit. Alles andere wäre schon überkorrekt. Jedenfalls sinken die Leistungszahlen in dieser Filiale nach der Maßnahme zunächst, was wir allerdings im Laufe der Zeit durch organisatorische Umstellungen mehr als ausgleichen. Ich überlasse dem Filialleiter die Kommunikation der geänderten Arbeitszeiterfassung, vor allem, um ihm den Rücken zu stärken. Außerdem ist das bisherige System vermutlich nicht alleine auf seinem Mist gewachsen, sondern auf Druck von oben entstanden. Meine Vorgänger haben weggeschaut oder die großzügige Erfassung billigend in Kauf genommen. Die Mitarbeiter wissen trotzdem, wer dahintersteckt. Bis zum Schluss spüre ich immer wieder Dankbarkeit für diese Maßnahme. Gerade in dieser Filiale sind sehr engagierte Mitarbeiterinnen, die viele Jahre schon hart arbeiten und für Aldi ihr letztes Hemd geben würden. Zu ihnen entwickelt sich ein besonders vertrauensvolles Verhältnis. Es gibt in dieser Filiale in meiner gesamten Zeit nie wieder ein größeres Problem.

«Dieses Jahr wird das Jahr der Kosten.» So fängt jedes Jahr an. Mit eindringlichen Appellen werden alle Mitarbeiter aufgefordert, dieses Jahr besonders viel Leistung zu bringen und die Personalkosten zu senken. Vor allem in der ersten Jahreshälfte herrscht extremer Druck auf das Personal. Sobald die Position der Regionalgesellschaft im Aldi-Süd-Ranking absehbar ist und sich stabilisiert, rücken andere Themen in den Vordergrund.

Die Sparsamkeit von Aldi ist ein Mythos. Ich habe eher den Eindruck, dass das Unternehmen großzügig mit seinen Mitteln umgeht. An einigen Stellen wird Geld regelrecht verschwendet. Angefangen bei Büromaterial über die Reinigung der Filiale bis hin zu Gärtnerarbeiten und der Wartung und Reparatur von Anlagen fallen erhebliche Summen an. Allerdings sind diese Zahlen schwer vergleichbar und in jeder Filiale stark schwankend. Aldi geht davon aus, dass sie ohnehin anfallen und kaum beeinflusst werden können. Die Preise sind oft von der Zentrale ausgehandelt worden und die Mengen kaum veränderbar. Wenn zum Beispiel eine Tiefkühltruhe defekt ist, muss sie natürlich repariert werden. Allerdings kontrolliert bei Aldi niemand, ob eine Truhe fünfmal repariert wurde und es eventuell sinnvoller wäre, eine neue zu kaufen.

Handwerkeraufträge werden üblicherweise ohne Rückfragen oder Beachtung der Kosten vergeben. Telefonisch wird der Auftrag platziert. Die wenigsten Bereichs- oder Filialleiter verhandeln. Nur wenn die Sachkosten mal wieder ausufern, sind die Bereichsleiter gehalten – Zitat aus einem Besprechungsprotokoll –, «bei anstehenden größeren Reparaturen etc. ... Angebote diverser Dienstleister einzuholen und entsprechende Preisvergleiche anzustellen». Damit dies auch wirklich jedem klarwird, ist in Klammern angemerkt: «nicht der ‹Erstbeste› erhält den Zuschlag, sondern der Günstigste!».

Alle zwei oder drei Wochen finden solche Besprechungen der Bereichsleiter statt. Ich kenne keinen, der gerne hingeht. «Wenn diese Scheißbesprechungen nicht wären, würde mir der Job Spaß machen», formuliert es ein Kollege mir gegenüber drastisch. Die Besprechungen werden von den Verkaufsleitern geleitet. Neue Informationen, aber vor allem Anweisungen und jede Menge Arbeit werden verteilt. Die Teilnehmer sitzen um einen riesigen, rechteckigen Tisch: die Prokuristen und der Geschäftsführer am Kopf, die Bereichsleiter möglichst weit von ihnen entfernt. Die meisten dösen vor sich hin. Zu entscheiden haben sie sowieso nichts. Trotzdem herrscht eine gewisse Anspannung. Die Verkaufsleiter könnten jederzeit einen von den Bereichsleitern aus der Anonymität der Gruppe holen und öffentlich zur Sau machen. Unter anderem deshalb sind die meisten vorher beim Verkaufsleiter im Büro: um Kritik vorher abzufangen. Um jegliche gute Stimmung sofort zu ruinieren, werden als Erstes

Abgänge von Mitarbeitern oder Kollegen ausführlich besprochen. Ein kurioses Beispiel: der erste Tagesordnungspunkt im Besprechungsprotokoll vom Sommer 2009:

«Ausscheiden Herr W.
Das Ausscheiden von Herr W. wurde besprochen. In diesem Zusammenhang wurde darauf hingewiesen, dass die Möglichkeit besteht, das Handy bzw. den PKW bezüglich möglicher Ortungs- bzw. Abhörinstrumente überprüfen zu lassen.»

Der Kollege W. war zu nett zu seinen Mitarbeitern. Da die Verkaufsleiter dies nicht als offizielle Begründung angeben können, hängen sie Herrn W. etwas an. Sie behaupten, er habe sich eingebildet, sein Handy und sein Wagen würden von Aldi überwacht. Ein für Aldi schwerwiegender Vorwurf und Vertrauensbruch. Herr W. wird als paranoid dargestellt. Allein schon auf Basis des geäußerten Misstrauens gegen Aldi habe man ihn entlassen müssen. Um die Vertrauenswürdigkeit von Aldi zu untermauern, wird allen Bereichsleitern nun die Möglichkeit angeboten, Handy und PKW auf «Ortungs- bzw. Abhörinstrumente» prüfen zu lassen. Natürlich macht das keiner. Eine sich aus der Überprüfung ergebende Rechnung wäre womöglich gleichzeitig Anlage Nummer 1 für das eigene Entlassungsgespräch.

Die Termine der Bereichsleitersitzungen orientieren sich an den Besprechungen der Geschäftsführer, die wiederum zeitnah die Informationen an ihre Prokuristen weitergeben. Nach den Bereichsleiterbesprechungen werden die Neuigkeiten und Änderungen in den Filialen verteilt. Alle zwei bis drei Wochen findet die ganztägige Veranstaltung statt. Die Prokuristen treten der Reihe nach auf, geben ihre Informationen weiter und beantworten Fragen der Bereichsleiter.

Unter den Bereichsleitern herrscht ein ständiger Konkurrenzkampf. Jeder möchte die besten Punkte vorbringen und sich profilieren. Es wird getuschelt, gelästert und intrigiert, dass sich die Balken biegen.

Die Besprechungen sind außerdem zentrale Mobbingplattform der Verkaufsleiter. Regelmäßig werden einzelne Bereichsleiter fertiggemacht. Vor allen anderen wird die «Verfehlung» des Kollegen ausführlich besprochen, auch wenn nach den Aldi-Management-Regeln Kritik nur unter vier Augen geäußert werden darf. Aber wen interessiert das schon? Daher werden insbesondere diejenigen, die sich demnächst verabschieden sollen, systematisch demontiert. Während die Verkaufsleiter sich noch mäßigen, werden altgediente Ankerbereichsleiter in den Pausen deutlicher. Wer gehen soll, wird von ihnen behandelt wie Abschaum. Sprüche wie «Du bist doch eh zu doof», «Halt die Klappe» oder «Über dich lacht jeder Filialleiter» sind dabei noch harmlos. Gibt das aktuelle «Opfer» während der Besprechungen einen Kommentar ab, wird getuschelt und gelacht. Die Ankerbereichsleiter opponieren vollkommen offen. In den Pausen geht es richtig ab: Eine Kollegin wird beispielsweise als «Ossi-Schlampe» tituliert. Ein anderer wird beschimpft als «inkompetenter Trottel» und mit den Worten: «Mit deinem gestreiften Anzug siehst du aus wie ein Kanake.» Das Niveau ist erbärmlich. Zu jeder Besprechung fahre ich mit einem unguten Gefühl und bin heilfroh, wenn die Veranstaltung vorbei ist.

Kaum hat der Bereichsleiter seine Filialen übernommen, erhält er auch schon Trainees, die er einarbeiten soll. Bei mir ist zunächst in einer Filialzeit, später auf «Mitfahrt», eine neue Bereichsleiterin. Ich mag sie. Sie behandelt meine Mitarbeiter gut und ist beliebt. Sie ist eine ehrliche Haut mit Sinn für Gerechtigkeit. Aber ob sie hart genug ist für den Job? Ich habe meine Zweifel. An den Verkaufsleiter gebe ich dennoch ein positives Feedback weiter. Er ist erstaunt. Ich wusste nicht, dass ihn hauptsächlich negative Umstände interessieren. Herr Schukowsky wörtlich: «Kritikpunkte sollen Sie nennen. Ich brauche was für die Personalakte, keine warmen Worte.» Leider kann ich nichts für die Akte liefern.

Alle drei bis vier Monate treffe ich mich mit Schukowsky zu seiner sogenannten Rundfahrt. Alle Filialen des Bereichs werden in Augenschein genommen – und ich. Aktuelle Themen werden besprochen. Schukowskys Hauptaugenmerk liegt auf dem Mittagessen. «Planen Sie die Tour um das Mittagessen herum», weist er mich an. In meinem Bereich gibt es ein Steakhaus, da geht er am liebsten hin. Mit der Begründung «das Steakhaus hat heute zu» lassen sich Rundfahrten am einfachsten verschieben. Einmal schlage ich mit Verweis auf das «Jahr der Kosten» ein Brötchen mit Leberkäse anstelle eines reichhaltigen Steaktellers vor. Schukowsky ist wenig amüsiert.

Mittags, wenn keine Filialmitarbeiter in der Nähe sind, redet mein Chef hauptsächlich über sich. Er hat viel zu erzählen. Stundenlang quasselt er über Fußball, Essen und Frauen – seine verflossenen und seine neuen. Die Atmosphäre ist äußerlich locker. Aber ich weiß, dass ich sehr vorsichtig sein muss mit dem, was ich sage. Schukowsky spielt den Lockeren und verhält sich manchmal sogar kumpelhaft. Von etlichen Kollegen weiß ich aber, dass er jede Aussage registriert und sie später gegen seine Mitarbeiter verwendet. Daher lasse ich ihn reden. Während seiner Scheidung von der ersten Frau komme ich mir manchmal vor wie ein Psychotherapeut. Er ist mein Chef, und ich höre ihm zu. In der täglichen Zusammenarbeit ist Schukowsky der angenehmste Verkaufsleiter, den ich mir vorstellen kann. Herrschsüchtig oder autoritär wie viele seiner Kollegen habe ich ihn nie erlebt. Er ist einer, mit dem man, wäre er nicht Vorgesetzter, abends ein Bier trinken könnte. Es gilt jedoch, drei ungeschriebene Gesetze zu beachten:

(1) Privater Kontakt zwischen Mitarbeitern ist bei Aldi Süd generell unerwünscht.
(2) Privater Kontakt zwischen Mitarbeitern unterschiedlicher Hierarchieebenen ist verboten.
(3) Wird es so richtig privat, geht mindestens einer der Beteiligten.

In einer benachbarten Regionalgesellschaft werden ein Bereichsleiter und eine Bereichsleiterin, die ein Verhältnis miteinander haben, sofort nach Bekanntwerden entlassen. Weshalb Aldi Süd in einer solchen Weise reagiert, verstehe ich nicht. Die Mitarbeiter verbringen sehr viel Zeit bei der Arbeit, ticken oft ähnlich. Warum sollten zwei davon nicht im Privaten ihr gemeinsames Glück finden können? Meine Verkaufsleiter äußern sich zu solchen Fragen ungern. Sie betreiben Geheimniskrämerei und lenken schnell ab. Warum nur? Vielleicht, weil ihre Ehefrauen früher selbst bei Aldi beschäftigt waren und sie ein Geheimnis daraus machen?

Die Leistungszahlen meiner Filialen steigere ich langsam. In zweien sind keine großen Sprünge mehr möglich. Ein echtes Inventurproblem finde ich nur in einem Laden vor. Hier sind die Zahlen seit Jahren mittelmäßig bis schlecht. Mit Verweis auf jeweils unterschiedliche Gründe hatten meine Vorgänger und der Verkaufsleiter, Herr Schukowsky, die Ergebnisse immer zwar missmutig, aber billigend in Kauf genommen. Mich überzeugen die angeführten Gründe nicht. Also gehe ich das Thema an.

Zunächst bespreche ich mit der Filialleiterin die Situation und teile ihr meine Einschätzung mit. Zu meiner Überraschung stimmt sie mir zu: «Endlich sagt das mal einer.» Wir besprechen unser Vorgehen und beschließen, die Zügel bei der Kontrolle sämtlicher Einflussfaktoren auf die Inventur anzuziehen. Die Gleichmäßigkeit der mittelprächtigen Ergebnisse in ihrer Filiale – es entsteht in jedem Inventurzeitraum und regelmäßig ein Verlust – legt nahe, dass es sich um ein grundsätzliches Problem handelt. Ich ziehe sämtliche Register, um herauszufinden, wo genau das Defizit entstehen könnte. Zuerst überprüfe ich das Kassensystem und die IT. Später erhält die Filiale einige Testfuhren, um die Wareneingangskontrolle der Filialleitung zu prüfen. Zusätzlich schicke ich Testkäufer, um mögliche Schwachstellen an der Kasse zu identifizieren. Zwar fallen alle Ergebnisse nicht besonders gut aus, bewegen sich aber im Rahmen des Üblichen. Bleiben also nur noch zwei Möglichkeiten: Entweder das Personal manipuliert, oder die Kunden klauen. Ich selbst kontrolliere alle Abrechnungen besonders genau und werte verschiedene Zahlen der Kassiererinnen aus. Zur Überwachung des Ladens setze ich für einige Tage einen Detektiv ein.

Der Besuch der alten Dame

Der Detektiv ist in dieser Filiale überfällig. Ein Blick in den Ordner mit Anzeigen gegen Ladendiebe verrät mir, dass der letzte Strafantrag 1998, also vor über zehn Jahren, ausgefüllt wurde. Dass seither nichts mehr gestohlen wurde, kommt mir doch recht unwahrscheinlich vor. Ich buche den Detektiv für eine Woche ununterbrochene Überwachung. In den ersten drei Tagen erwischt er bereits sechs Diebe. Wahnsinn! Sein Schnitt liegt normalerweise bei zwei bis drei «Fängen» pro

Woche. Ich könnte also zufrieden sein. Die Fänge sind aber betragsmäßig zu gering, um die Inventurdifferenz zu erklären. Am vierten Überwachungstag, ich bin gerade zufällig in der Filiale, kommt schließlich die Überraschung. Eine ältere Frau, wie sich herausstellen wird, ist sie 72 Jahre alt und Stammkundin, schiebt fröhlich ihren Einkaufswagen durch die Filiale und kauft ein paar Kleinigkeiten ein. Sie wirkt sympathisch, ist bereits ein wenig gebrechlich. Kurzum: die nette ältere Dame, der man im Bus sofort einen Sitzplatz anbieten würde.

Zielstrebig bewegt sie sich zur Mitte der Filiale, wo die Aktionsartikel aufgebaut sind. Sie schaut sich interessiert um, begutachtet einige Produkte und steckt den ersten Artikel in die Innentasche ihres Mantels. Dabei ist sie so postiert, dass von der Kasse aus nicht ersichtlich ist, was sie gerade macht. Geschickt stellt sich die Dame vor eine relativ hohe Palette und packt noch mehr Artikel ein. Von Kameras scheint sie allerdings keine Ahnung zu haben, der Detektiv und ich beobachten das Schauspiel live. Sie packt immer mehr Artikel in ihre Manteltasche. Langsam dürfte sie doch keinen Platz mehr haben? Jetzt nimmt sie auch noch den Funkwecker aus ihrem Einkaufswagen und packt ihn in den Mantel. Die Dame geht zurück zu den Aktionen und lädt Gourmetartikel ein: Die Marmelade scheint sie zu mögen. Wir trauen unseren Augen nicht, was alles in ihrem Mantel verschwindet.

Gelassen schlendert sie noch eine Weile durch die Filiale und geht schließlich zur Kasse. Die Kassiererin kennt sie vom Sehen, sie schwatzen ein wenig. Vom Einkaufswagen packt die alte Dame Artikel im Wert von etwa zehn Euro auf das Kassenband, der Rest bleibt im Mantel. Die Kassenkraft zieht die Ware brav über den Scanner, bedankt sich und wünscht noch einen schönen Tag. Beim Verlassen der Filiale wird die Dame von unserem Detektiv gestellt und in den Nebenraum gebeten. Ich trete hinzu. «Haben Sie nicht gerade vergessen, ein paar Sachen zu bezahlen?», fragt der Detektiv.

«Nein», lügt die Dame dreist. «Was wollen Sie von mir?»

«Wir haben gesehen, dass Sie einige Artikel in Ihren Mantel eingepackt haben.»

«Das kann nicht sein.»

«Doch. Herr Straub, das ist der Bereichsleiter hier, war mit dabei. Wir haben beide ganz genau beobachtet, was Sie hier gemacht haben.»

«Aber, ich ...», murmelt die Dame. Langsam scheint sie zu begreifen, dass sie gerade erwischt wurde.

«Packen Sie die Sachen aus», weist der Detektiv sie an.

Sie öffnet ihren Mantel, und wir staunen nicht schlecht. Die Dame hat in ihren Mantel eine Stofftasche eingenäht, mit einem separaten Reißverschluss. Vom Volumen ist die Tasche mit einer Aldi-Tüte vergleichbar. Nachdem wir den ersten Schock überwinden, frage ich: «Haben Sie das im VHS-Kurs gebastelt?»

«Wie bitte? Junger Mann, das hat mich Tage gekostet, diese Stofftasche hier einzunähen. Dieser Reißverschluss war eine schwierige Arbeit!», echauffiert sie sich. Dabei packt sie drei oder vier Artikel aus.

Sie scheint regelrecht stolz auf ihre Idee und die Ausführung zu sein. Ob ihr klar ist, welche Konsequenzen das haben kann? Jetzt will ich mehr wissen: «Aha. Also haben Sie das nicht zum ersten Mal gemacht.»

«Was?», fragt sie unschuldig.

«Was schon. Hier Ware zu stehlen», stelle ich klar.

«Jede Woche komme ich hierher. Manchmal zweimal die Woche. Die Produkte vom Aldi sind schon toll, wissen Sie, von der Preis-Leistung her ...»

«Sie kommen also jede Woche mindestens einmal mit Ihrem Spezial-Mantel», unterbreche ich sie. «Und dabei packen Sie immer so viel Ware wie heute in Ihre Tasche?»

«Ja, so ungefähr.»

Sie gibt es auch noch zu!

«Wie lange läuft das schon?»

«Seit Jahren komme ich gerne zu Aldi.»

Mir reicht es jetzt. «Packen Sie alles aus», weise ich sie an. Mittlerweile ist auch die ungläubige Filialleiterin hinzugekommen, deren Weltbild gerade ins Wanken gerät. Diese nette alte Dame hat über Jahre ihre Inventuren ruiniert. Wir rufen die Polizei, erstatten eine Anzeige. Die gestohlenen Artikel listet der Detektiv einzeln auf, in der Summe sind sie etwas über 50 Euro wert. Wenn dies nur einmal wöchentlich stattfindet, was die Dame bereits zugegeben hat, fehlen der Filiale über das Jahr gerechnet etwa 2500 Euro bei der Inventur. Zusammen mit den «kleinen Fischen», die sich durch den Detektiveinsatz ebenfalls reduzieren dürften, komme ich in etwa auf den Betrag, den ich mir bei den Auswertungen nicht erklären konnte.

Nachdem alles geregelt ist, erteile ich der netten Dame Hausverbot. Das trifft sie mehr als alles andere. Viele Diebe brechen in Tränen aus, wenn sie erwischt werden, oder reagieren aggressiv. Bis jetzt schien sie alles sehr locker zu nehmen.

«Heißt das, ich darf jetzt gar nie mehr in den Aldi kommen?», fragt sie nach.

«Richtig. Das gilt für diese und für alle anderen Filialen», erkläre ich.

«Das kann ja nicht wahr sein.»

«Doch. Bitte halten Sie sich daran.»

«Dann muss ich jetzt woandershin», murmelt sie beim Gehen. Direkt gegenüber von unserer Filiale ist ein Lidl-

Markt. Wie sich dessen Inventuren sei dem Fang entwickelt haben, weiß ich leider nicht. Unsere sind jedenfalls deutlich besser geworden.

Auf dem Weg, ein «harter Hund» zu werden

Kurz nach der Übernahme meiner Filialen scheidet ein Filialleiter aus. Meine Vorgänger haben bereits entsprechende Vorbereitungen getroffen. Seit längerem steht er unter verschärfter Beobachtung, die ich fortsetze. Der Druck auf den Mitarbeiter, vor allem durch den Verkaufsleiter, ist groß. Er will am Ende selbst nicht mehr. Vielleicht möchte er sich tatsächlich neuen Aufgaben widmen und den elterlichen Betrieb übernehmen, wie wir es hinterher darstellen werden. Als Schukowsky und ich eintreffen, hat er jedenfalls bereits seinen Spind ausgeräumt und sich von den Kollegen verabschiedet. Als er droht, es sich doch noch einmal anders zu überlegen, bieten wir ihm eine kleine Abfindung an. Mein Chef muss nur noch exekutieren und sein «ppa.» unter den Aufhebungsvertrag setzen.

«Jetzt wird ein Ruck durch Ihren Bereich gehen», freut sich Schukowsky. Das ist mir klar. Mulmig ist mir dennoch zumute. Ich schlafe einige Nächte nur noch schlecht. Die Entscheidung an sich, soweit ich sie beurteilen kann, trage ich mit. Kollegen rufen mich an und gratulieren zur ersten Entlassung. Sie sind beeindruckt. Der neue Junge, der gleich aufräumt. Einer, der vor nichts haltmacht. Dabei war das gar nicht geplant. Dennoch beäugen mich die nachgeordneten Mitarbeiter fortan mit Respekt. Der Abgang des Marktleiters ist zwar nicht primär mein «Verdienst», dennoch gelte ich mit einem Mal als «gefährlich» und als «harter Hund». Ein Image, das bei Aldi geschätzt wird.

Und ein Image, von dem ich profitiere. Meine innere Anpassung läuft schleppender, aber sie läuft. Nach und nach funktioniere ich so, wie es Aldi Süd von mir erwartet. Meistens. Ich lerne dazu. Meine Vorgesetzten und meine erfahrenen Kollegen machen es mir vor – ich mache es nach. Ich lerne, Tricks anzuwenden. Auch solche, die fragwürdig sind. Mein moralisches Empfinden stumpft ab, meine Skrupel werden geringer. Der «kleine Blöff», über den ich mich anfangs noch empörte, gehört bald auch zu meinem Repertoire. Ich mache mir weniger Gedanken, werde kälter und härter. Abgesehen davon, dass ich kaum noch Zeit zum Nachdenken habe.

Meine Aufgaben finde ich zunächst interessant. Vieles kann als Revision bezeichnet werden. Im Grunde bin ich ständig auf Fehlersuche. Sollte es jedenfalls sein. Der Tag beginnt im Regelfall mit der sogenannten Frühkontrolle, die ich in der Zentrale eine Woche im Vorfeld anmelden muss und von der die Mitarbeiter unter keinen Umständen erfahren dürfen. Sie sollen immer befürchten, dass ich bei ihnen vorbeikommen könnte. Vor acht Uhr morgens muss ich also täglich in wechselnden Läden vor Ort sein und begutachten, ob alles verkaufsfertig ist. Das heißt konkret, ob die Ware vorhanden ist, ob alles ordnungsgemäß eingeräumt ist, ob die Aktionsartikel gut präsentiert sind, ob die Filiale sauber ist, ob der Personalplan sinnvoll gestaltet ist, ob die MHD-Regelungen eingehalten werden und vieles mehr. Fahre ich nach meiner ersten Station zu einem weiteren Markt, dürfen die Mitarbeiter wieder keinesfalls erfahren, welcher das ist.

«Ich will, dass ihr unberechenbar seid», stellt Lichtenstein regelmäßig klar.

Der Dienstwagen ist mein Büro. Niemand kennt meinen Arbeitsort. Niemand weiß, wo ich als Nächstes auftauchen werde. Niemand weiß, welchen Fehler ich entdecken werde.

Niemand weiß, wie ich reagieren werde. Ein Kalkül, das Wirkung zeigt. Die Mitarbeiter müssen ständig mit einer Kontrolle rechnen und verhalten sich dann eher, wie es von ihnen erwartet wird. Wo ich aufschlage, wird mir und meinen Aktenbergen sofort ein Platz frei geräumt. Der Filialverantwortliche tritt zum Rapport an. Er berichtet detailliert über alles, was ihm wichtig erscheint. Privates wird selten besprochen. Ich gebe meine Kritikpunkte weiter. Wenn ich keine habe, sage ich nichts. Lob ist verpönt. Schließlich sollen die Mitarbeiter nicht «größenwahnsinnig» werden. Als ich es gegen Ende meiner Zeit mehrmals tue, wird mir «mangelnde Distanz» vorgeworfen. Zum Beispiel muss ich zweimal wöchentlich kurz vor Geschäftsschluss, also kurz vor 20 Uhr, überraschend in einer Filiale auftauchen. Bei der sogenannten Spätkontrolle herrscht bei vielen Kollegen Alarmstimmung, da sie angesichts der Uhrzeit meistens selbst ein wenig gereizter sind. Ich gewöhne es mir daher an, bei meinen späten Visiten nur noch selten Kritikpunkte zu äußern. Gar erdreiste ich mich, die Mitarbeiter zu motivieren.

Meine Aufgaben werden zur Routine. Ich erledige sie zwar pflichtgemäß, investiere aber keine besondere Energie darin. Meine Chefs bemerken, dass ich mit den Standards unterfordert bin, und geben mir neue Projekte. Ich erhalte Zusatzaufgaben und interessante Fragestellungen, die mir Spaß machen. Etwas «tun» erfüllt mich mehr, als ständig Abweichungen von der Norm festzustellen und mit Sanktionen zu belegen. Eine Norm, die in der Aldi-Zentrale klar definiert wird. Und Sanktionen, die ebenso feststehen.

Die Fluktuation ist in meinem Bereich durchschnittlich. Wie viele Mitarbeiter genau gehen, kann ich nicht exakt nachvollziehen. Eine Schande eigentlich. Aber es sind einige. Mal ganz freiwillig, mal teilfreiwillig, mal unfreiwillig und mal ganz unfreiwillig. In letztere Kategorie fällt glücklicherweise nur eine Verkäuferin. Meist kündigen die Mitarbeiter von selbst, weil der Druck zu groß wird, oder ein Aufhebungsvertrag wird geschlossen.

Wiederholt gibt es mit einer Mitarbeiterin Probleme im Hinblick auf die Kundenfreundlichkeit, Beschwerden über sie häufen sich. In einem Kritikgespräch, das ich mit ihr führe, wird sie ausfällig. Im Beisein des Filialleiters. Das kann ich nicht auf mir sitzenlassen. Ich weise sie zurecht. Die Situation wiederholt sich nur wenige Tage später. Mir reicht es. Ich solchen Situationen muss ich deutlich machen, wer das Sagen hat. Sonst kann ich schnell einpacken, das ist mir klar. Mit Schukowsky bespreche ich das Verhalten der Kassiererin, und wir beschließen, sie loszuwerden. Da ihre Personalakte dünn ist, wird sie zunächst als Springer in andere Filialen geschickt. Natürlich muss sie rein zufällig immer weitere Strecken fahren, die sie nicht extra bezahlt bekommt. In den anderen Läden, die im Vorfeld gebrieft wurden, steht sie unter verschärfter Beobachtung, und die Fehler häufen sich. Sie eckt schnell beim angestammten Personal an. Versetzungen sind immer ein gutes Mittel, das Unwohlsein aufseiten des Mitarbeiters zu erhöhen. Die Verkäuferin beschwert sich mittels Anwalt über «atmosphärische Störungen», was freilich sinnlos ist, da genau diese von Schukoswky und mir intendiert waren. Unser Angebot, die Sache einvernehmlich zu regeln, nimmt sie schnell an.

Für einige Kontrollbereiche erhalte ich die Fehler auf dem Silbertablett geliefert. Wie beschrieben, führt ein Detektiv mit seiner Crew die Testkäufe bei uns durch. Auf Basis seiner Protokolle werden regelmäßig Abmahnungen fällig: «Fehlerhaftes» Arbeiten an der Kasse wird nicht toleriert. Während der Bereichsleiterbesprechungen werden wir eindeutig angewiesen, Verstöße strikt zu ahnden. Um «einheitlich» vorzugehen, wie es heißt. Gerade bei schwierigen Testkäufen oder in besonderen Stresssituationen, wie kurz vor Weihnachten, sind die Protokolle gut gefüllt. Die eine oder andere Abmahnung «vergesse» ich zu schreiben. Mal mit, meistens ohne Rücksprache mit meinem Chef. In einem besonderen Fall frage ich ihn, ob wir nicht eine Ausnahme machen können, versuche zu erklären: «Frau Meiser geht in ein paar Monaten in Rente.»

«Ja und?»

«Muss das sein?»

«Wo hört es auf, und wo fängt es an, Herr Straub.»

«Ich schreibe also eine Abmahnung.»

«Genau, wir müssen konsequent sein.»

Für Frau Meiser ist meine Konsequenz ein schwerer Schlag: Sie bricht in Tränen aus, als ich ihr das Dokument überreiche. Es tröstet sie wenig, dass ich die Maßnahme im Gespräch relativiere. Ich sehe den Sinn ja selbst nicht Aber ich möchte auch nicht meinen Job riskieren. Vorerst jedenfalls.

Immer wieder gerate ich ins Schwanken. Soll ich mir endlich einen Ruck geben und einer von «denen» werden? Kann ich das überhaupt? Kann andererseits ein System, das so erfolgreich ist, überhaupt falsch sein? Gibt nicht der Erfolg letztlich dem Unternehmen recht?

Während vieler Schulungen und Besprechungen denke ich mir oft: Wie kann das sein? Wie können Menschen so werden? Zynismus und Selbstbeweihräucherung scheinen keine Grenzen zu kennen. Ein Vorbild finde ich hier nicht. Die meisten sind nach außen hin knallhart, im Grunde aber selbst zutiefst unsicher. Der kleinste Gegenwind lässt sie umfallen. Nur mit Rückenwind von oben sind sie stark.

Ich bin oft angespannt, verändere mich auch privat. Beziehungen zerbrechen, Freundschaften verlieren sich. Die Momente, in denen ich «ich selbst» sein kann, werden rar. Während ich in «meinen» Filialen Alleinherrscher bin und mich niemand kritisiert, beobachtet mich mein persönliches Umfeld mit Sorge.

«Du bist hier nicht im Aldi», höre ich mehr als einmal.

Solange mir jemand die Meinung sagt, bin ich noch jemandem wichtig. Und so lange ist es noch nicht zu spät.

Die ständige Anspannung und der Druck im Job machen mir dennoch zu schaffen. Ich schlage zum Beispiel öfters über die Stränge. Etwas, das bis dahin nur selten vorkam. Auf mehreren privaten Partys bin ich schon nach kurzer Zeit sturzbetrunken. Ich schieße mich regelrecht ab. Freunde finden das zwar lustig, sehen mich aber dennoch fragend an. Noch ein Kontrollverlust: Ich kassiere viele Strafzettel, weil ich häufig zu schnell Auto fahre. Zum Glück muss ich meinen Führerschein nie abgeben. Um ihre Filialen zu bereisen, brauchen die Verkaufsmanager bei Aldi (und überall im Handel) ihren Führerschein. Der zeitweise Verlust der Fahrerlaubnis ist übrigens kein seltenes Problem, zumal viele Kollegen mehr als 40 000 Kilometer im Jahr dienstlich unterwegs sind. Mir wird die interne «Regel» beigebracht: Vier Wochen ohne Lappen heißt Urlaub weg – drei Monate heißt Job weg. Dennoch tönen Kollegen gerne: «Geschwindigkeitsbegrenzungen sind etwas für Minderleister.»

Der Druck lässt nicht nach. Eine Filialleiterin von mir soll weg. Schukowsky macht das mehr als deutlich. Die Personalkosten sollen auf das vorgesehene Ziel gesenkt werden. Offiziell gibt es andere Begründungen. Tatsächlich ist ihr Laden der am schlechtesten geführte, und sie hat Probleme mit dem Personal. Sie ist mit ihrem Job überfordert. Ich erhöhe also den Druck auf sie, ziehe die Kontrollschrauben an und fordere höhere Leistungen ein. Aber ich finde sie sympathisch. Auch die Mitarbeiter in diesem Laden sind super, sie würden ihr letztes Hemd für Aldi geben. In einem persönlichen Gespräch erzählt mir die Filialleiterin von ihrer Familie. Von ihrer Jugend, die sie ohne Mutter verbrachte. Von ihrer Oma, die für sie eine Art «Ersatzmutter» war und die gerade im Sterben liegt. Meine Mitarbeiterin ist angeschlagen.

Ich unterstütze sie fortan, wo ich kann. Den Druck nehme ich weitgehend von ihr. Helfe ihr, obwohl es gegen meinen «Auftrag» ist. Ich informiere Schukowsky, der wenig begeistert ist. Immer wieder fragt er: «Wie läuft es mit ihr?» und: «Wann kann ich mit Ergebnissen rechnen?» Er möchte die «Gunst der Stunde» für eine einvernehmliche Lösung nutzen. Aber ich weigere mich. Ich mache nicht mit. Zusammen mit der Filialleiterin verbessern wir viele Abläufe, und sie blüht sogar regelrecht auf. Das Personal kommt wieder gerne zur Arbeit, ist motivierter. Die Filiale erreicht die Zahlen, die gefordert sind. Auch ich bin zufrieden.

Nur Schukowsky schweigt.

Schlimmer geht immer

Die Arbeit in den Filialen macht mir Spaß. Von einzelnen Fällen abgesehen, komme ich mit den Mitarbeitern gut klar. Wir sind erfolgreich. Meine Personalkosten verbessern sich, meine Inventuren stimmen, und die Filialen sehen ordentlich aus. Die Stimmung beim Personal ist gut. Der Neid einiger direkter Kollegen von mir wächst. Sie versuchen immer wieder, mir Steine in den Weg zu legen. Verdrehen Aussagen und leiten sie an die Verkaufsleiter weiter. Aber das ist üblich. Alle anderen Kollegen erleben die gleichen Umstände. Offene Konflikte sind höchst selten. Bei uns läuft alles «hintenrum». Vor allem die

Ankerbereichsleiter bilden ein eigenes Grüppchen und sichern ihre Position. Ich lerne daraus und kommuniziere mit bestimmten Kollegen nur noch das Nötigste. Dafür wird der Kontakt zu denjenigen, die sich noch Menschlichkeit bewahrt haben, intensiver. Unter der miesen Stimmung leiden alle gemeinsam.

In meiner Regionalgesellschaft geht es, nach allem, was ich erfahre, weder besonders hart noch besonders locker zu. Der Ton in jedem Unternehmen wird geprägt vom Ton an der Spitze. Herr Schneider passt sich der zentralen Strategie an und setzt Entscheidungen der Geschäftsführerversammlung konsequent um. Alleingänge oder Abweichungen sind nicht sein Ding. Das Betriebsklima schätze ich als durchschnittlich ein. Auf Seminaren und nach meiner Tätigkeit für Aldi lerne ich viele Mitarbeiter aller Hierarchiestufen kennen. Ich komme zu dem Schluss, dass sich meine Regionalgesellschaft als exemplarisches Beispiel für Aldi insgesamt gut eignet.

In einigen geht es gemächlicher zu, die Stimmung unter den Mitarbeitern ist besser. In westlichen Regionalgesellschaften gibt es sogar gelegentlich Kneipentouren der Bereichsleiter. In altmodisch geführten Gesellschaften im süddeutschen Raum ist das undenkbar. Eine Nachbargesellschaft von uns ist extrem. Deren Geschäftsführung ist noch mehr als alle anderen auf die Personalkosten fixiert. Dort ist für alle Bereichsleiter der schwarze Anzug Pflicht – immer. Das soll ernster wirken. Auf Schulungen frage ich daher immer: «Geht ihr anschließend noch zu einer Beerdigung?» Die Kollegen lachen gespielt – im Grunde ist ihnen zum Heulen zumute. Als erste «Lockerung» werden mittlerweile graue Anzüge toleriert. Aber die Schuhe müssen schwarz sein. Alle Bereichsleiter arbeiten dort mit dem identischen Aktenkoffer. In dieser Gesellschaft sind die Leistungsvorgaben so hoch, dass sie nur durch kreative Lösungen und auf Basis «freiwilliger Mehrarbeit» erreicht werden können. Die Fluktuation ist extrem. Filialleiter gibt es kaum noch, dafür jede Menge Stellvertreter. Nachwuchskräfte erhalten auf 11 Stunden basierende Arbeitsverträge, müssen aber 25 bis 30 Stunden arbeiten. In einzelnen Filialen sind bereits fünf Auszubildende eingesetzt. Es herrscht quer durch die Regionalgesellschaft ein beklemmendes Klima von Angst und Misstrauen.

Ein beinahe schon legendärer Verkaufsleiter trieb über zwanzig Jahre lang in einer etwas weiter entfernten Regionalgesellschaft sein Unwesen. Bei sämtlichen Mitarbeitern war er gefürchtet. Hochgewachsen, eine hagere Gestalt, die immer grimmig dreinblickt. Im Stechschritt eilte er durch die Filialen. Im Winter trug er den immer gleichen schwarzen Mantel, den Kragen hochgestellt. Der Verkaufsleiter raste durch die Filiale, wobei seine teuren Anzugschuhe auf den Fliesen klackerten. Ein Filialleiter, der einige Jahre unter diesem Tyrannen arbeiten musste, berichtet mir von Angstzuständen, wenn er dieses «Klack, klack» hörte. Panisch drehte er sich manchmal sogar in der Freizeit um. Bevorzugt kontrollierte der Verkaufsleiter seine Filialen frühmorgens, um den Filial- und den Bereichsleiter gleichzeitig anzutreffen. Wurde kurz vor acht Uhr, also der Ladenöffnung, die Filialklingel betätigt, brach Panik aus: Kann er das sein? Oder fehlt vom Personal noch jemand? Wer könnte sonst noch klingeln? War es nicht der Verkaufsleiter, atmeten alle auf. Stand aber er doch vor der Tür, stieg der Puls aller Beteiligten schlagartig: Jetzt würde die Show wieder beginnen. Fehler fand er immer. Völlig unabhängig vom Zustand der Filiale oder den Leistungen. Zuerst kam der Filialleiter dran, der «flottgemacht» wurde. Der Verkaufsleiter beschimpfte und bedrohte ihn nach allen Regeln der Kunst. Nur einige Beispiele, die der mir bekannte Filialleiter berichtet:

«Dieses Preisschild hängt schief. Was haben Sie für einen Schlamperladen hier? Sieht es bei Ihnen zu Hause genauso aus?»

«Warum haben Sie die Leistungszahl letzten Monat nicht erreicht? Sie faule Sau.»

«Lieber stelle ich den Penner vor der Tür ein, als Sie noch lange zu beschäftigen.»

«Was steht hier im Nebenraum eine Kaffeetasse auf dem Tisch? Haben Sie überhaupt den Laden im Griff? Das ist doch der letzte Puff hier.»

«Rückenschmerzen haben Sie? Dann sollten Sie nachts mal den Arsch zudecken!»

«Sie asozialer Bock!»

Dies ist nur eine Auswahl, um zu zeigen, welche Zustände hier vorherrschten. Dabei kann sich der Filialleiter glücklich schätzen: Er wurde im Gegensatz zu den meisten seiner Kollegen nicht rausgeworfen und arbeitet noch heute bei Aldi. Der Verkaufsleiter kontrollierte gerne Schubladen im Filialbüro. War die Ordnung nicht seinen Vorstellungen entsprechend, kippte er den Inhalt der Schubladen dem Filialleiter vor die Füße. Begleitet von einem Wutausbruch und übelsten Beschimpfungen.

Wenig besser ging es den Bereichsleitern. Der Verkaufsleiter schikanierte und bedrohte sie genauso. Sätze wie «Sie haben gerade einen großen Schritt nach vorne gemacht, jetzt stehen Sie direkt am Abgrund. Ich gebe Ihnen noch einen Schubs.» Oder «Sie sehen aus wie ein Busfahrer in diesem billigen Anzug» oder «Faule Säcke wie Sie brauchen wir hier nicht» oder «Wie lange sind Sie jetzt schon dabei, morgen mal nicht mitgerechnet?» zählten zu seinem Standardrepertoire. Cholerische Anfälle und verbale Ausfälle gehörten ebenso zu seinem Profil wie absolut willkürliche Entscheidungen. Ein ehemaliger Kollege berichtete mir, dass dieser Verkaufsleiter bei der Kontrolle der Mindesthaltbarkeitsdaten regelmäßig ausrastete. Fand er einen Joghurt, der eigentlich nicht mehr verkauft werden sollte, bewarf er damit seinen Bereichsleiter. Er brüllte wie ein Stier. Traf er nicht, warf er ein weiteres Geschoss hinterher, bis der Anzug des Bereichsleiters ruiniert war. Dann beschimpfte er den Bereichsleiter wegen des dreckigen Anzuges. Schließlich folgte die Anweisung: «In zwanzig Minuten stehen Sie mit einem sauberen Anzug wieder hier, ansonsten können Sie gleich ganz gehen.» Ein Bereichsleiter traf den Verkaufsleiter auf einem Sommerfest. Seine Stimmung war sofort dahin. Der Verkaufsleiter aber freute sich: «Genießen Sie diese Woche noch, da habe ich Urlaub. Ab nächster Woche mache ich Sie wieder fertig.» Trainees soll der Verkaufsleiter besonders schlecht behandelt haben. Einige klagten anonym im Internet ihr Leid. In einem Jahr verschliss er beispielsweise zehn Trainees, also mehr als den Bereichsleiterbestand. Vor zwei Jahren hat sich Aldi von diesem Verkaufsleiter getrennt, hauptsächlich, weil Berichte in Online-Foren, in denen er teilweise namentlich genannt wurde, überhandnahmen. Im Vergleich zu ihm sind Lichtenstein und Schukowsky nette Jungs. Schlimmer geht immer. Ich frage meine Kollegen: «Warum habt ihr euch das gefallen lassen?»

«Wir dachten, das wäre normal.»

«Ich finde das nicht normal.»

«Wir sind alle frisch von der Uni. Wir haben ja keinen Vergleich. Wir dachten, das wäre bei Aldi so.»

Es gibt noch etliche Horrorgeschichten mehr über den Mann. Für Außenstehende mögen einige lustig klingen. Aber für die betroffenen Mitarbeiter auf allen Hierarchiestufen war es eine Qual, diesem Verkaufsleiter ausgeliefert zu sein. Wie konnte der Geschäftsführer dieser Aldi-Regionalgesellschaft über zwanzig Jahre diesem Treiben zusehen? Er behauptet, er habe davon «nichts gewusst». Er selbst sei «schockiert» und habe keine Ahnung, was «der sonst noch alles gemacht hat». Der Verkaufsleiter war ihm aber direkt unterstellt. Beinahe täglich sahen sie sich. Es war gemäß Stellenbeschreibung die Aufgabe des Geschäftsführers, diesen zu kontrollieren. Was aber machte er? – Nichts sehen, nichts hören, nichts tun.

Der Tyrann, was ist aus ihm geworden? Lidl hat ihn direkt als Geschäftsführer eingestellt. Etliche Bereichs- und Filialleiter, die er in seiner Aldi-Zeit rausgeschmissen hat, arbeiten mittlerweile bei Lidl. Jeder kann sich vorstellen, mit welcher Begeisterung seine ehemaligen und neuen Mitarbeiter die Nachricht aufgenommen haben. Der Lidl-Champagner dürfte im Kühlschrank geblieben sein. Auch für den ehemaligen Aldi-Verkaufsleiter eine neue und besondere Situation: Er kann alle Mitarbeiter, die er schon einmal entlassen hat, ein weiteres Mal rausschmeißen. Jetzt macht es bei Lidl «Klack, klack».

Wettbewerbsbeobachtung

«Was macht die Konkurrenz?» Regelmäßig geht Aldi dieser Frage nach. Wesentlich öfter als umgekehrt besuchen Aldi-Manager die Konkurrenz. Einerseits vielleicht, weil sie sich für besser und fleißiger halten. Andererseits aus Angst, etwas zu verpassen. Seit etlichen Jahren, spätestens seit dem Rückzug der Albrechts als Unternehmerpersönlichkeiten aus dem operativen Geschäft, hat Aldi Süd an Innovationskraft eingebüßt. Die angestellten Manager sind mehr Verwalter des Status quo als mutige Entscheider. Jeder sichert sich nach allen Seiten ab. Neue Ideen werden schon früh abgekanzelt und oft im Keim erstickt. Sämtliche neuen Entwicklungen der letzten Jahre wurden von der Konkurrenz abgekupfert. Als Beispiele können die Scannerkassen, EC-Kartenzahlung, die Einführung von Frischfleisch, Sortimentserweiterungen und als neueste Entwicklung die Einführung frischer Backwaren genannt werden. Wenn daher Aldi oft als «führender» Discounter bezeichnet wird, so mag dies für die Umsätze und die Gewinne gelten, aber nicht für den Ausbau des bestehenden Geschäfts oder gar die Erschließung neuer Geschäftsfelder.

Mindestens zweimal im Jahr muss jeder Bereichsleiter daher Filialen von Wettbewerbern besuchen und prüfen, ob sich etwas Wichtiges geändert hat oder irgendwo eine neue Idee getestet wird. In der Praxis beschränkt sich die Wettbewerbsbeobachtung allerdings meistens auf die Überprüfung wichtiger Kennzahlen und Rahmenbedingungen, die in lange Listen eingetragen werden. Mit Wettbewerbern sind in erster Linie die anderen Discounter gemeint. Als Erzfeind gilt Lidl. Neuere Entwicklungen zeigen, dass Netto zunehmend aufholt und Aldi ebenfalls Umsätze abjagt. Zudem werden Penny und Norma beobachtet, jedoch nimmt man sie bei Aldi als Wettbewerber nicht so ernst.

Sprechen Aldi-Manager intern über den Hauptkonkurrenten Lidl, wird der «feindliche» Firmenname tunlichst vermieden. Maximal einmal wird er genannt, sodass klar ist, worum es geht. Alsdann spricht man nur noch von «ihm» und von den Dingen, die «er» wieder gemacht oder nicht gemacht hat. Bevorzugt geht es hier um Negatives. Beispielsweise als «er» in der öffentlichen Kritik stand. Oder als «er» Lieferschwierigkeiten hatte. Oder wenn «er» in einer Filiale Umsatzeinbußen hinnehmen muss. Einige Aldi-Manager pflegen private Kontakte zu Lidl-Mitarbeitern, halten dies aber möglichst geheim. Teils sind es Bekannte aus dem Heimatort, teils Studienfreunde und teils auch ehemalige Aldi-Kollegen.

Ich selbst habe keine engeren Kontakte zu Managern des

Wettbewerbs. Meine Filialen liegen direkt im Grenzgebiet zweier Lidl-Niederlassungen. Daher werden die in der Nähe meiner Filialen liegenden Verkaufsstellen von Lidl von zwei unterschiedlichen Lidl-Bereichsleitern betreut. Einen kenne ich nur vom Sehen, den anderen, Herrn Huber, treffe ich zwei- oder dreimal.

An einem Tag ist er gerade vor Ort, als ich seine Filialen besuche. Während die meisten meiner Aldi-Kollegen wort- und grußlos an Lidl-Mitarbeitern vorbeigehen – schließlich ist das der «Feind» –, halte ich immer einen kurzen Smalltalk. Im Lauf der Zeit begrüßen mich sogar einige Filialleiter von Lidl mit Handschlag. Den Bereichsleiterkollegen Huber treffe ich ein paar Wochen nach Veröffentlichung der «Stern»-Geschichte über die Überwachung und Bespitzelung von Mitarbeitern bei Lidl. Auf dem Weg zu meinem Fitnessstudio und obwohl ich eigentlich schon freihabe und in Jeans unterwegs bin, beschließe ich, kurz hereinzuschauen. Schon beim Betreten des Ladens sehe ich Huber, wie er hinten im ersten Gang die Qualität der Obst- und Gemüseartikel kontrolliert. Ich lege mir bereits einen Spruch zurecht wie: «Haben Sie noch was gefunden, das Sie verkaufen können?»

Doch Huber kommt mir zuvor, bereits von hinten ruft er: «Herr Straub, heute in Zivil?! Haben Sie schon wieder Feierabend?»

«Ja, ich wollte nur kurz sicherstellen, dass Sie noch arbeiten.» Wir grinsen beide und geben uns die Hand.

«Ich bin gerade auf dem Weg zum Sport. Ich wollte noch ein paar Trauben kaufen», sage ich möglichst ernst und weil ich sehe, dass bereits alle Trauben ausverkauft sind.

«Die waren heute so gut, dass schon alle verkauft sind. Im Aldi gibt es sicher noch welche.»

«Natürlich», antworte ich.

Huber lacht, heute ist er gut drauf. Ich lege noch ein wenig nach: «Wie läuft es sonst so?»

«Gut, Sie sehen ja selbst, viel los hier.»

«Nein, ich meine auf der Toilette. Sie haben doch hoffentlich die Pinkelpausen Ihrer Mitarbeiter erfasst und alles schön dokumentiert?»

«Ach, hören Sie auf», grummelt er. Jetzt ändert sich seine Stimmung. Er wird ernster. Das Thema gefällt ihm nicht. «Als ob Sie es anders machen würden. Es geht doch bei allen Discountern ähnlich zu. Sicher haben Sie doch auch schon mal auf die Uhr geschaut, wenn Sie den Verdacht hatten, dass sich eine Mitarbeiterin besonders lange Pausen nimmt.»

«Kann schon sein, wir haben auch ein paar sehr eifrige Kollegen.»

«Aber komischerweise sind Sie nie in der Presse», merkt Huber an. Stimmt eigentlich. Sein Handy klingelt.

«Ich muss jetzt weiterarbeiten», beendet er das Gespräch und ist schon halb weg.

«Richtig so. Dann mal frohes Schaffen», rufe ich ihm hinterher.

Ein netter Kerl. Ich denke, er mag mich auch. Jedenfalls wird er mich etwa ein Jahr später sogar noch einmal anrufen und mir Bescheid geben, dass er bei Lidl aufgehört hat. Aus freien Stücken. Er habe eine Geschäftsidee und werde sich selbständig machen. Bei Lidl war man zufrieden mit ihm und erstaunt über seinen Abgang. Ich gratuliere ihm zu diesem Schritt, bewundere seinen Mut und wünsche ihm alles Gute.

Als ich an diesem Tag meinen Rundgang schon beenden und die Filiale verlassen will, gibt es hinter mir plötzlich einen «Rums». Ich erspähe eine neue Mitarbeiterin, der ein Missgeschick passiert ist. Sie hat gerade Ware in die Regale eingeräumt, und dabei ist ihr ein Karton heruntergefallen. Auf dem Boden liegen überall Konservendosen. Diese Gelegenheit kann ich mir nicht entgehen lassen. Ich eile zu ihr, hebe mit ihr die Dosen auf und helfe ihr beim Einräumen.

«Du kannst hier gleich weitermachen, ich habe noch eine Palette im Lager», sagt sie keck. Was erlaubt die sich, denke ich kurz. Aber klar: Ich bin in meinem Freizeitoutfit, sie ist geschätzt Anfang zwanzig, ich bin 24 und könnte ein x-beliebiger Kunde sein.

Fast reflexartig antworte ich mit meinem üblichen Satz auf diesen Vorschlag, der mir gelegentlich scherzhaft auch von meinen Mitarbeitern gemacht wird: «Würde ich wirklich gerne, aber Sie können das besser, Frau ...»

«Frau Müller. Sandra Müller. Du kannst ruhig ‹du› sagen. Wir müssen hier nicht so förmlich sein», antwortet sie resolut.

«Gut, Sandra, aber deine Palette musst du trotzdem selbst einräumen, ich habe nämlich heute schon Feierabend.»

Sandra: «Wer sagt das?»

Ganz schön frech, die Kleine. Ich lasse mich auf das Pingpong-Spiel ein, und es entwickelt sich ein sehr amüsantes Gespräch. Auf einmal tritt Huber hinzu, er lacht. Wie lange er schon zugehört haben mag? Jedenfalls bemerken wir ihn erst jetzt: «Ah, der Kollege Straub von Aldi ist immer noch hier.» Sandra Müller schaut mich mit großen Augen an. Ich lächle: «Ich habe hier schon Ware eingeräumt und ihre Filialleistung gepusht. Aber jetzt will ich mal gehen, nicht, dass die Zahlen zu gut werden. Tschüss zusammen!», verabschiede ich mich.

Weihnachtsfeier

Da es sonst niemand tut, feiert sich das Management von Aldi einmal im Jahr, kurz vor Weihnachten, selbst. Die Weihnachtsfeiern sind eines der Highlights des Jahres. Gerade hier kann man viel über die Unternehmenskultur lernen. Ab der Bereichsleiterebene finden offizielle Weihnachtsfeiern statt, meistens in Form eines pompösen Essens. Daran nehmen immer alle Bereichsleiter und die Verkaufsleiter teil. Ohne Diskussion: ein absoluter Pflichttermin. In manchen Jahren sind die übrigen Prokuristen und der Geschäftsführer dabei. Die Prokuristen wiederum haben ihre eigene Weihnachtsfeier mit dem Geschäftsführer.

Für die «normalen» Mitarbeiter gelten allerdings – wie so oft – andere Regeln. Noch bis vor einigen Jahren waren Weihnachtsfeiern für die Filialmitarbeiter verboten. Man fürchtete, die Mitarbeiter könnten sich miteinander anfreunden, gemeinsame Sache machen, etwas aushecken, am Ende womöglich einen Betriebsrat bilden wollen oder ähnliche «Scherze» veranstalten. Daher konnten die Filialen bis vor einigen Jahren allenfalls heimlich ihre Zusammentreffen abhalten. Mittlerweile sind Filialmitarbeiter nicht mehr von Jobverlust bedroht, wenn sie zugeben, ein konspiratives Treffen wie eine Weihnachtsfeier abzuhalten. Zwar werden solche Veranstaltungen nach wie vor nicht gerne gesehen und selbstverständlich nicht unterstützt, aber immerhin geduldet. Meistens organisieren die Filialverantwortlichen ein Essen in einem Lokal, das die Mitarbeiter privat zahlen müssen. Anschließend geht es oft weiter durch verschiedene Kneipen oder in Discos. An der Dauer der Weihnachtsfeiern kann man die Stimmung in der jeweiligen Filiale recht gut ablesen: Während einige sich gar nicht oder pro forma für zwei Stunden treffen, dauern die Zusammentreffen anderer Filialen in ausgelassener Stimmung bis in die frühen Morgenstunden. Bereichsleiter haben dort nichts zu suchen. Schließlich soll die Distanz gewahrt werden. Ein sehr beliebter Bereichsleiterkollege nahm einmal an einer Weihnachtsfeier teil, weil ihn die Mitarbeiter darum gebeten hatten. Ein Mal, wie gesagt. Danach hat er das Unternehmen im gegenseitigen Einvernehmen verlassen. Wie solche Informationen an die Vorgesetzten gelangen, ist eine andere Sache. Es gibt immer «nette Kollegen», die punkten wollen. Oder müssen.

Gute Stimmung ist auf der Bereichsleiterebene nicht zu befürchten. Die Weihnachtsfeiern sind fürchterlich verkrampft und für alle eher ein lästiges Übel als eine echte Feier. Die Planungen und Diskussionen zu diesem Thema nehmen indessen neben dem Mittagessen breiten Raum in jeder (!) Bereichsleiterbesprechung in der zweiten Jahreshälfte ein. Spätestens im August wirft der Verkaufsleiter die Frage auf, was man denn dieses Jahr machen wolle. Keiner weiß was, keiner sagt was – wie immer. So geht das ein paar Wochen, bis der Verkaufsleiter nachdrücklicher um Ideen bittet. Die ersten Vorschläge werden prinzipiell abgelehnt. Ausführlich wird über einzelne Restaurants und Orte diskutiert. Ob man übernachten möchte oder nicht, ob ein Taxi bestellt wird oder nicht, wie die Sitzordnung sein soll und vieles mehr. Steht irgendwann die grundsätzliche Entscheidung, so wird in den darauffolgenden Besprechungen über das Menü beraten. Bereits in einem Besprechungsprotokoll Ende August 2009 heißt es beispielsweise: «Mögliche Menüwünsche sind bis zur nächsten Besprechung auszuwählen.»

Wir können uns nie einigen. Das regelmäßige Ende dieser Diskussionen ist die Ansage des Verkaufsleiters: «Wir einigen uns jetzt auf das, was ich sage.» Basta. Als Termin wird immer ein Freitag fixiert, weil die Prokuristen und der Geschäftsführer prinzipiell samstags nicht arbeiten. Insofern ist das der einzige Samstag im Jahr, an dem alle Bereichsleiter gleichzeitig freinehmen können. Und müssen. Lust hat niemand auf diesen Termin. Bereits im Vorfeld freut sich der Verkaufsleiter: «Betrunkene und kleine Kinder sagen bekanntlich die Wahrheit.» Kein Wunder, dass regelmäßig nach Weihnachtsfeiern jemand entlassen wird. Alle sind angespannt. Dementsprechend mies ist die Stimmung. Jeder äußert sich, wenn überhaupt, nur vorsichtig, möchte auf keinen Fall etwas Falsches sagen.

Man trifft sich auf dem Parkplatz, «mindestens 15 Minuten vorher», um geschlossen das Gebäude betreten zu können – kein Witz! Bereits hier sorgen die Verkaufsleiter meistens für gute Laune. Ein ehemaliger Kollege, der den Anlass wohl falsch verstanden hatte, wollte sich besonders vornehm kleiden und trug einen wunderschönen schwarzen Anzug. Vom Verkaufsleiter wurde er daraufhin mit den Worten begrüßt: «Ist Ihre Oma gestorben?» Vorsichtig gesagt, war seine Stimmung danach gedämpft.

Im Restaurant oder Hotel, je nachdem, auf welche Variante sich der Verkaufsleiter nach wochenlanger Diskussion mit sich selbst geeinigt hat, findet zuerst eine kurze Ansprache statt. Inhalt: Alles ist wieder bestens gelaufen, keine Schwierigkeiten letztes Jahr, tolle Zahlen, super Mitarbeiter, erstklassiges Betriebsklima. Nächstes Jahr soll alles noch besser werden. Wir haben es uns verdient. Wir arbeiten weiter daran. Und überhaupt: Wir sind die besten. Prost!

Die verlogene Ansammlung von Jasagern applaudiert der verlogenen Rede und prostet sich und vor allem den Vorgesetzten zu. Endlich gibt es was zu essen. Nun serviert also ein Sternekoch ein mindestens fünfgängiges Menü, das so mühsam ausgewählt wurde. Es werden ausschließlich Top-Restaurants mit besten Küchen ausgesucht. Wenn nur die Stimmung ein klein wenig besser wäre. Aber weshalb sollte ausgerechnet an diesem einen Tag im Jahr alles anders sein als sonst?

Also verhalten sich alle so wie immer. Die meisten Bereichsleiter sagen nicht viel, am liebsten sprechen sie über ihre

Arbeit, ansonsten produzieren sie maximal ungefährlichen Smalltalk. Es geht fast immer nur um Aldi. Bevorzugt wird besprochen, wer aus welchen Gründen aus dem Unternehmen ausgeschieden ist. Die Prokuristen und der Geschäftsführer erzählen von früher. Wie sie angefangen haben, wie hart es früher war, wie sie sich hochgearbeitet haben. Schließlich soll jedem klar sein: Wow, das sind schon tolle Hechte. Also nicken die Bereichsleiter anerkennend und nippen an ihrem Rotwein. Auf einer Weihnachtsfeier erzählt unser Einkaufsprokurist, dass es früher auch ohne Studium möglich war, Bereichsleiter und anschließend Prokurist zu werden. Die Zeiten hätten sich gewandelt, mittlerweile stelle das Unternehmen nur noch Studienabsolventen als neue Bereichsleiter ein. Ein junger Kollege fühlt sich mangels besseren Wissens zu der Bemerkung veranlasst: «Das ist richtig so. Für mich ist es unvorstellbar, dass jemand den Bereichsleiterjob oder sogar eine Prokuristenstelle ohne Studium ausübt.» Einige schlucken daraufhin und spülen mit etwas Rotwein nach. Der Kollege weiß wohl nicht, dass der Einkaufsprokurist selbst nicht studiert, sondern eine Ausbildung absolviert hat. Einige Wochen später verlässt der Kollege Aldi, im gegenseitigen Einvernehmen.

Üblicherweise wird auch darüber berichtet, wie viele Prokuristen und Geschäftsführer demnächst in Rente gehen. Es soll vermittelt werden, wie gut die Karrierechancen sind. Zuckerbrot und Peitsche. Während die alten Bereichsleiter an dieser Stelle müde lächeln, glauben die Jungen das noch. Ich erinnere mich an einen Trainee, der in seinem jugendlichen Leichtsinn daraufhin gegenüber dem Geschäftsführer tönte: «Super, dann werden ja demnächst viele Stellen für mich frei.» Alle am Tisch lachten. Mein Tischnachbar Wolf und ich schauten uns nur vielsagend an. Wir wussten beide: Der Trainee wird bald ein ehemaliger Kollege sein.

Spätestens nach dem Essen verabschieden sich die hohen Herren. Wenngleich es keiner jemals zugeben würde, atmen die meisten Bereichsleiter auf. Endlich sind sie weg. Wer aber jetzt eine lustige und ausgelassene Veranstaltung erwartet, irrt sich. Die Stimmung unter den Kollegen ist genauso mies. Jeder weiß, dass es einige Spione gibt, die alles haarklein an die Vorgesetzten weitergeben. Wer es nicht weiß, erfährt es spätestens im Trennungsgespräch. Daher geht es nun meistens um einzelne Filialen, schlechte Filialleiter und andere Probleme. Allgemeine und unverfängliche Themen rund um Aldi. Jeglicher Versuch, das Thema zu wechseln, scheitert. Oft habe ich mich gefragt, ob diese Menschen eigentlich über nichts anderes mehr reden können als über Aldi. Selbst zu später Stunde geht es noch um Leistungen, Kosten und Inventuren.

Nur mit einigen wenigen Kollegen kann ich über andere Themen sprechen. Über die Zeit hat sich ein gutes Verhältnis zu Waldemar entwickelt. Seit auch mit seiner Freundin Schluss ist, ist unser Kontakt wieder enger geworden. Die Trennungsgründe sind genau die gleichen wie bei fast allen jungen Bereichsleitern: zu wenig Zeit. Waldemar ist ein netter Kerl. Oft, wenn wir über Themen der Arbeit diskutieren, sind wir dennoch völlig unterschiedlicher Meinung. Er ist eben ein echter Aldianer. Eine Mischung aus Aldi-Mitarbeiter und Indianer. Eine erste Veränderung stelle ich fest, als einer seiner besten Freunde und Bereichsleiter in einer anderen Regionalgesellschaft von Aldi freigesetzt wird. In einem anonymen Brief wird ihm vorgeworfen, falsch mit seinen Mitarbeitern umzugehen. Waldemars Freund steht mindestens genauso hinter Aldi wie er selbst. Die Entscheidung nimmt er als vollkommen willkürlich wahr. Umso schockierter ist er von seiner Entlassung. Er fällt anschließend in ein tiefes psychisches Loch.

Irgendwann beginnen wir, Wetten abzuschließen. Wetten darauf, wer als Nächstes rausfliegt. Meistens diskutieren wir ausführlich, wer aus welchen Gründen bald nicht mehr dabei sein könnte. Oft sind wir uns einig, sodass es eher zu einer Wette auf das Timing kommt. Die Verkaufsleiter sorgen immer dafür, dass entsprechende Informationen durchsickern. Der Wetteinsatz ist immer alkoholisch, wahlweise eine Kiste Bier, eine Flasche teuren oder eine Kiste billigen Weins. Wenn ich richtig mitgerechnet habe, steht es bis zu meinem Austritt 2:1 für Waldemar. Den Fall, dass es einen von uns beiden erwischt, hatten wir nur bedingt einkalkuliert.

Der Überfall

Es ist ein winterlicher Samstagmorgen, gegen sieben Uhr früh. Mein Diensthandy klingelt. Ausgerechnet heute. Wahrscheinlich wieder ein «Fehlalarm». Ich gehe ran.

«Hallo, Herr Straub ... Herr Straub, wir sind gerade überfallen worden.»

«Hallo. Was ist los? Ein Überfall?»

Gerade noch im Halbschlaf, bin ich schlagartig wach.

«Ja», schluchzt die Verkäuferin. «Die haben ... die haben uns überfallen ...»

Die Verkäuferin ist aufgewühlt, fast panisch und spricht nur in abgehackten Sätzen. Sofort merke ich, dass das kein Scherz ist.

«Haben Sie schon die Polizei angerufen?»

«Ja, ja. Gleich als Erstes. Und den Krankenwagen.»

«Versuchen Sie, so gut es geht, ruhig zu bleiben. Was ist passiert?», frage ich nach.

«Zwei Männer waren es. Sie haben uns bedroht und das ganze Geld mitgenommen. Es ist alles weg.»

«Machen Sie sich um das Geld keine Sorgen. Ist Ihnen oder Ihrer Kollegin etwas passiert?»

«Nein, uns geht es gut», scheint sie sich vorläufig zu fassen. «Aber der Fahrer ... Herr Straub, die haben den Fahrer niedergeschlagen.»

«Was ist mit ihm?»

«Der blutet wie verrückt ... er ist am Kopf verletzt ... aber der Krankenwagen kommt schon.»

«Ich komme sofort vorbei. In fünfzehn Minuten bin ich bei Ihnen. Die Polizei wird sicher auch gleich da sein.»

«Ja, ich glaube, die kommen gerade.»

«Okay, bis gleich.»

Mein Puls rast. Ein Überfall – eine der schlimmsten denkbaren Situationen. So schnell es geht, mache ich mich fertig und setze mich ins Auto. Auf dem Weg überschlagen sich meine Gedanken. Im Studium werden tausend unnütze Dinge gelehrt. In der Einarbeitung lernt man Aldi kennen. Aber auf eine solche Situation bin ich nicht vorbereitet. Ich habe keine Ahnung, was passieren wird oder was ich tun soll. Zunächst steht nur fest, dass ich so schnell wie möglich zu dieser Filiale fahren und für meine Mitarbeiter da sein muss.

Die Straßen sind verschneit, ich fahre so schnell wie möglich, verursache fast noch einen Unfall. In der Filiale angekommen, finde ich ein regelrechtes Blutbad vor: Vom Lager bis in das Filialbüro und den Nebenraum zieht sich die Blutspur des Fahrers. Er sitzt zusammengekauert im Nebenraum. Er hat eine gewaltige Platzwunde am Kopf und wird bereits von Sanitätern versorgt. Die Polizei ist ebenfalls vor Ort. Meine Mitarbeiter sind völlig aufgelöst, schildern mir den Vorfall. Den Tathergang werde ich später in einem internen Aktenvermerk, den Herr Schneider an alle Aldi-Regionalgesellschaften weiterleiten wird, folgendermaßen zusammenfassen:

AKTENVERMERK
an den Verwaltungsrat / Koordinierungsrat
alle Aldi-Süd-Regionalgesellschaften

Bewaffneter Überfall auf die Aldi-Filiale XY am Samstag, den …

Am Samstag, den … ereignete sich zwischen 6:50 und 7:05 Uhr ein bewaffneter Überfall auf unsere Aldi-Filiale in XY. Die beiden äußerst brutal agierenden Täter erbeuteten dabei Bargeld in Höhe von knapp 10 000 Euro.

Ablauf des Überfalls

Zwei maskierte und bewaffnete Täter überraschten unseren LKW-Fahrer nach der morgendlichen Anlieferung beim Verlassen der Filiale gegen 6:50 Uhr direkt an der Lagertür. Dabei schlugen sie ihn mit einem metallischen Gegenstand nieder und traten mehrfach auf ihn ein. Eine zu diesem Zeitpunkt bereits anwesende Verkäuferin (Vertretungskraft) hörte Schreie und vermutete einen Sturz des Fahrers. Beim Öffnen der Lagertür, um nach dem Fahrer zu sehen, wurde auch sie überwältigt. Beide Mitarbeiter wurden von den Tätern unter Gewaltanwendung und Bedrohung mit einer Pistole in die Nebenräume verbracht.

Eine weitere Mitarbeiterin (ebenfalls Vertretungskraft) betrat gegen 6:55 Uhr mit ihrem eigenen Schlüssel die Filiale. Sie bemerkte zunächst nichts von dem Überfall. Nachdem sie die Nebenräume betreten hatte, wurde auch sie von den Tätern überwältigt.

Die Täter verlangten die Herausgabe des Bargeldes aus dem Tresor. Da sich der obere Tresor aufgrund der

Zeitsperre erst ab 7:00 Uhr öffnen lässt, hielten die Täter die drei Mitarbeiter noch etwa zehn Minuten in Schach. Nach dem Öffnen des oberen Tresors entnahmen sie neben sämtlichen Geldscheinen etliche Münzrollen (2 €, 1 €, 50 Cent und 1 Cent); insgesamt entstand ein monetärer Schaden in Höhe von 9619,00 Euro.

Die Mitarbeiter wurden aufgefordert, sich auf den Boden zu legen und sich ruhig zu verhalten. Im Filialbüro zerstörten die Täter lediglich das Telefonkabel, ansonsten entstand kein Sachschaden.

Zum Transport des Bargeldes verwendeten die Täter den Tragekorb einer Mitarbeiterin. Die Täter versuchten zunächst, über die Ausgangstür zu fliehen, was jedoch scheiterte, da vermutlich die Technik nicht bekannt war. Sie verließen die Filiale daher wieder über die Lagertür und flohen mit dem PKW unserer Mitarbeiterin, der sie den Schlüssel abgenommen hatten, bis zu einem ca. 300 m entfernten Takko-Markt. Dort stellten sie das Fahrzeug ab und flüchteten mit einem anderen Wagen.

Nachdem sich unsere Mitarbeiter über die Kameraanlage – der Monitor war zum Tatzeitpunkt ausgeschaltet, wodurch die Täter vermutlich nichts von der Videoüberwachung bemerkten – vergewissert hatten, dass die Täter nicht mehr in der Filiale waren, alarmierten sie sofort die Polizei und den Rettungsdienst.

Täterbeschreibung und -bilder

Die beiden Täter waren ca. 1,80 m groß, kräftige Statur, vermutlich mit osteuropäischem Hintergrund. Während des Überfalls waren beide mit Masken vermummt. Einer der Täter war mit einer Pistole, der andere mit einer Metallstange bewaffnet.

Der übel zugerichtete LKW-Fahrer ist relativ gefasst. Das Adrenalin und eine Art Beschützerinstinkt für die Verkäuferinnen überlagern momentan noch den Schock. Er wird später ins Krankenhaus gebracht, wo er einen Zusammenbruch erleidet. Eine Notfallseelsorgerin ist gekommen. Die Polizei hat schnell reagiert. Mit ihr gemeinsam kümmere ich mich um die Mitarbeiter. Ich bin sehr froh, sie hier zu haben. Ich spreche den Mitarbeitern Mut zu und lobe ihr Verhalten. Es ist wichtig, dass die Mitarbeiter in einer solchen Situation keine Mitschuld bei sich selbst suchen. In der Tat haben die Verkäuferinnen und der Fahrer sehr umsichtig reagiert, keinen Widerstand geleistet und schnellstmöglich alle wichtigen Stellen benachrichtigt. Sie haben alle Sicherheitsanweisungen befolgt. Ich führe etliche Telefonate, mein Handy glüht schon. Der benachrichtigte Filialleiter, der eigentlich an diesem Tag freihätte, ist ebenfalls eingetroffen. Der Vorgesetzte des Fahrers, der Bereichsleiter Logistik, kommt hinzu und informiert den Logistikleiter. Die Polizei sichert derweil Spuren. Die Täter gehören zu einer professionellen osteuropäischen Bande, der insgesamt ein Dutzend Überfälle in der Region zugeschrieben werden. Die einzelnen Täter werden regelmäßig ausgetauscht, ihre Taten aber folgen demselben Muster. Die Vorgehensweise ist dabei immer äußerst rücksichtslos und brutal. Sie haben sich auf Discounter spezialisiert, vermutlich wegen der verhältnismäßig schwachen Sicherungsvorkehrungen und weil mitunter nur wenig Personal anwesend ist.

Telefonisch benachrichtige ich Herrn Schukowsky. Erst erreiche ich ihn nicht, versuche es daher bei Herrn Lichtenstein. Bei ihm meldet sich nur die Mailbox. Schukowsky ist übers Wochenende weggefahren. Kurz nach acht Uhr rufe ich ihn noch mal auf dem Handy an. Er ist schon wach. Ich lege ihm den Tathergang dar, schildere ihm die Situation und informiere ihn über die vorübergehende Schließung der Filiale.

«Aha, aha», sagt er immer wieder, reagiert aber kaum. «Ich bin gerade mit dem Hund draußen», lässt Schukowsky mich wissen. «Wie viel Geld fehlt?», interessiert ihn nur.

«Kann ich noch nicht genau sagen, aber die Täter haben den kompletten oberen Tresor ausgeräumt.»

«Haben Sie die Lage im Griff?», fragt er.

«Soweit es geht, schon. Ich bin vor Ort, und wir kriegen das hin. Leiten Sie die Informationen entsprechend an Herrn Lichtenstein und an den Geschäftsführer weiter?»

«Ja. Ich komme am Montag vorbei. Treffen wir uns in der Filiale.»

«Alles klar, ich bin sowieso dort.»

«Schönes Wochenende noch», wünscht Herr Schukowsky und legt auf. Schon in diesem Moment bezweifle ich, dass er die Situation richtig einschätzt. Aber ich habe wichtigere Probleme, muss mich um die Situation vor Ort kümmern.

Eine halbe Stunde später klingelt mein Handy. Herr Lichtenstein ist dran, er ist aufgebracht: «Was ist da los?», brüllt er mich an.

«Die Filiale ist überfallen worden und jetzt ...»

«Wieso weiß ich davon nichts?», schreit er ins Telefon. Er dreht völlig durch. Nur zur Erinnerung: Lichtenstein ist offiziell nicht mein Vorgesetzter und nicht für die Filiale zuständig. Er ist auf hundertachtzig. «Was fällt Ihnen ein! In so einem Fall müssen Sie mich sofort benachrichtigen.» Ich muss mein Handy etwas weiter vom Ohr weghalten. Er regt sich weiter auf: «So was muss ich wissen. Ich habe das gerade vom Logistikleiter erfahren.»

«Das war nicht meine Absicht», versuche ich ihn zu

beschwichtigen. «Ich habe Herrn Schukowsky informiert, er weiß Bescheid.»

Er scheint sich ein wenig zu beruhigen. «Das spielt keine Rolle. Da müssen Sie mich anrufen. Ich bin der Chef. Sind Sie noch vor Ort?»

«Ja, klar.»

«Ich komme vorbei.» Tut, tut. Er hat einfach aufgelegt.

Eine Stunde später ist Lichtenstein da. Er sieht verwirrt aus, betritt die Filiale in Jeans und im Holzfällerhemd. Er tritt autoritär auf wie immer, zuerst bekomme ich es noch mal ab. Massiv geht er mich an. Was mir einfalle, weshalb ich ihn nicht informiert habe. Ich wehre mich vehement, erkläre ihm mehrfach, dass ich meinen Vorgesetzten und den für diese Filiale zuständigen Verkaufsleiter sehr wohl informiert habe. Lichtenstein interessiert das nicht. «Wieso haben Sie mich nicht informiert?», wiederholt er mehrmals lautstark. Das werde Konsequenzen haben. Er dramatisiert dermaßen, dass ich denke, ich fliege sofort raus. Ich bekomme Angst um meinen Job. Sollte ich zu dem ganzen Übel hier heute auch noch rausfliegen? Obwohl ich nichts falsch gemacht habe. Nur weil Schukowsky wieder nicht mitdenkt und die Informationen nicht weiterleitet, habe ich jetzt auch noch mit Lichtenstein Stress. Nach einigen Minuten ist es mir völlig egal. Ich sage mir: Wenn er mich deshalb feuern will, soll er es doch tun. Ich habe keine Zeit mehr für sein Gehabe. Die Polizei möchte mit mir sprechen. Ich lasse Lichtenstein links liegen, organisiere weiter, kümmere mich um die Mitarbeiter, brenne Überwachungsvideos, informiere die umliegenden Filialen und meine Kollegen. Für Lichtenstein ist es eine ungewohnte Situation, so einfach ignoriert zu werden. In dem ganzen Chaos nimmt nämlich niemand von ihm besondere Notiz. In seinem Outfit wird er von der Polizei sowieso nicht ernst genommen. Der

Anzugträger bin ich. Kleider machen Leute. Die Polizei stimmt verschiedene Fragen mit mir ab, Lichtenstein tritt hinzu, schiebt mich beiseite: «Ich bin hier der Prokurist von der Firma Aldi.»

Wie zum Beweis zeigt er auf den Audi A6, der direkt vor dem Eingang parkt. Heute interessiert das niemanden. Nicht einmal der Filialleiter, der ihn ansonsten fürchtet, registriert ihn. Wir haben alle zu tun. Nachdem sich niemand mehr für ihn interessiert, beginnt er, sich um die Mitarbeiter zu kümmern. Lichtenstein scheint zu bemerken, dass wir alle unser Bestes geben, um diese Situation in den Griff zu bekommen. Er sichert alle erdenkliche Unterstützung durch das Unternehmen zu. Ein paarmal spricht er mich kurz an, er beruhigt sich allmählich. Wir entfernen uns von den anderen Menschen, gehen einige Schritte durch die Filiale und besprechen das weitere Vorgehen. Vor einem Tisch mit Aktionsware bleibt er stehen: «Hatten wir bei dieser Handcreme nicht ein Verkaufsverbot?»

«Nein, das war eine andere Sorte», antworte ich. Zufällig weiß ich das. Innerlich fange ich an zu kochen: als ob wir gerade keine anderen Probleme hätten.

Kurz darauf dampft er wieder ab. Er sagt nicht mehr viel, scheint aber seine Aggression gegen mich abgelegt zu haben.

Gegen Mittag sind die vom Überfall direkt betroffenen Mitarbeiter alle zu Hause und versorgt. Wir öffnen die Filiale. Die schlimmen Spuren sind beseitigt, und die Ware von der Frühlieferung ist eingeräumt. In einem Punkt stimme ich mit Herrn Lichtenstein überein: «The show must go on.» Die Mitarbeiter haben großen Gesprächsbedarf. Zwar kann ich nicht viel für sie tun, aber ich sehe es als meine Aufgabe, da zu sein. Gemeinsam mit der Polizei und dem Filialleiter beschließen wir für die nächsten Tage und Wochen ein geändertes Sicherheitskonzept, das deutlich über die Aldi-Standards hinausgeht. Der Filialleiter übernimmt die nächsten Wochen alle Frühschichten. Er ist, abgesehen von einem Azubi, der einzige Mann in der Filiale, und die Verkäuferinnen haben jetzt Angst. Mit den Mitarbeitern trifft er sich künftig auf einem etwas weiter entfernten Parkplatz, und man fährt gemeinsam zur Filiale. Noch im Auto wird die Polizei angerufen und so lange telefoniert, bis die Mitarbeiter in der Filiale sind. Bei Auffälligkeiten oder Besonderheiten sind sie gehalten, sofort mich anzurufen. Diese Vorgehensweise wird auf einige umliegende Filialen übertragen.

Bis zum Ladenschluss bin ich an diesem Tag vor Ort. Gegen halb neun komme ich zu Hause an, möchte nichts mehr sehen und hören. Völlig erschöpft falle ich ins Bett.

Am Sonntag lasse ich die Ereignisse Revue passieren. Für die anderen Filialen und Aldi-Gesellschaften schreibe ich den besagten Aktenvermerk. Aber das Verhalten von Schukowsky und Lichtenstein ärgert mich maßlos. Dem einen ist wieder alles egal, der andere dreht fast durch und erhebt in einem solchen Moment auch noch lächerliche Vorwürfe. Sobald wieder Ruhe in der Filiale einkehrt und sich die Lage normalisiert, werde ich kündigen. Ich bin wütend und enttäuscht. Das lasse ich mir nicht bieten.

Am Montag bin ich frühmorgens wieder in der Filiale. Alles ist glattgelaufen, die verschärften Sicherheitsmaßnahmen sind in Kraft. In der lokalen Zeitung erscheint ein Artikel. Diesen und meinen Aktenvermerk übermittle ich an die Zentrale. Zur Abstimmung der weiteren Vorgehensweise rufe ich dort im Sekretariat an: «Stellen Sie mich bitte zum Chef durch.»

Ohne Rückfrage verbindet mich die Sekretärin mit Lichtenstein. Am Rande bemerkt: Herr Schukowsky ist in diesem Moment auch in der Zentrale, sitzt ein Büro weiter. Er wird «später irgendwann rauskommen». Die Sekretärinnen wissen, dass er in kritischen Situationen nichts zu melden hat.

Lichtenstein geht ran. Ich mache mich bereits auf einen erneuten Anschiss gefasst, aber er klingt anders als sonst.

«Guten Morgen, Herr Straub.»

«Morgen, Herr Lichtenstein. Wegen des Überfalls ...»

«Eines vorab, Herr Straub», unterbricht er mich. «Das am Samstag haben Sie sehr gut gemacht. In dieser schwierigen Situation haben Sie super reagiert.»

Ich bin sprachlos. Lob oder gar Anerkennung gibt es bei Aldi nicht, schon gar nicht von einem Verkaufsleiter alter Schule.

«Den Aktenvermerk habe ich gelesen, das haben Sie sehr gut zusammengefasst.»

Bin ich hier im falschen Film?, denke ich mir, sage aber nichts.

«Sie haben uns auch korrekt informiert», fährt Lichtenstein fort. «Ich war am Samstag etwas durch den Wind, tut mir leid.»

«Schon okay», antworte ich möglichst gelassen. Dabei traue ich meinen Ohren nicht: Hat er sich gerade wirklich entschuldigt? Der Verkaufsleiter bei mir? Seine erste impulsive und aggressive Reaktion scheint er zu bedauern. Meine innerliche Kündigung ziehe ich zurück. In solchen Momenten zeigt sich wahre Größe. Und die beweist Lichtenstein.

Als sei nichts gewesen, setze ich das Gespräch mit ihm fort. Aber ich bin erleichtert. Lichtenstein scheint die Lage nach einigem Nachdenken doch erkannt zu haben. Wir sprechen offen und vertrauensvoll, entscheiden gemeinsam. Eines der seltenen, offenen und positiven Gespräche. Am Ende stellt er klar: «Schukowsky brauchen Sie nicht zu informieren, alles läuft über mich.»

Mein direkter Vorgesetzter und Verkaufsleiter wird wieder

einmal vorgeführt. Damit nicht genug. Ein paar Minuten später ruft mich Schukowsky an. Er entschuldigt sich ebenfalls. Wer ihn wohl dazu motiviert hat? Schukowsky erklärt, er habe die Lage falsch eingeschätzt. Er sei mit dem Hund draußen gewesen und habe anschließend vergessen, die Informationen weiterzuleiten.

«Das war mein Fehler», gibt er zu. «Ich bin auch froh, dass ich nicht vor Ort war. Ich kann nämlich kein Blut sehen.»

«Aha.»

«Was soll ich jetzt machen?», fragt er mich. Mein Chef fragt mich, was er machen soll. Am liebsten würde ich ihm vorschlagen zu kündigen. Aber das kann ich maximal denken. Einen gewissen Sarkasmus kann ich mir dennoch nicht mehr verkneifen: «Wir können die Filiale jederzeit gemeinsam besuchen oder uns mit den Mitarbeitern treffen. Die sind ja formal gesehen in Ihrem Zuständigkeitsbereich. Vielleicht besprechen Sie das vorher nochmals mit Herrn Lichtenstein.»

«Sehr gut, das ist eine gute Idee.»

Damit ist Schukowsky bedient. Spätestens seit diesem Wochenende hat er für mich jegliche Autorität verloren. In den nächsten Tagen findet viel Aufarbeitung und Information statt. Wir beschließen weitere Maßnahmen und ändern einige Abläufe. Für die betroffenen Mitarbeiter organisieren wir zusammen mit der Berufsgenossenschaft eine psychologische Betreuung. Die Verarbeitung solcher Ereignisse dauert. Einige Tage später treffe ich mich mit allen Mitarbeitern der Filiale und mit Vertretern der Polizei in einer Gaststätte. Auch die nicht direkt betroffenen Mitarbeiter sind verunsichert und benötigen Unterstützung. Im Verlauf der nächsten Wochen und Monate normalisiert sich die Situation allmählich. Oft können direkt betroffene Mitarbeiter nach einem solchen Vorfall nicht wieder in ihrem Beruf oder in der gleichen

Umgebung arbeiten. In unserem Fall üben glücklicherweise alle Betroffenen, einschließlich des Fahrers, ihren Beruf weiter aus.

Auch für mich ist die Extremsituation des Überfalls eine Zäsur in meiner Aldi-Laufbahn. Zwar werde ich gelobt für mein Krisenmanagement, aber ich habe meine Vorgesetzten erlebt, wie sie wirklich sind. Ich weiß jetzt, dass ich in einer kritischen Situation keinerlei Unterstützung erwarten darf.

Der Fall des Herrn Görkan

Eine andere Aldi-«Sternstunde» in Sachen Mitarbeiterführung und -motivation ist der Fall des Herrn Görkan, den ich intensiv miterlebe.

Herr Görkan ist ein junger Deutsch-Türke. Ich schätze ihn auf Mitte bis Ende zwanzig, als ich ihn das erste Mal sehe. Er leidet unter Übergewicht und hat ein rundliches Gesicht, das gerne lacht. Er könnte der nette Dönerverkäufer von nebenan sein, aber er ist stellvertretender Filialleiter im Aldi. Ich treffe ihn auf einem Seminar zum Thema Ausbildung. Ich bin zu diesem Zeitpunkt selbst noch in der Einarbeitung. Er ist mir gleich sympathisch. Als ich kurz mit ihm spreche, sehe ich ihm in die Augen, und mir fällt auf, dass sein Blick seltsam ausdruckslos ist, seine Augen sich nur verzögert bewegen und er jede Reaktion genau zu planen scheint. Wir verstehen uns von Anfang an gut. Er scheint mir zu vertrauen und wird im Verlauf des Seminars immer gesprächiger. Am zweiten Tag erzählt er mir beim Mittagessen von seinem Werdegang: Nach dem Hauptschulabschluss hat er sich zunächst mit Gelegenheitsjobs über Wasser gehalten, unter anderem längere Zeit als Paketfahrer auf selbständiger Basis. Paketdienste drücken auf diese Art das Lohnniveau. Anstatt die Fahrer anzustellen, werden sie als Subunternehmer beschäftigt. Oft arbeiten sie zwölf bis vierzehn Stunden täglich für einen Hungerlohn. Mit Anfang zwanzig bekommt er die Ausbildungsstelle bei Aldi, schließt nach drei Jahren mehr schlecht als recht – aber immerhin – ab. Anschließend wird er als stellvertretender Filialleiter übernommen. Erstaunlich, denn bereits nachdem er seine ersten zwei, drei Sätze gesprochen hatte (und während des Seminars noch einige recht naive Fragen gestellt hat), steht für mich fest: Er wird sich schwertun, die Anforderungen von Aldi zu erfüllen. Eigentlich bin ich schockiert, dass er überhaupt zu diesem Seminar geschickt worden ist. Schließlich soll er für die Ausbildung junger Menschen fit gemacht werden. Görkan scheint gerne mit mir zu sprechen: Er erzählt mir in der Kaffeepause von seiner Familie, von seiner Freundin, die er im Internet kennengelernt hat und die er bald aus der Türkei nach Deutschland holen will. Er berichtet von seinem Auto und von seinen Hobbys. Am Ende des Seminars wünsche ich ihm alles Gute.

Einige Wochen später bin ich zur Einarbeitung bei einem Bereichsleiter, in dessen Filiale Görkan als stellvertretender Filialleiter eingesetzt ist. Wir gehen wie immer das Personal durch. Mein Kollege spricht zwar kritisch über seinen Schützling, erkennt aber das Problem nicht. Außerdem sei Herr Görkan ein netter Kerl. Ich nehme das so zur Kenntnis, teile aber meine Eindrücke nicht mit. Ich habe gelernt, in solchen Momenten lieber zu schweigen. Fragen, oder gar Dinge zu hinterfragen, kommt bei Aldi selten gut an. Also bin ich lieber still. Schließlich ist mein Kollege ein versierter Bereichsleiter und wird schon wissen, was er tut. Er übt seine Tätigkeit schon seit fünfzehn Jahren aus und ist ein absoluter Kontrollfreak. Er zählt und kontrolliert alles, was man sich vorstellen kann und auch nicht vorstellen kann. Teilweise durchwühlt er sogar die Mülltonnen, um die Obst- und Gemüseabschriften nachzuzählen. Groteske Szenen spielen sich ab: Ein großer, glatzköpfiger Herr im Boss-Anzug und mit teuren italienischen Schuhen (Ladenpreis 499 Euro, hat er aber bei eBay für die Hälfte «geschossen») zählt die weggeworfenen Gurken nach («Herr Straub, warum stehen Sie so weit weg? Helfen Sie mir mal!»), um hinterher eine Abweichung von zwei Stück festzustellen. Der Filialleiter kann sich auf einen Anschiss erster Güte einstellen. In einem halbstündigen Kritikgespräch wird er angebrüllt und für seine Schlampereien zur Rede gestellt. Bei meinem Kollegen wird nicht nur alles kontrolliert, es wird auch absolut alles dokumentiert. Ich komme mir mal wieder vor wie bei der Stasi. Jede ungeschickte Äußerung eines Mitarbeiters oder einer Mitarbeiterin wird aufgeschrieben und in einem Aktenordner abgeheftet, damit er «was in der Hand hat».

«Wofür?», frage ich ihn.

«Für alle Fälle.»

Aha.

In seinem ganzen Wahn ist er im Grunde eine sehr unsichere und zögerliche Person. Er bemüht sich vor allem, selbst keine Fehler zu machen. Beim Mittagessen kommen wir einmal etwas tiefer ins Gespräch. Zum ersten Mal habe ich den Eindruck, es mit einem Menschen zu tun zu haben. Er hat eine Frau und zwei Kinder. Das sei ein bisschen langweilig, manchmal träumt er von einem Abenteuer mit einer «Negerin». «Haben Sie da Erfahrungen?», fragt er mich.

Mit seiner Tätigkeit sei er nicht glücklich, aber woanders könne er nicht so viel verdienen. In seinem Alter sei ein Wechsel nicht mehr so einfach. Er erzählt von psychischen Problemen und Schlafstörungen, die er habe. An diesem Tag ist er seltsam offen und nachdenklich zugleich. Gleich am nächsten Tag kommt die Wende um 180 Grad, und alles wird relativiert:

Er sei etwas durch den Wind gewesen und habe sich vielleicht unglücklich ausgedrückt oder zu der einen oder anderen Bemerkung hinreißen lassen, die er so nicht hatte fallenlassen wollen. Falls ich etwas in den falschen Hals bekommen haben sollte, wolle er das nur klarstellen. Und falls irgendetwas an den Verkaufsleiter gelangen würde, werde er mir was anhängen: «Ich habe mir so einige Notizen gemacht.» Daran habe ich keinen Zweifel. Einige Zeit später übernehme ich eine längere Vertretung für ebendiesen Kollegen.

Der Bereichsleiterkollege hat Herrn Görkan eingestellt: erst als Auszubildenden zum Verkäufer, dann als Einzelhandelskaufmann. Anschließend hat er ihn als stellvertretenden Filialleiter übernommen. Wenn wir uns die Zahlen eines typischen Ausbildungsjahrgangs nochmals vor Augen führen, hat es Görkan also unter die besten zehn Prozent geschafft. Wiederholt hatte es warnende Stimmen und große Zweifel gegeben: seitens der Berufsschule, seitens der Filialleiter, die ihn einarbeiteten, von Bereichsleiterkollegen und sogar durch den Verkaufsleiter, der ihn auf Seminaren erlebt hatte. Konsequent wurden alle «Unkenrufe» ignoriert.

Schon nach wenigen Tagen der Zusammenarbeit bestätigt sich leider mein Eindruck: Herr Görkan agiert in der Filiale extrem unsicher. Er hat enorme fachliche Defizite, kennt einfachste Regeln des Handels nicht. Die Leistungsvorgaben erreicht er so gut wie nie. Im Umgang mit Personal erweist er sich als ungeschickt, die Stimmung ist schlecht, weil die Verkäuferinnen seine Nachlässigkeiten kompensieren müssen. Auch bei Bestellungen macht er viele Fehler: mal ist viel zu viel Ware da, mal ist die Filiale fast leer gefegt. Die Verantwortung versucht er von sich zu schieben, versteckt sich gerne hinter den Kolleginnen. Wenn er auch fachlich überfordert ist, so greift doch das System Aldi bei ihm in besonders effektiver Form. Er weiß um seine relativ gute Stellung und baut auf eine langfristige Anstellung. Gleichzeitig hat er große Angst, seinen Job zu verlieren. In dieser Unsicherheit macht er immer noch mehr Fehler. Mit jeder Fehlentscheidung, mit jeder Verschiebung «bis die Filialleiterin wieder da ist», mit jedem verstörten Anruf bei der Filialleiterin zu Hause, mit jeder schüchternen Nachfrage beim Bereichsleiter wachsen die Probleme und die Zweifel. Er ist in einem Teufelskreis gefangen, und ich bin mir sicher, dass er nicht mehr lange dabeibleiben wird. Bei einem Besuch erzählt er mir stolz, der Verkaufsleiter habe ihm eine Filiale versprochen. Wie bitte? Eine eigene Filiale? In zwei, drei Jahren sei er so weit, habe Herr Schukowsky zu ihm gesagt.

Ich traue meinen Ohren nicht. Später spreche ich den Verkaufsleiter darauf an. Herr Schukowsky antwortet lapidar: «Warum denn nicht, das kann man doch mal andeuten, so als kleine Motivation.»

Es fällt mir schwer, noch diplomatisch zu bleiben: «Klar, die Aussicht auf eine eigene Filiale motiviert die jungen Stellvertreter. Nur im Fall von Herrn Görkan hängt ja noch mehr dran. Er rechnet relativ sicher mit einer Zukunft bei uns und hat sogar schon seine Frau aus der Türkei nach Deutschland geholt.»

«Und jetzt?»

«Ich denke nur, wir sollten uns bewusst sein, dass die Mitarbeiter Verpflichtungen eingehen und mit unseren Zusagen rechnen. Wir wissen beide, dass es für Herrn Görkan schwierig wird.»

«Ach was, der entwickelt sich schon noch.»

Ob Schukowsky das wirklich glaubt? Oder vertraut er blind den Informationen, die von meinem Kollegen an ihn herangetragen werden?

In zahlreichen Gesprächen versuche ich Görkan aufzubauen, ihm Sicherheit zu geben. Solange ich da bin, könne er auch mal einen Fehler machen, ich werde ihm schon nicht den Kopf abreißen. Nur wer arbeitet, kann Fehler machen. Wer viel arbeitet, kann viele Fehler machen. Mit solchen und ähnlichen Sätzen wirke ich auf ihn ein. Nach ein paar Wochen zeigt er Verbesserungen und macht einen glücklicheren Eindruck. Im Umgang mit Kunden beispielsweise beweist er Geschick. Seine freundliche und offene Art kommt gut an. Auch in fachlicher Hinsicht macht er Fortschritte. Die Bestellungen von Obst und Gemüse zum Beispiel werden treffsicherer. Aber seine Leistung insgesamt lässt nach wie vor zu wünschen übrig. Ob er es jemals schaffen kann, weiß ich nicht. Aber ich weiß, dass nächste Woche mein Kollege aus dem Urlaub zurückkehrt. Am Montag gebe ich die Filialen und damit auch Herrn Görkan wieder an ihn ab. Ich wünsche Herrn Görkan zum zweiten Mal alles Gute.

Es vergeht noch etwa ein halbes Jahr, in dem sich die Probleme häufen und den Vorgesetzten klarwird: Es funktioniert einfach nicht. Ich betreue zu diesem Zeitpunkt schon meine eigenen Filialen. Jetzt macht mein Bereichsleiterkollege in der Aldi-Logik einen Fehler. Vermutlich wegen seines eigenen schlechten Gewissens wirft er Görkan nicht wie üblich raus, sondern teilt ihm in einem vertraulichen Gespräch mit, er möge sich doch nach etwas anderem umschauen. Herr Görkan ist am Ende. Er hat auf eine Zukunft bei Aldi gebaut, der Verkaufsleiter hat ihm sogar eine eigene Filiale versprochen. Nun soll alles vorbei sein? Einzig positiv ist, dass Herr Görkan nun definitiv weiß, dass er auf der Abschussliste steht. Er hat die Möglichkeit, sich vorzubereiten. Der Überraschungseffekt, den Aldi normalerweise ausnutzt, entfällt. Herr Görkan wendet sich an einen Vertrauten, der das Aldi-System gut kennt. Dieser empfiehlt ihm, zunächst mitzuspielen und einen Alternativjob zu suchen. Nach zwei, drei Monaten soll er – auf Nachfrage – sagen, dass er dran sei, die Suche sich aber schwierig gestalte. Das entspricht den Tatsachen. Wichtig sei, falls es sich Aldi spontan anders überlegt: «Zu keinem Zeitpunkt irgendetwas unterschreiben, egal, was angeboten wird.» Ansonsten normal weiterarbeiten.

Das klappt natürlich nicht so ganz.

Mit dem Wissen, die Firma verlassen zu müssen, sinkt seine Arbeitsmoral.

Es kommt zu weiteren Zwischenfällen. Wenn Herr Görkan Vertretung macht, bricht das Chaos aus. Selbst der Verkaufsleiter und der Geschäftsführer, die ansonsten bemüht sind, nie etwas mitzubekommen, nehmen die Probleme wahr. Der Bereichsleiter gerät unter Rechtfertigungsdruck, spielt aber auf Zeit. Ich frage mich, ob er ernsthaft glaubt, dass Herr Görkan einen anderen, gleichwertigen Job finden wird.

Zufall oder nicht, aber gerade in dieser Situation werden die Bereiche umgebaut. Ein neuer Bereichsleiterkollege ist jetzt für die Filiale und damit auch für Herrn Görkan zuständig. Schon an seinem ersten Tag erhält mein Kollege einen eindeutigen Anruf vom Verkaufsleiter Schukowsky: Er solle Herrn Görkan rauswerfen. Das sei bereits entschieden. Der Kollege solle nur noch die Vorbereitungen treffen.

Aldi macht sich keine große Mühe, das Gespräch vorzubereiten. Ich vermute, dass im Vorfeld nicht einmal ein Blick in die Personalakte geworfen wurde, in der es keine Aktennotizen und Abmahnungen gibt. Aus arbeitsrechtlicher Sicht hat Herr Görkan keine schlechten Karten. Der Verkaufsleiter und der neue Bereichsleiter konfrontieren Görkan eine Woche davor mit der Ankündigung, er werde das Unternehmen verlassen. Man werde das einvernehmlich regeln, und er bekomme eine großzügige Abfindung in Höhe von 5000 Euro brutto. Zur Überraschung der beiden Anzugträger lehnt Herr Görkan das Angebot ab: «Ich werde mir das mal überlegen, denke aber eher nicht, dass ich das mache.»

Schukowsky und mein Kollege sind außer sich. Sie brüllen Görkan an, bedrohen ihn. Das Übliche. Aber auf diesem Gebiet besitzen sie nicht das schauspielerische Talent eines Lichtenstein oder eines Wolf. Herr Görkan bleibt hart, sie beißen auf Granit. Jetzt wäre der nächste typische Schritt, ihm grundlos zu kündigen und ihn in jedem Fall sofort freizustellen. Aber die beiden Herren bekommen kalte Füße. Zu Recht, denn vor Gericht wären die Aussichten bei der Faktenlage vermutlich bescheiden. Nach einer kurzen Besprechung beschließen sie, das Ganze erst mal zu vertagen und so zu tun, als sei nichts groß passiert. Herr Görkan muss oder darf weiterarbeiten.

Während Herr Görkan also seine Arbeit wiederaufnimmt, während sein Vertrauter ihn für seine Standhaftigkeit lobt und ihm empfiehlt, einen Anwalt zu nehmen, versuchen Schukowsky und mein Kollege nun verzweifelt, Material zusammenzutragen. Als in der Folge ein böser Brief von Herrn Görkans Anwalt in der Zentrale eingeht, nimmt die Posse richtig Fahrt auf. Die beiden Vorgesetzten erkennen auf einmal, dass die Situation nicht haltbar ist und womöglich für sie selbst bedrohlich werden kann, wenn nicht schnell eine Lösung herbeigeführt wird. Es werden alle Hebel in Bewegung gesetzt.

Unter anderem ruft Herr Schukowsky auch mich an: «Wie war das denn bei Ihnen. Sie hatten doch auch Probleme mit Herrn Görkan?»

«Das ist schon eine Weile her, ich kann mich nicht mehr so genau erinnern.»

«Denken Sie bitte nach, ich brauche ein paar Punkte, er will einfach nicht einsehen, dass er gehen muss.»

«Tut mir leid, so spontan kann ich mich an keinen gravierenden Vorfall erinnern. Falls mir doch noch was einfällt, melde ich mich.»

Damit ist Herr Schukowsky vorläufig zufrieden; leider wird mir nichts mehr einfallen. Stattdessen gebe ich einen wohlgemeinten Ratschlag: «Eins noch, Herr Schukowsky: Ich wäre sehr vorsichtig und würde auf keinen Fall ein gerichtliches Verfahren riskieren. Sie wissen ja, wie schnell sich die Presse auf solche Fälle stürzt, vor allem, wenn auch noch ein Migrationshintergrund im Spiel ist.»

«Das stimmt natürlich. Aber ich habe keine Bedenken. Den nehme ich mit links raus, das machen wir auf die rustikale Art», gibt er sich noch immer siegessicher. Mal abwarten, denke ich.

Am nächsten Tag fahren die beiden Anzugträger erneut in die Filiale von Herrn Görkan. Sie eröffnen ihm, dass neue, «erschreckende» Erkenntnisse über ihn zutage getreten seien. Welche genau, lassen sie offen. Um die Sache schnell zu beenden – «Seien Sie doch vernünftig» –, bietet man ihm jetzt eine Bruttoabfindung von 10 000 Euro an. Herr Görkan lehnt erneut ab, sein Anwalt schreibt einen bösen Brief. Respekt.

Drei Tage später steigt das Angebot auf 15 000 Euro. Herr Görkan lehnt abermals ab. Schukowsky versteht die Welt nicht mehr. Mit einem solchen Gegenwind hat er nicht gerechnet. Der wohl größte Fehler ist aber, dass Herr Görkan trotz der laufenden Gespräche und Kommunikation über den Anwalt weiterhin arbeiten muss. Er wird aber nur noch an der Kasse eingesetzt und verhält sich klug. Zu den Kolleginnen sagt er: «Ich kassiere vorläufig nur noch. Das Geld als stellvertretender Filialleiter bekomme ich aber trotzdem, gut, gell?» Mit solchen Äußerungen bringt er die Gegenseite noch mehr unter Druck.

Sogar unser Geschäftsführer Herr Schneider bekommt Wind von der Angelegenheit. Als Schukowsky in der Woche darauf in den Urlaub fährt, gibt er Herrn Lichtenstein einen eindeutigen Auftrag: «Klären Sie die Sache.»

Am ersten Urlaubstag von Schukowsky fährt Lichtenstein zu der Filiale. Den Bereichsleiter ignoriert er. Im Vieraugengespräch mit Herrn Görkan schließt er einen Aufhebungsvertrag ab nach dem Motto «koste es, was es wolle». Herr Görkan wird sofort freigestellt, erhält die gesamte Kündigungsfrist bezahlt und eine horrende Abfindung. Ich kenne Beispiele von Filialleitern, die nach zwanzig Jahren ordentlicher und treuer Arbeit nicht diese Summe bekommen haben. Herr Görkan kann damit eine gute Zeit überbrücken. Immerhin dieses eine Mal muss Aldi einen fairen Preis für unfaires Verhalten gegenüber Mitarbeitern und den Mangel an Kommunikations- und Führungskompetenz zahlen. Ich kann meine Freude über Görkans Triumph, obwohl er seinen Job verloren hat, nicht leugnen.

Karriereplanung kennen wir nicht

Nahezu jeder junge Bereichsleiter möchte befördert werden. Prokurist sein. Noch mehr Geld verdienen, dafür weniger arbeiten. Oder noch besser Geschäftsführer. Noch viel mehr Geld verdienen und fast gar nichts mehr arbeiten. Ist ein Bereichsleiter in dem kleinen Kreis der Erlauchten vorgerückt, die für höhere Weihen in Frage kommen, geht es ins Ausland. Wann, wohin und für wie lange legt Aldi einfach fest. Bedingungslose Flexibilität wird erwartet.

Eine groteske, aber durchaus für das Führungsverhalten

von Aldi kennzeichnende Vorgehensweise illustriert der Fall von Herrn Wegner. Ich lerne ihn selbst nicht mehr kennen, erhalte aber detaillierte Berichte von Kollegen. Herr Wegner ist ein solider, anerkannter Bereichsleiter in einer ländlichen Region. Privat ist er ein sehr familienorientierter Mensch: Er ist verheiratet und hat kleine Kinder. In seinem Heimatort ist er stark verankert und in mehreren Vereinen aktiv. Nach etwa fünf Jahren als Bereichsleiter bekommt er das Angebot, im Ausland tätig zu werden, mit der anschließenden Aussicht auf eine Beförderung. Also der Traum fast aller jungen, karriereorientierten Bereichsleiter. Nicht so bei Herrn Wegner. Nach reiflicher Überlegung und Rücksprache mit seiner Frau lehnt er den Auslandseinsatz ab. Er würde seine Heimat nur ungern verlassen und möchte seiner Familie die Strapazen nicht zumuten. Vermutlich würden die meisten Menschen diese Entscheidung nachvollziehen und akzeptieren können, nicht aber die Firmenleitung von Aldi. In einem «intensiven» Gespräch wird ihm erklärt, dass es für alle Beteiligten, vor allem für ihn selbst, am besten sei, das Angebot anzunehmen und für zwei bis drei Jahre im Ausland tätig zu sein. Als Herr Wegner immer noch zögert, wird der Verkaufsleiter deutlicher: Falls er den Auslandseinsatz und damit die mögliche Beförderung nicht akzeptiere, werde man sich trennen müssen. Diese Logik werden wohl nur Aldi-Manager verstehen können: entweder Beförderung oder Kündigung. Mir und vielen anderen jedenfalls bleibt bis heute schleierhaft, weshalb der Wunsch des Kollegen nicht akzeptiert werden konnte.

Angesichts der Alternative entscheidet sich der Kollege nun doch für den Auslandseinsatz. Dabei hat er noch Glück: Er muss für zwei Jahre nach England, eine Distanz zur daheimbleibenden Familie, die noch vertretbar ist. Schließlich hätte er genauso gut in den USA oder in Australien eingesetzt werden können. So beißt Herr Wegner also die Zähne zusammen, bringt zwei Jahre in England in «irgendeinem Ghetto in der Nähe von Liverpool» zu und macht einen guten Job, wenngleich er wahnsinnig unter der Trennung von seiner Familie und seiner Heimat leidet. Aber er hält durch und bekommt anschließend auch seinen in Aussicht gestellten «Lohn»: Er wird zum Verkaufsleiter in einer anderen Regionalgesellschaft befördert. Seine Familie zieht mit um. In der Beziehung zu seiner Frau beginnt es zu knirschen. In der langen Tätigkeit für Aldi hat er sich verändert: Er ist kalt und zynisch geworden. In den früher geliebten Vereinen ist er zwar noch Mitglied, aber schon lange nicht mehr aktiv, seinen Kindern wird er fremd. Wegner stürzt sich derweil mit voller Energie in den neuen Job, setzt dort Akzente durch positive Veränderungen. Seiner direkten Vorgesetzten, der Geschäftsführerin, gefällt das irgendwann nicht mehr so gut, sie sieht in ihm einen potenziellen Konkurrenten. Was genau abläuft und wie es zur Trennung kommt, ist nicht bekannt. Jedenfalls scheidet Herr Wegner nach nur knapp einem Jahr als Verkaufsleiter bei Aldi Süd aus der Unternehmensgruppe aus – im gegenseitigen Einvernehmen natürlich.

Er hat alles gegeben, sich aufgeopfert. Seine geliebte Heimat aufgegeben, seine Familie riskiert. Am Ende steht er trotzdem mit leeren Händen da. Fehler aufseiten Aldis? Hat man Herrn Wegner sein Gehalt etwa nicht pünktlich bezahlt? Na also. Dumm gelaufen eben.

Modeerscheinungen wie individuelle Karriereplanung oder gar ein selbstbestimmtes Leben sind beim Albrecht'schen Discounter offenbar nicht vorgesehen. Es muss billig sein. Einfach billig.

6. Das Ende meiner Karriere

Ein Single-Urlaub und seine Folgen

Aldi verändert die Menschen. Wer länger dabei sein möchte, muss sich anpassen. Das Unternehmen ist perfekt organisiert, und Abweichler spuckt es aus. Vor allem die weiblichen Mitarbeiter in Managementpositionen müssen sich sehr schnell anpassen. Den oft wesentlich älteren und meist männlichen Filialleitern flößen sie daher mit übertriebener Härte und Kontrollsucht Respekt ein. Aus den netten Mädels von der Uni werden schnell karrieregeile Filialleiterkiller. Ich selbst habe mich in den letzten Jahren ebenfalls verändert. Ich bin kälter und härter geworden. Aus Aldi-Sicht habe ich funktioniert, gute Zahlen abgeliefert. Die langen Arbeitszeiten sind schädlich für private Beziehungen, aber ich klage nicht darüber. Das ist Teil des Deals. Meine Aufgaben als Bereichsleiter, anfangs spannend und herausfordernd, werden zunehmend zur Routine.

Schukowsky nervt mich. Hätte ich für Lichtenstein gearbeitet, behaupte ich, wäre ich entweder schon viel früher rausgeflogen oder befördert worden. Schukowsky ist alles egal, bis auf seine Freizeitgestaltung. Weder für seine Bereichsleiter noch für die Filialmitarbeiter interessiert er sich. Mehrfach bitte ich ihn sogar direkt um neue Projekte. Er vertröstet mich mit vagen Aussagen und Versprechungen. Ich sehe ihn immer seltener, muss sogar um Rundfahrten bitten. So auch in meinem letzten «Aldi-Frühling». Eine ganze Liste mit Themen hat sich angesammelt, weil er sich drei Monate lang nicht hat blicken lassen. Wir treffen uns in einer Filiale. Im Nebenraum, die Tür geschlossen, trage ich vor. In einer halben Stunde ist alles besprochen. «Was meinen Sie?», «Machen Sie, was Sie denken», «Mir egal», «Entscheiden Sie einfach, wie Sie es für richtig halten.» Schukowsky ist völlig desinteressiert. Er hat andere Dinge im Kopf. Als die fachlichen Themen durch sind, erzählt er mir von seiner Exfrau und von seiner teuren Scheidung. Wie sie versuche, das Maximum herauszuholen, und wie teuer alles sei. Aber er sei froh, dass er sie los ist.

Schließlich erzählt er mir von seinem Single-Urlaub in der Türkei. Eine halbe Stunde lang ausführlich in allen Details und Facetten. Ich erfahre, wie toll der Robinson Club ist, schon die Begrüßung. Das Sportangebot und die vielen abendlichen Aktivitäten.

«Waren Sie schon mal alleine im Urlaub?», fragt er mich.

«Ja.»

«Ist schon komisch irgendwie, oder?»

«Geht so. Es hat auch seine Vorteile.»

«Für mich war es total komisch. Aber in diesem Club sind Sie sofort integriert. Den ganzen Tag Sport, und abends geht es richtig ab.»

«Aha.»

«Ja, ich sage es Ihnen. So viele Singlefrauen. Die sind nur da wegen dem einen ... Echt der Hammer.»

«Da waren Sie gerne behilflich?»

«Herr Straub, solche Fragen können Sie mir doch nicht stellen.»

«Stimmt, ich kenne Sie ja.»

Schukowsky lacht. Er fühlt sich geschmeichelt, ist jetzt erst richtig in seinem Element. «Genau. Jeden Abend eine andere. Die Damen sind leider nur schon etwas älter. Die meisten so 35 Jahre aufwärts. Aber die haben echt Torschlusspanik.»

«Ideal für Sie.»

«Ja, ja.» Er überschlägt sich fast. «Sie müssen nur ein bisschen von Ihren langfristigen Absichten erzählen, und schon klappt es. An einem Abend habe ich eine Marketing-Managerin von Opel kennengelernt. Wow, die war echt heiß. Zwar schon Ende dreißig, aber am Strand ging es richtig ab.»

Es klopft an der Tür. Eine Kassiererin betritt den Nebenraum, sie möchte Pause machen. Ich bin froh, dass mir weitere Details der Strandgeschichte erspart bleiben.

«Kommen Sie ruhig rein! Wir besprechen hier nichts Geheimes», tönt Schukowsky. Er ist jetzt sichtlich gut gelaunt, gibt mir noch Tipps. Dass die Verkäuferin anwesend ist, stört ihn nicht.

«Sind Sie gerade Single, Herr Straub?»

«Ja.»

«Ich kann Ihnen die Anschrift von diesem Club geben. Herr Schneider und Herr Lichtenstein waren auch schon da.»

«Danke, aber ich glaube, dafür bin ich noch zu jung.»

«Auf alten Schiffen lernt man das Segeln», freut er sich. Er klopft mir auf die Schulter. Die Verkäuferin schaut uns verwirrt an. Wir verlassen den Nebenraum. Schukowsky hat noch Termine. Wie immer. Als er sich verabschiedet, raunt er mir zu: «Am Strand, ich kann es Ihnen sagen ... Das Personal musste jeden Morgen die Kondome einsammeln. Benutzt, verstehen Sie? Wollen Sie wirklich nicht die Anschrift haben?»

Schukowsky wäre nicht Schukowsky, würde er etwas in der Art sagen wie: «Das behalten Sie aber für sich.» Stattdessen tourt er mit seiner Urlaubsgeschichte durch die Verkaufsbereiche. Mindestens einem jungen Kollegen erzählt er ebenso detailliert und bunt von seinem Single-Urlaub wie mir. Bei zwei anderen macht er eindeutige Bemerkungen. Das Thema macht die Runde. Alle wissen Bescheid. Zwei Ankerbereichsleiter, darunter Herr Schweinbaur – der mit der Aldi-Verkäuferin als Ehefrau –, informieren nicht etwa Herrn Schukowsky, sondern Herrn Lichtenstein. Sie stellen die Geschichte so dar, dass ich Geschichten aus dem Privatleben meines Vorgesetzten verbreiten würde. So sind sie, die lieben Kollegen. Ob Lichtenstein die Informationen an Schneider weitergibt, weiß ich nicht. Auf jeden Fall erhält Schukowsky einen Anschiss, der sich gewaschen hat. Sei es von Lichtenstein oder von Schneider. Der Hauptvorwurf: Er sei nicht distanziert genug.

Schukowsky steht unter internem Rechtfertigungsdruck. Den gibt er weiter. In einem intensiven Gespräch mit mir zeigt er sich tief gekränkt und beleidigt. Sein «Privatleben sei Thema» unter den Bereichsleitern. Er bedauert, so viel erzählt zu haben, und sieht den Fehler bei sich. Mehrfach wiederholt er: «Ich habe den Fehler gemacht.» Schukowsky hält einen ausführlichen Monolog, zu dem er mich wenig beitragen lässt. Er wiederholt eher den Anschiss, den er selbst kassiert hat. Er werde in Zukunft «nur noch das Nötigste» mit mir sprechen. Das Vertrauensverhältnis sei schwer beschädigt. Er werde «auf Distanz gehen». Für Schukowsky bin ich der Schuldige.

«Was heißt das?», frage ich ihn. Ich bin selbst ganz niedergeschlagen. Einige «nette» Kollegen haben es geschafft, das Vertrauen zwischen Schukowsky und mir endgültig zu zerstören. Im Moment ist mir noch nicht vollständig klar, wie weitreichend die Konsequenzen sein werden. Vor mir sitzt nicht mein Chef, vor mir sitzt ein sich selbst bemitleidendes Häufchen Elend. Er jammert vor sich hin, lenkt aber die Schuld immer wieder auf mich: «Ich will nicht sagen, dass Sie indiskret waren, Herr Straub.»

«Aber?»

«Sie hätten es nicht weitererzählen müssen.»

«Tut mir wirklich leid. Ich war nicht der Einzige, dem Sie selbst davon erzählten.»

«Ja, ich habe einigen darüber berichtet.»

«Aber ich bin trotzdem schuld, nicht wahr?»

«Nein, das wird erst mal keine Konsequenzen haben.»

«Erst mal?»

Schukowsky schweigt. Ich schweige. Im Grunde haben wir beide eine Vorahnung. Ich bin am Ende. Mir wird etwas angehängt, aber was soll ich tun? Der Verkaufsleiter bricht das Schweigen: «Wir machen weiter wie bisher.»

«Denken Sie, das geht?»

«Ja. Oder wollen Sie kündigen?»

«Nein.»

Die Situation ist für uns beide unangenehm. Wir verlassen die Filiale, fahren in eine weitere. Wir tun so, als sei nichts gewesen. Schukowsky ist ein grandioser Schauspieler, ihm gelingt das besser als mir. Auf der Rückfahrt fragt Schukowsky nochmals: «Wollen Sie kündigen?» Ich verneine mit Nachdruck. Unser Verhältnis wird danach eisig. Bis zur Trennung werden aber noch Monate vergehen. Schwierige und lange Monate für mich.

Zu allem Übel kommt die betriebliche Lage bei Aldi Süd hinzu. Durch stagnierende Umsätze gibt es unternehmensweit weniger Personalbedarf. Noch vor vier Jahren sah die Situation anders aus. Die Geschäftsführer rekrutierten Bereichsleiter en masse. Schneider tönte auf Bereichsleiterbesprechungen mehrfach: «Wir wollen die Arbeit mit den Filialen intensivieren. Sie sollen mehr Zeit haben. Daher ist unser Ziel vier Filialen pro Bereich.» Seit letztem Jahr erwähnt er das Ziel nicht mehr. Plötzlich werden keine Trainees mehr eingestellt.

Zu Schneiders Ehrenrettung sei gesagt, dass mir keine Regionalgesellschaft bekannt ist, die an dieser Stelle verlässlich kommuniziert. Die weichgespülten, verlogenen sagen: Expansionsstopp. In einer anderen Regionalgesellschaft wird behauptet, Managementpositionen würden ab sofort verstärkt extern besetzt. Das Ziel ist klar: Die karriereorientieren Mitarbeiter werden von selbst gehen. Wiederum andere Gesellschaften sagen einzelnen Bereichsleitern direkt: «Suchen Sie sich mal was Neues, Sie kommen bei uns nicht mehr weiter.» Die traditionell geführten Gesellschaften, die nach meiner Einschätzung noch in der Mehrheit sind, arbeiten anders: Der Druck auf die Manager wird massiv erhöht, und es werden individuelle Gründe gesucht, um einen Rauswurf zu rechtfertigen. Die betriebliche Lage wird nicht erwähnt.

Hierzu ein Auszug aus dem Protokoll einer unserer Bereichsleiterbesprechungen:

> «Der individuelle, persönliche Arbeitseinsatz innerhalb der Gruppe der Bereichsleiter weist hinsichtlich Engagement und Arbeitsergebnissen teils doch erhebliche Divergenzen und Diskrepanzen auf. In der Position eines Bereichsleiters ist es nicht ausreichend, sich nur auf das Tagesgeschäft zu konzentrieren und nur das routinemäßige, tägliche Standardarbeitsprogramm ‹abzuspulen›. Die Bereichsleiter wurden angewiesen, sich ihrer Stellung als Führungskraft im Unternehmen bewusstzuwerden, mehr Eigeninitiative zu zeigen und sich dementsprechend – neben der Erledigung von Alltagsaufgaben – darüber hinaus mit konstruktiven Ideen und Beiträgen für die Erreichung unserer Ziele und der Weiterentwicklung der Firma (Stillstand ist Rückschritt) einzusetzen sowie sich mit verstärkter verbaler Beteiligung in Besprechungsrunden einzubringen und diese zu bereichern.»

Der Verfasser dieses Protokolls wird anschließend heftig kritisiert. Er dokumentiert, wie es auf den Besprechungen zugeht. Das ist nicht in Aldis Sinn. «Wer schreibt, der bleibt.»

Jedenfalls werden zwei Kollegen auf die rustikale Art entfernt. Auf den Bereichsleiterbesprechungen werden sie mehrfach öffentlich bloßgestellt. In Einzelgesprächen werden sie fertiggemacht. Sie unterschreiben Aufhebungsverträge.

Die Strategie ist klar. Um Personalkosten zu sparen, werden individuelle Entlassungsgründe gesucht. Nur unser Verkaufsleiter Schukowsky verplappert sich wieder. Mit meinem Kollegen Waldemar bin ich beim Public Viewing. Wir schauen Fußball-WM. Per Zufall treffen wir Schukowsky und einen anderen Prokuristen. Erst versuchen wir, ihm auszuweichen. Aber er hat uns schon gesehen. Schukowsky ist angetrunken. Zu mir sagt er unvermittelt: «Herr Straub, Sie können sich schon mal was anderes suchen. Wir gehen hoch auf Sechserbereiche.»

Er findet das lustig, sein Prokuristenfreund ebenfalls. Ich bin verdutzt.

«Gehen Sie lieber von selbst», fügt er an. «Suchen Sie ruhig schon mal», rät er mir gut gelaunt. Ich sage nichts. Betrunkene und kleine Kinder sagen bekanntlich die Wahrheit. Schließlich klopft Schukowsky mir auf die Schulter: «Das war doch nur Spaß.»

Meine Stimmung ist dahin. Es sollte ein lustiger Fußballabend werden. Nun das. Auf Schukowsky habe ich eine Riesenwut. Besoffen spuckt er vor seinem Kollegen große Töne. Noch ist er mein Chef. Ich lasse die Demütigung über mich ergehen.

Schukowsky fährt einige Tage später durch meine Filialen und versucht, mich bei den Mitarbeitern zu demontieren: «Wie läuft es so mit Herrn Straub?», «Mir sind da Dinge zu Ohren gekommen», «Hatten Sie nicht auch schon Probleme mit ihm?» Meine Mitarbeiter sind irritiert. Sie haben keinen Grund, sich zu beschweren. Vielmehr sind sie über den seltsamen Auftritt des Verkaufsleiters verwundert und berichten mir davon. Schukowsky findet nichts. Die Mitarbeiter stehen hinter mir. Noch.

Als ich später wegen einer ansteckenden Angina krankgeschrieben bin, unterstellt mir Schukowsky, ich würde «blaumachen». Er stellt sein Telefon auf Lautsprecher, sodass seine gerade anwesende Sekretärin mithören kann: «Da haben Sie wohl etwas länger freigemacht?» Er behauptet außerdem, eine Rückmeldung von mir zu einer Fachfrage sei überfällig. Wie sich herausstellt, hat sie mein Vertreter wie besprochen abgegeben.

Warum entlässt mich Aldi nicht einfach gleich? Schukowsky würde ein Eigentor schießen. Er selbst war indiskret, nicht ich. Meine Zahlen sind gut, ich biete wenig Angriffsfläche. Sogar unter den meisten Bereichsleitern ist meine Leistung anerkannt.

Die Verkaufsleiter müssen mich daher anders loswerden. Sie versuchen es mit Mobbing.

Die Verkaufsleiter verbreiten das Gerücht, ich sei «sowieso nicht mehr lange da». Es heiße, ich werde «die Firma verlassen». Früher oder später. Spätestens jetzt wissen einige Ankerbereichsleiter, was sie zu tun haben. Ein paar von ihnen mögen mich ohnehin nicht. Meine Fragen zur Erfassung von Arbeitszeiten, zur Gestaltung von Testkäufen, zur Anzahl von Azubis und Praktikanten, zur Behandlung der Mitarbeiter haben ihnen noch nie gefallen. Sie sehen nun ihre Stunde gekommen, bestätigt durch die öffentlichen, abwertenden Äußerungen der Verkaufsleiter, werden sie bestärkt. Bei der Ankündigung eines Rhetorikseminars sagt Lichtenstein beispielsweise: «Hier die Anmeldung. Herr Straub, Sie haben dieses Seminar besonders nötig.» Feuer frei!

Weil die Bereichsleitersitzungen einen ganzen Tag dauern,

stellen die Sekretärinnen ein kleines Frühstück sowie Snacks bereit. Herr Lichtenstein erklärt mich für diese Aufgabe zuständig. Ich solle Vorschläge von Kollegen zur «Optimierung» aufnehmen und mit ihm besprechen. Dies sei mein «Sonderauftrag». Fortan haben die mir wenigen wohlgesinnten Ankerbereichsleiter ein Thema: «Sind Sie jetzt nur noch für das Frühstück zuständig?», «Wir brauchen mehr Nussecken, kümmern Sie sich darum!», «Dafür wird Ihre Kompetenz ja gerade noch reichen.»

Die Verkaufsleiter verhalten sich abweisend. Alle Kollegen werden mit Handschlag begrüßt, ich nicht. Stattdessen werde ich gefragt: «Sind Sie überhaupt noch hier?» Für Kleinigkeiten werde ich öffentlich gerügt. Beispielsweise entspricht der Ansagetext auf der Mailbox meines Diensthandys nicht den Vorstellungen des Verkaufsleiters. Ich verwende ihn seit drei Jahren, aber plötzlich stört er.

Selbst mir wohlgesinnte Kollegen verhalten sich bald anders als sonst. Sie gehen auf Abstand, um ihre eigene Position nicht zu gefährden. Vor einem Seminar wird von den Verkaufsleitern selbst ein weiteres Mal verbreitet, ich werde «sowieso bald gehen». Während des Seminars und vor allem in den Pausen verhalten sich einige Kollegen sehr abweisend und herablassend. Wiederholt höre ich: «Was machen Sie überhaupt noch hier?» Ein Ankerbereichsleiter senkt das Niveau noch tiefer: «Hier riecht es komisch. Sie sollten mal wieder duschen.» In der Eröffnungsrunde nennt jeder Bereichsleiter seine Betriebszugehörigkeit. «Seit drei Jahren bin ich dabei», stelle ich mich vor. Ein Ankerbereichsleiter kommentiert laut hörbar: «Die Frage ist nur, wie lange noch.» Die anderen freuen sich, lachen laut. Als ich beim Mittagessen meinen bevorstehenden Urlaub erwähne, verhöhnt mich eine Kollegin: «Vielleicht hast du ja bald für immer Urlaub.»

Gerade in lockeren Gruppensituationen – dem, was man sonst gemütliches Beisammensein nennen würde – fühlen sich viele Kollegen sicher genug, ihre Attacken zu reiten; unter vier Augen traut sich kein Kollege, mich direkt anzusprechen. In kleinen Gruppen und in informellen Situationen hingegen können sich Einzelne hervortun – selbst stille Kollegen, die sonst kaum etwas sagen, kommen aus der Deckung. Wollen keck sein und die Lacher auf ihrer Seite haben.

All diese Bemerkungen sind Nadelstiche, und sie hören nicht auf, sondern häufen sich. Zwar reagiere ich äußerlich gelassen, aber die Kommentare treffen mich. Was habe ich eigentlich falsch gemacht? Ich fühle mich ausgeliefert, schutzlos. Zwar wehre ich mich so gut es geht, aber es hilft nicht. Und an wen könnte ich mich wenden, mich eventuell beschweren, wo doch der Psychoterror von oben ausgelöst wird? Ich habe ein Gefühl von Ohnmacht, das ich bis dahin nicht kannte. In meinem Leben hatte ich immer einen Plan. Jetzt bin ich planlos. Mehr noch, ich bin verzweifelt.

Ich nehme meinen gesamten Urlaub, weil ich völlig entkräftet bin. Lange, das weiß ich, werde ich nicht mehr durchhalten. Aber ich gebe nicht auf. Klein beigeben und selbst kündigen werde ich nicht. Schon als ich mich telefonisch zurückmelde, begrüßt mich Schukowsky mit den Worten: «Sind Sie überhaupt noch bei der Firma?»

Informationen oder Termine erhalte ich, wenn überhaupt, nur noch extrem kurzfristig. Eine meiner Filialen wird beispielsweise vom Regierungspräsidium besucht. Der Backraum soll inspiziert werden. Nur durch Zufall erfahre ich vom Einkaufsleiter von diesem Termin, der einer größeren Vorbereitung bedarf.

Alles, was ich tue, wird genauestens geprüft und kritisch hinterfragt. Ich organisiere die Neueröffnung einer Filiale und erarbeite detaillierte Pläne, die mit Schukowsky und Herrn Baumeister, dem Expansionsleiter, abgestimmt werden müssen. Dass die Prokuristen längst über meinen geplanten Abgang Bescheid wissen, zeigt Baumeisters Begrüßung: «Ihr Plan wird sowieso falsch sein.» Schukowsky lacht. Zu dritt brüten wir über den Papieren; Schukowsky versucht, mit Spitzfindigkeiten alles schlechtzumachen. Aber meine Planung ist durchdacht, Baumeister ermuntert mich: «Bleiben Sie bei Ihrem Standpunkt. Lassen Sie sich nicht entmutigen.» Ich bin genervt. Am liebsten würde ich einfach gehen. Nach über zwei Stunden wird der Plan 1:1 so umgesetzt, wie ich ihn eingereicht hatte. Mit sachlichen Argumenten überzeugen Baumeister und ich den Verkaufsleiter. Schukowsky versucht, sich nichts anmerken zu lassen, aber am Schluss ist er der Wütende.

Hilfe: Ein Mitarbeiter erreicht die Rente!

Eine meiner letzten «Amtshandlungen» ist die Verabschiedung einer langjährigen Verkäuferin in die Rente: Frau Meiser ist seit zwanzig Jahren bei Aldi beschäftigt. Eine Rarität. Innerhalb der Filiale gilt sie als die «Aldi-Mama». Junge Stellvertreter werden von ihr mit Frühstück und Pausenbroten versorgt. Die Kolleginnen mögen Frau Meiser, und auch ich finde, dass sie viel für Aldi geleistet hat.

Frau Meiser ist nach über drei Jahren Aldi die erste Mitarbeiterin, die ich erlebe, die in Rente geht. Alle anderen verlassen auf unterschiedliche Arten vorzeitig das Unternehmen. Weil es für nahezu jeden Fall eine Art Standardvorgehensweise gibt, erkundige ich mich bei meinen erfahrenen Kollegen, was jetzt zu tun sei. Zuerst rufe ich meinen Stellvertreter an, der schon seit zwanzig Jahren Bereichsleiter ist. Die Frage erwischt ihn kalt: «Oh, das ist schon lange nicht mehr vorgekommen.» Er mutmaßt, dass ein Blumenstrauß übergeben werden sollte. Genaues könne er allerdings auch nicht sagen, da sein letzter Fall schon mehr als zehn Jahre her sei.

Ich versuche mein Glück beim nächsten Anker, der seit fünfzehn Jahren bei Aldi arbeitet. Er tut immer so, als sei er gerade im Stress, wimmelt mich sofort ab: «Den Fall hatte ich noch nie. Da hat man wohl verpasst, rechtzeitig was zu machen.» – «Was soll das heißen?», frage ich nach. «Die hätte man halt schon vor Jahren rausschmeißen sollen, dann stünden Sie jetzt nicht vor diesem Problem. Ich muss weitermachen. Ciao!»

Also rufe ich noch einen dritten Kollegen an, den ich zwar nicht leiden kann, der aber schon zehn Jahre dabei ist und der sonst immer alles weiß. Selbst er muss passen. Er schlägt vor, einfach so zu tun, als hätte ich den Termin versäumt. Am besten, so meint er, Urlaub in diese Woche legen.

Ich bin konsterniert. Die Antworten meiner Kollegen sind nicht gerade hilfreich. Es kann doch nicht sein, dass niemand weiß, wie ein Mitarbeiter in die Rente verabschiedet wird! Langsam gehen mir die altgedienten Bereichsleiter aus. Nach über drei Jahren rufe ich erstmals meinen Chef an, um ihm eine fachliche Frage zu stellen. Er hat keine Antwort für mich parat. Ich schlage einen Blumenstrauß und ein paar warme Worte vor. Er ist einverstanden.

Was ich ihm nicht sage: Ich gehe mit der Verkäuferin essen. Herr Schukowsky weiß bis heute vermutlich nichts davon. In ein schönes Restaurant in der Stadt lade ich Frau Meiser ein. Sie ist ein wenig nervös, hat sich schick gemacht für den Abend. Am Anfang ist die Situation für uns beide schwierig, normalerweise herrscht große formale Distanz zwischen den Verkäuferinnen und ihrem Bereichsleiter. Außerdem bin ich gerade erst 26 Jahre alt geworden, aber sie ist schon 60. Zu Hause denke ich noch, hoffentlich gehen uns die Gesprächsthemen an diesem Abend nicht aus. Das Gegenteil ist der Fall. Von ihren Kindern, ihrem Mann und ausgedehnten Urlauben erzählt sie. Welche Reisen sie jetzt plant. Über Kanada, wo ich ein halbes Jahr gelebt habe, reden wir lange und ausführlich. Ich erzähle von meinem Studium, von meinem Alltag und von meiner Familie. Auf ihre beiden Söhne, die wesentlich älter sind als ich, ist Frau Meiser besonders stolz. Beide haben studiert und sind erfolgreich in ihren Berufen. Sie hat bereits Enkel, die sie leider zu selten sieht, weil ihr Sohn mit seiner Familie in London lebt. Frau Meiser erzählt von ihrer Mutter, die sie versorgt, und wie schwierig es oft war, das mit den Arbeitszeiten bei Aldi zu verbinden. Ich habe selbst seit vielen Jahren einen Pflegefall in der Familie und kann das gut nachvollziehen. Sie ist sehr offen und spricht über die vergangenen Jahre, den ständigen Leistungsdruck und wie froh sie ist, dass sie es sich finanziell erlauben kann, etwas früher in Rente zu gehen. Wir unterhalten uns bestens. Schließlich stellt mir Frau Meiser eine sehr gute Frage: «Warum machen Sie das eigentlich?»

«Was meinen Sie?», frage ich nach.

«Diesen Job als Bereichsleiter bei Aldi.»

Ich kann ihr keine Antwort geben. Zu diesem Zeitpunkt ist mir längst klar, dass es nicht mehr lange gutgehen wird.

«Sind Sie denn glücklich damit?», fragt Frau Meiser weiter.

«Heute schon», sage ich lächelnd. Es ist einer dieser Momente, in denen mir glasklar wird: Ich passe nicht zu Aldi.

Ich lenke das Thema wieder auf Frau Meisers Urlaubspläne und den Nachtisch. «Können Sie die Rechnung absetzen?», fragt sie mich beinahe besorgt. «Machen Sie sich keine Gedanken deswegen», antworte ich ihr. Den Beleg werde ich bei

Aldi nie einreichen. Wir wünschen uns zum Abschied alles Gute. Frau Meiser lädt mich zum Essen zu sich nach Hause ein, ich soll ihren Mann kennenlernen. Er kommt jeden Mittag heim zum Essen. «Gerne», sage ich. «In der Mittagspause schaue ich mal vorbei. Wir sehen uns bestimmt in der Filiale mal und können einen Termin verabreden.»

Zu dem Essen in der Mittagspause wird es nicht mehr kommen. Immerhin habe ich kurz vor dem Ende meiner Karriere noch etwas Sinnvolles getan und diese treue Kollegin würdevoll in die Rente verabschiedet.

Mobbing

Ich werde immer unruhiger, ich fühle mich schlecht. Freunde und Bekannte erkennen mich kaum wieder. Ich bin fahrig und reagiere empfindlich auf Kleinigkeiten. Vor allem die Schlafstörungen machen mir zu schaffen. Tagsüber bin ich müde und unkonzentriert. Ich frage meinen Hausarzt um Rat. Er kennt mich schon jahrelang und ist schockiert. Sofort will er mich für eine oder gar zwei Wochen krankschreiben. Aber ich will mir meine Lage noch nicht eingestehen. Ich hoffe noch, dass es wieder besser wird. Die naive Idee, alles könnte sich wieder einrenken. Die Krankschreibung weise ich ab, aber alleine das Gespräch mit dem Arzt hat gutgetan. Er mahnt mich aber, nicht mehr allzu lange zu warten, so weiterzumachen.

Im Aldi renkt sich nichts ein. Während einer Besprechung, bei der ich nicht anwesend bin, werde ich einer Arbeitsgruppe Einkauf zugeteilt. Die Information erhalte ich aus dem Protokoll. Herr Krahn, Einkaufsleiter und der für die Arbeitsgruppe zuständige Prokurist, weiß angeblich nichts von meiner Teilnahme. Beim ersten Termin sind weder Unterlagen noch ein Sitzplatz für mich vorbereitet. Eine Bereichsleiterkollegin kommentiert prompt: «Na, Herr Straub, Sie sehen ja, dass hier kein Platz mehr für Sie ist.»

Kurz vor Beginn informiert mich meine Lieblingskollegin, Frau Stock, die – rein zufällig – in dieser Arbeitsgruppe mitwirkt, dass ich Herrn Lichtenstein zufolge ausschließlich für das Verfassen des Protokolls zuständig sei. Ansonsten möge ich mich zurückhalten. Herablassend und arrogant erklärt sie, ich sei ohnehin zu jung und habe nicht ausreichend Erfahrung. Zum ersten Mal platzt mir der Kragen. Energisch erkläre ich ihr, dass ich mir das nicht bieten lasse. «Ich werde das nicht akzeptieren. Wie Sie bin ich Bereichsleiter und keine Sekretärin.»

«Aber Sie sind der Jüngste.»

«Was für ein blödsinniges Argument. Alle Bereichsleiter sind absolut gleichgestellt, völlig unabhängig vom Alter. Meine anderen Aufgaben erledige ich ja genauso.»

«Aber ...»

«Kein ‹aber›, Frau Stock. Ich weiß von dieser Regelung nichts. Niemand hat mich informiert. Ich werde mich beim Verkaufsleiter beschweren.»

Die Kollegen sind überrascht von meiner harschen Reaktion. Dieses Mal sind sie zu weit gegangen. Plötzlich begreife ich, dass diese Mobbingattacke schon lange zuvor geplant war. Vor zwei Wochen hat mich ein Kollege angesprochen: «Leiten Sie jetzt die Arbeitsgruppe ‹Protokolle verfassen›?» Damals konnte ich die Frage nicht einordnen, jetzt ist mir einiges klar. Alle anderen wussten also Bescheid. Während der Besprechung geht das Mobbing im Beisein des Einkaufsleiters weiter. Eine Kollegin sagt: «Halten Sie sich bei Obst und Gemüse raus. Bei Ihnen daheim gibt es doch sowieso nur Tiefkühlpizza.» Frau Stock erklärt herablassend: «Was wollen Sie überhaupt noch hier?»

Ich beschwere mich hinterher massiv bei meinem Verkaufsleiter, Herrn Schukowsky, obwohl ich ja weiß, dass die Maßnahmen von ihm ausgehen. Aber er soll wissen, dass ich mir nicht alles bieten lasse. Und Schukowsky? Er bietet all sein schauspielerisches Talent auf und behauptet, er wisse gar nichts von der Anweisung. Das habe Herr Lichtenstein veranlasst. Er werde das aber klären. Nichts als leere Worte.

Das Mobbing wirkt. Ich werde noch unruhiger, schlafe fast gar nicht mehr und bin am Ende meiner Kraft. Das Unternehmen, für das ich vieles aufgegeben habe und in das ich mich nach Kräften eingebracht habe, will mich loswerden. Auf die unsauberste Art. Es wird zu viel für mich. Ich gehe wieder zum Arzt. Mein Hausarzt ist besorgt. «Wir müssen das vorläufig stoppen. Keine Widerrede», sagt er. Er schreibt mich für zwei Wochen krank, verlängert später noch mal um eine Woche. Ich informiere Herrn Schukowsky, dass ich für eine längere Zeit ausfalle. Zu näheren Umständen mache ich keine Angaben.

Schukowsky nimmt die Nachricht zur Kenntnis, doch noch während ich krankgeschrieben bin, spricht er an einem Vormittag auf die Mailbox meines Diensthandys: «Schukowsky. Hallo, Herr Straub. Herr Straub, ich bitte mal dringend um Rückruf. Wir haben jetzt Freitag, 9.42 Uhr.»

Um ganz sicherzugehen, hinterlässt er auf meiner privaten Mailbox die ähnliche Ansage: «Schukowsky, Hallo, Herr Straub. Melden Sie sich bitte mal direkt bei mir im Büro. Wir haben jetzt Freitag, kurz vor 10.»

Das Abhören der Nachrichten macht mich unruhig und nervös. So kenne ich mich gar nicht. Aber ich rufe ihn an. Schukowsky fragt nicht, wie es mir geht. Stattdessen setzt er mich unter Druck. Meine Informationspolitik sei «schlechter Stil», ich sei «unkollegial» und habe mit «Konsequenzen» zu rechnen. Bis jetzt sei das Vertrauensverhältnis gut gewesen.

Durch die Krankheit und vor allem, weil ich keine näheren Angaben machen möchte, sei das Verhältnis «angeschlagen». Schukowsky schlägt sogar vor, mich am Samstag zu Hause zu besuchen. Ich lehne ab. Er reagiert mit Unverständnis und fährt an meiner Wohnung mehrfach vorbei. Unangemeldet versucht er, mich zu besuchen. Aber er trifft niemanden an.

Spätestens nach diesem Telefonat ist endgültig klar, dass ich rausfliegen werde. Wenn mein Chef von einem «angeschlagenen» Vertrauensverhältnis spricht, ist alles klar. Ich lasse mich von einem Rechtsanwalt beraten.

Ich werde «rausgenommen»

Nach dreieinhalb Wochen Krankheit kehre ich zurück. Ich habe mich zumindest körperlich ein wenig erholt, einige Nächte sogar wieder durchgeschlafen. Je näher jedoch der Arbeitsbeginn rückt, desto unruhiger werde ich. Schukowsky bestellt mich in die Zentrale ein. Das kann bei Aldi zweierlei bedeuten: Der Bereichsleiter wird befördert, oder er wird rausgeworfen. Ich rechne eher mit Letzterem.

Ich habe schon einmal meinen Dienstwagen gesaugt, alle Unterlagen vorbereitet, einige Handynummern gespeichert und einen Abschiedsbrief verfasst. Schukowsky ist immer für Überraschungen gut, aber diesmal übertrifft er sich selbst. Oscarreif spielt er das Unschuldslamm. Die Firma Aldi wolle sich gar nicht von mir trennen. Die Vorfälle, die ich anführe, seien nur «dumm gelaufen». Im Gegenteil, ich sei ein Beförderungskandidat. Er habe mich beim Geschäftsführer, Herrn Schneider, «protegiert» und ich sei für einen Auslandseinsatz vorgesehen. Er spielt den Kumpel, serviert sogar einen Cappuccino. Schukowsky kann lügen, dass sich die Balken biegen. «Noch einen Cappuccino, Herr Straub?»

Es gebe Gerüchte, behauptet Schukowsky, dass ich nicht mehr «ewig bleiben» werde.

«Wer hat diese Gerüchte in die Welt gesetzt?», frage ich.

«Keine Ahnung.»

«Soso.»

«Ja, ehrlich. Aber ich höre das überall.»

«Ich fühle mich der Firma Aldi verbunden, und meine Arbeit macht mir Spaß. Aber das Mobbing, was schon lange stattfindet, macht mich fertig.»

Schukowsky streitet wieder alles ab. Am Ende fragt er trotzdem: «Wie verbleiben wir jetzt?»

«Inwiefern?», stelle ich mich dumm.

«Na, so können wir jetzt nicht auseinandergehen. Was machen wir in Bezug auf Ihr Arbeitsverhältnis?»

«Ich dachte, Sie wollen mich nicht loswerden.»

«Nein, will ich auch nicht. Aber wir können das einvernehmlich lösen.»

«Hier und heute unterschreibe ich gar nichts.»

«Nein, nein, Herr Straub. Wir müssen nichts überstürzen. Das machen wir fair und freundschaftlich. Treffen wir uns einfach am Freitag in einem Café. Machen Sie einfach einen Vorschlag.»

«Okay, bis dahin mache ich mir Gedanken.»

«Kommen Sie allein?» Er blickt mich ängstlich an. Schukowsky befürchtet wohl, dass ich einen Anwalt mitbringe.

«Ja.»

Wir vereinbaren einen Termin. Ich verlasse sein Büro. Neugierig schauen mich die Sachbearbeiterinnen und Sekretärinnen an. Ihren fragenden Blicken weiche ich aus. Aber ich bemerke ihre Verwunderung. Sie sind wohl genauso erstaunt wie ich selbst, dass ich noch einmal mit meinem Dienstwagen von diesem Hof fahre.

Nach dem Gespräch informiere ich meinen Anwalt über den Verlauf. Wir sind beide überrascht, hätten Aldi anders eingeschätzt. Mein Anwalt bereitet eine Bestätigung des Gesprächs vor, die ich an Schukowsky faxe.

Er reagiert nicht. Am Donnerstag ruft er mich an. Er klingt ernst. «Kommen Sie sofort in die Zentrale.»

«Ich habe hier noch einige Sachen fertigzustellen.»

«Egal. Sie finden sich sofort hier ein.»

«Wollen Sie mich jetzt doch rausschmeißen?»

«Ja, ich habe es mir überlegt. Ich will Sie jetzt rausnehmen. Heute und sofort machen wir das Ding klar.»

«Wir wollten uns doch morgen treffen?»

«Ich habe es mir anders überlegt.»

«Aha.»

«Wir werden uns heute von Ihnen trennen.»

«Ich komme mir ein wenig überfallen vor.»

«Jetzt kommen Sie erst mal hierher, und dann sehen wir weiter.»

«Na gut. Jetzt sofort?»

«Ja, sofort.»

Mein Herz rast. Was soll das alles? Selbst mein Anwalt hat keine plausible Erklärung. Ich vermute, Schukowsky wollte zunächst vorfühlen, bevor mich Schneider zum Abschuss freigegeben hat. Die Unsicherheit muss groß gewesen sein in der Zentrale. Ich sinke auf meinem Bürostuhl in der Filiale zusammen und starre die Wand an. Mein bester Filialleiter steht plötzlich neben mir. Zufällig bin ich gerade in der Filiale, die mir über die Zeit besonders ans Herz gewachsen ist. Der Mann bemerkt gleich, dass etwas nicht stimmt. «Alles okay, Herr Straub?»

«Nichts ist okay.»

«Was ist los?»

«Aldi wird mich heute entlassen.»

Er blickt mich entgeistert an. «Ja, aber ...», «warum», «wie kann das sein?» Er merkt mir an, dass das kein Scherz war. Ich kann noch nicht zu viel sagen. Wir haben beide Tränen in den Augen. Ich verabschiede mich bei den Verkäuferinnen, wohl wissend, dass ich die meisten nie wiedersehen werde.

Auf der Fahrt in die Zentrale mache ich einen kleinen Zwischenstopp an einer meiner Lieblingsstellen in der Landschaft. Ich genieße kurz die Aussicht. Mein Herz schlägt schnell, aber als ich das Büro von Schukowsky betrete, lässt meine Nervosität komischerweise nach. Ich weiß ganz genau, was mich erwartet, und so kommt es auch. Zuerst versucht er alleine, mich unter Druck zu setzen. Durch meine Krankheit und weil ich keine näheren Angaben gemacht habe, könne er mir nicht mehr vertrauen. Schukowsky verdreht mir alle Worte aus dem vorherigen Gespräch im Mund:

«Sie haben doch selbst keinen Bock mehr.»

«Sie haben wohl blaugemacht?»

«Sie haben uns nicht rechtzeitig informiert.»

«Sie haben nur eine E-Mail geschickt und nicht angerufen.»

Ich kann alles widerlegen. Schukowsky ist verzweifelt, er droht: «Wenn Sie heute keinen Aufhebungsvertrag unterschreiben, kündigen wir.»

«Mit welcher Begründung?»

«Ohne.»

Schukowsky macht mir ein Angebot. Er möchte den Aldi-Standardauflösungsvertrag mit mir abschließen, der juristisch extrem nachteilig für den Arbeitnehmer ist. Was sonst? Er beginnt, den Vertrag vorzulesen. Ich unterbreche: «Nicht notwendig. Ich kenne den Vertrag in- und auswendig.»

«Stimmt. Dann unterschreiben Sie einfach.»

«Nein.»

Wir verhandeln über Modalitäten und Formulierungen, aber ohne Ergebnis. Schukowsky ist nicht besonders gut in solchen Gesprächen. Daher holt er den Spezialisten, Herrn Lichtenstein hinzu. Lichtenstein müht sich, empört zu wirken, und brüllt mich an. Sie werfen mir abermals vor, dass ich keine näheren Angaben zu meiner Krankheit gemacht hatte und dass ich das Gespräch zwei Tage zuvor schriftlich bestätigt hätte. Das sei schlechter Stil, und das Vertrauen sei deshalb zerstört. Lichtenstein wird persönlich, schreit mich an: «Spinnen Sie total?», «Haben Sie noch alle Tassen im Schrank?» Als das nichts hilft, gibt er mir den Ratschlag: «Sie wollen doch Ihr erstes Arbeitsverhältnis nicht vor Gericht enden lassen.» Er erpresst mich mit dem Arbeitszeugnis: «Wenn Sie heute nicht unterschreiben, wird Ihr Arbeitszeugnis vor Gericht festgelegt.» Jede meiner Aussagen benutzen sie. Beide Verkaufsleiter verdrehen mir jedes Wort im Mund. Aber ich sage nicht viel. Der Anwalt hat mich gut gebrieft. Sie beißen auf Granit. Dennoch versuchen sie es stundenlang. Schließlich übergeben sie mir die Kündigung. Das trifft mich. Unterschrieben ist die Kündigung von beiden Verkaufsleitern, obwohl laut Arbeitsvertrag der Geschäftsführer mein disziplinarischer Vorgesetzter ist. Herr Schneider hat diese Aufgabe aber delegiert. Somit ist der Bereichsleiter völlig schutzlos seinem Verkaufsleiter ausgeliefert. Das wusste ich schon vorher. Aber die Show ist noch nicht zu Ende. Lichtenstein sagt: «Herr Straub, wir können die Kündigung jederzeit wieder zerreißen. Seien Sie doch mal vernünftig.» Sie reden weiter auf mich ein. Es nützt nichts.

«Mit welcher Begründung kündigen Sie mir denn?», frage ich noch mal.

«Ohne Begründung», antwortet Schukowsky.

«Einfach so?»

«Gründe finden wir dann schon noch.»

Als Joker holen sie jetzt Herrn Schneider (Nichts hören, nichts sehen, nichts tun) dazu. Ich werde von zwei Prokuristen und einem Geschäftsführer bequatscht. Schneider möchte wissen, was los ist. Er spielt den Unwissenden. Allerdings verrät er sich. Er sagt: «Der Aufhebungsvertrag ist doch ein super Angebot.» Der Geschäftsführer nennt die Modalitäten und preist die «faire Lösung». Nur, woher kennt er die Modalitäten? Alle drei reden immer und immer wieder auf mich ein. Ich habe schon längst abgeschaltet, reagiere kaum noch. Die Kündigung ist längst in meiner Aktentasche, aber die Herren geben nicht auf: Man könne die Kündigung jederzeit wieder zerreißen. Fast könnte ich mich geehrt fühlen. Ein Aldi-Geschäftsführer und zwei Verkaufsleiter beißen sich an mir die Zähne aus. Schneider versucht, mir eine Eigenkündigung in den Mund zu legen: «Herr Straub, Sie haben doch keine Lust mehr.»

Keine Reaktion.

«Ich frage Sie jetzt mal: Wollen Sie noch für Aldi arbeiten?»

«Für morgen war ein Termin mit Herrn Schukowsky angesetzt. Jetzt soll ich plötzlich heute einen Aufhebungsvertrag unterschreiben.»

«Beantworten Sie meine Frage: Wollen Sie noch für Aldi arbeiten?»

«Ich komme mir überfallen vor. Wie gesagt, wir wollten das in Ruhe besprechen.»

«Antworten Sie endlich mal: ja oder nein.»

«Mein Job macht mir Spaß, aber gewisse Rahmenbedingungen haben sich nicht zum Besseren geändert.»

«Herr Straub: ja oder nein?»

«Für morgen war ein Termin mit Herrn Schukowsky angesetzt.»

Schneider ist entnervt. Er merkt, dass seine Taktik nicht funktioniert. Irgendwann geben sie auf. Ich gehe. Schukowsky reagiert nicht. Schneider und Lichtenstein schauen sich an. Ihr Blick sagt: «Mist, er hat nicht unterschrieben.» Mit sofortiger Wirkung werde ich von allen Aufgaben freigestellt und muss meine Autoschlüssel, mein Diensthandy sowie alle Firmenunterlagen abgeben. Diesmal sehen die Sekretärinnen und Sachbearbeiterinnen sofort, dass es aus ist. Sie blicken mich mitleidig an. «Auf Wiedersehen», sage ich, weiß aber, dass es dazu nicht kommen wird. Mein Auto wird ausgeräumt, und ich fahre mit dem Taxi nach Hause. Ich bin völlig erledigt.

Erst nach und nach verstehe ich, was passiert ist. Die ersten Tage nach der Kündigung sind die Hölle. Ich falle in ein tiefes Loch und wünsche mir, den Aufhebungsvertrag doch angenommen zu haben. Andererseits bin ich stolz auf mich, meinen Vorgesetzten Widerstand geleistet zu haben. Die Nachricht spricht sich herum wie ein Lauffeuer. Ich informiere meine Filialen, die völlig geschockt sind. Die Filialleiter verstehen die Welt nicht mehr, wollen mich unterstützen. Einige Verkäuferinnen möchten mir helfen. Eine ruft mich sogar an: «Können wir nicht irgendwas für Sie tun, Herr Straub?» Ich rate ihr dringend davon ab.

Der unprofessionelle Auftritt der Aldi-Führungsspitze

Mein Anwalt bemüht sich zunächst um eine außergerichtliche Lösung. Er versucht, mit Aldi Verhandlungen aufzunehmen. Er stellt eine Forderung und nennt Bedingungen, unter denen ich bereit wäre zu gehen. Vielleicht wählt er die Verhandlungsbasis zu hoch. Vielleicht verhandelt Aldi generell nicht. Jedenfalls unterbreiten sie uns ein inakzeptables Gegenangebot. Die Konditionen sind schlechter als im Gespräch in der Zentrale. Hätten Sie besser gleich eingewilligt, wollen sie sagen. Aldi spielt auf Zeit. Sie wissen genau, dass ich auf Kohlen sitze und mich unwohl fühle. Auf unsere Angebote reagiert Aldi entweder gar nicht oder mit unannehmbaren Gegenangeboten. Wir reichen beim zuständigen Arbeitsgericht Kündigungsschutzklage ein. Mit unserer Klageerhebung bricht bei Aldi Panik aus. Spätestens vor Gericht müssen Gründe für meine Kündigung präsentiert werden. Meine ehemaligen Bereichsleiterkollegen werden angestachelt, Material zu sammeln. Mein Ruf wird in allen Filialen systematisch zerstört. Überall wird verbreitet, wie schlimm ich gewesen sei. «Sie hatten doch auch Probleme mit ihm, oder?», «Erzählen Sie mal, was er so gemacht hat», «Der Straub war schon übel.» Alle möglichen Gerüchte werden in die Welt gesetzt. Ich werde so richtig schlechtgemacht. Meine Nachfolger prüfen stapelweise Papier, ordnen Zahlenkolonnen, checken Unterlagen, durchwühlen Leitz-Ordner. Sie finden nichts. Meine Mitarbeiter halten sich bedeckt. Nur mein schwächster Filialleiter, Herr Bauer, stimmt in das Klagelied ein, wie mir scheint. Er wittert vielleicht seine Chance, bei den hohen Herren Punkte zu sammeln.

Glücklicherweise erhalten wir schnell einen Gütetermin. Dennoch vergehen zwischen der Kündigung und der ersten Verhandlung sieben Wochen. Sieben verdammt lange Wochen. Aber ich habe mich wieder gefasst. In meinem privaten Umfeld erhalte ich viel Zuspruch und Unterstützung. Mir geht es nach der Kündigung deutlich besser als davor. Ich bin froh, dass ich nicht mehr für Aldi arbeiten muss. Was Aldi wohl vor Gericht sagt? Ich bin gespannt, was sie sich ausdenken.

15.30 Uhr geht es los. Ich bin viel früher da, streune noch ein wenig durch die Stadt, um mich abzulenken. Um 15 Uhr treffe ich mich mit meinem Anwalt im Gerichtsgebäude, um den

Ablauf noch mal zu besprechen. Wir warten in der Nähe des Verhandlungszimmers. Plötzlich sehe ich Herrn Lichtenstein. Er kommt alleine ins Gerichtsgebäude. Ich bin erstaunt, denn eigentlich hatte ich den Geschäftsführer und den Aldi-Anwalt erwartet. Lichtenstein schaut sich überall um, stürmt an uns vorbei. Er schreitet den ganzen Gebäudeflur ab. Was sucht er denn?

«Wer ist das?», fragt mein Anwalt.

«Lichtenstein. Der alte Verkaufsleiter.»

Auf mein «Hallo» grummelt er ein «Hallo» zurück. Er geht zur Toilette.

«Der hat wohl keine Raststelle an der Autobahn gefunden», witzelt mein Anwalt. «Na ja, komischer Auftritt», befinde ich.

Lichtenstein verlässt das Gerichtsgebäude. Einige Minuten später erscheint er wieder in Begleitung von seinem Kollegen Schukowsky. Schneider und der Aldi-Anwalt folgen. Sie hasten wortlos an uns vorbei. Schneider würdigt uns keines Blickes, Schukowsky grinst.

Im Verhandlungszimmer nehmen Schneider und der Aldi-Anwalt auf der einen, mein Anwalt und ich auf der gegenüberliegenden Seite Platz. Lichtenstein und Schukowsky sind Zuschauer. Schneider wirkt unruhig. Sein sonst so sonnengebräunter Teint wirkt heller als üblich. Er hat heute keinen lockeren Spruch auf den Lippen. Bevor die Richterin den Raum betritt, wird kein Wort gesprochen. Eine seltsame Situation. Anspannung liegt in der Luft.

«Ich weiß eigentlich gar nichts», eröffnet die Richterin die Verhandlung.

Uns geht es genauso. Der Aldi-Anwalt beginnt. Er schaut mich vorwurfsvoll an. Er spricht stockend, überlegt nach jedem Satz. Nur keinen Fehler machen, scheint seine Devise zu sein. Er führt zwei oder drei Belanglosigkeiten aus, bevor er anstimmt: «Erst kürzlich ist uns aber ein besonders schwerwiegendes Vergehen zu Ohren gekommen. Herr Straub hat versucht –», der Anwalt stockt. Er spricht mich persönlich an: «Ja, Sie, Herr Straub, haben versucht, den Filialleiter, Herrn Bauer, als Lagerleiter zu Schlecker abzuwerben.»

Mein Anwalt und ich schauen uns ungläubig an. Der Aldi-Vertreter führt weiter aus: «Ich habe gestern Abend noch mit Herrn Bauer telefoniert. Er wäre bereit, das vor Gericht auszusagen.»

Der Aldi-Anwalt reichert seine Lügengeschichte mit zusätzlichen Details an. Ich soll dem Filialleiter von Aldi abgeraten haben und ihm sogar Visitenkarten von mir gegeben haben, sodass ich als Referenz zur Verfügung stünde.

«Das stimmt nicht», sage ich sofort.

«Wollen Sie sich mit Ihrem Mandanten besprechen?», schlägt uns der Aldi-Anwalt vor. Nicht notwendig. Ich führe aus, dass die Vorwürfe jeglicher Grundlage entbehren und falsch sind: «Ich stehe und stand in keinerlei Beziehung zur Firma Schlecker. Zu keinem Zeitpunkt habe ich versucht, Herrn Bauer dahin abzuwerben.»

«Der Filialleiter wäre bereit, das vor Gericht zu bezeugen», behauptet der Aldi-Anwalt.

Ich bin empört. Ich erinnere mich an die Geschichten, die ähnlich gelaufen sind. An meinem zweiten Arbeitstag der Filialleiter mit dem Zelt. Die Geschichte mit dem Speicherstick. Wenn es keine Gründe gab, wurden einfach welche erfunden. Ich weiß aber auch, wie Zeugen bei Aldi bearbeitet werden, sage nur: «Die Wahrheit hat viele Facetten.»

Am liebsten würde ich weiterprozessieren gegen Aldi. Nur, was wäre für mich der beste Fall? Wenn ich gewinne, muss Aldi mich wieder einstellen. Für diesen Arbeitgeber möchte ich keinen Tag mehr tätig sein. Die Verhandlung dauert viel länger als vorgesehen. Die Aldi-Führung muss sich ständig beraten, verlässt mehrmals den Raum. In einer Pause fragt mich mein Anwalt: «Was ist das für eine Geschichte mit dem Filialleiter?»

«Mein Filialleiter, Herr Bauer, hatte mir vor längerer Zeit erzählt, dass er sich nach etwas Neuem umsehe. Die Arbeit bei Aldi fülle ihn nicht mehr aus. Er habe sich unter anderem im Krankenhaus als Lagerleiter beworben. Herr Schukowsky wusste das.»

«Die Gegenseite verdreht die Geschichte aber gewaltig!»

«Ich hatte dem Filialleiter erklärt, dass ich ihm keine Steine in den Weg legen würde, aber auch, dass es schwierig wird, außerhalb des Unternehmens einen Job mit ähnlicher Vergütung zu finden. Die Unterstellung des Aldi-Anwalts, ich (!) hätte versucht, ihn abzuwerben, ist abstrus.»

«Haben Sie Kontakt zu Schlecker?»

«Nein, überhaupt nicht. Außerdem dürfte die Position ‹Lagerleiter› in der Schleckerzentrale zumindest mit einer Prokuristenstelle bei Aldi vergleichbar und für den Filialleiter völlig unrealistisch sein.»

«So einen Auftritt wie den der Aldi-Führung habe ich in zwanzig Jahren Praxis selten erlebt», befindet mein Rechtsanwalt.

Die Veranstaltung geht weiter. Als der Aldi-Anwalt eine fristlose Kündigung ins Gespräch bringt, reicht es meinem Anwalt: «Wir lassen uns hier nicht erpressen. Auf einer solchen Basis verhandle ich nicht weiter. Wenn Sie hier drohen, klappe ich sofort die Akte zu.»

Schneider ist geschockt, er schaut den Aldi-Anwalt an. Sein Blick sagt: Übertreiben Sie es nicht, wir müssen den Straub heute loswerden. Der Aldi-Anwalt rudert schnell zurück. So habe er das nicht gemeint.

Die Stimmung ist aufgeheizt. Mehrfach geraten die Rechtsanwälte aneinander. Auch an der Frage, ob ich im arbeitsrechtlichen Sinne als «leitender Angestellter» einzustufen sei, entzündet sich Streit. Die Richterin beschwichtigt die Anwälte, sie möchte eine Lösung finden. Nach einigem Hin und Her einigen wir uns. Der Vertrag läuft noch eine gewisse Zeit und wird aufgehoben.

Herr Schneider fragt zur Sicherheit nochmals nach:

«Damit sind alle Ansprüche abgegolten?»

«Ja», erklärt die Richterin.

Der Aldi-Anwalt lässt sich einen großväterlichen Ratschlag an meine Adresse nicht nehmen: «Herr Straub, eins will ich noch sagen: Ein Arbeitsverhältnis beendet man mit Anstand.»

Ich reagiere nicht. Er will wohl bei den Aldi-Leuten noch ein paar Punkte sammeln? Dabei hat seine Kanzlei ohnehin ein Abo.

Kaum ist das Urteil verkündet, dampft die Gegenseite ab. Wiederum ohne ein Wort zu sagen oder uns gar die Hand zu geben. Sie rennen regelrecht aus dem Raum, als seien sie auf der Flucht. Selbst die Richterin blickt irritiert drein. Mein Anwalt ist konsterniert. Auf dem Heimweg fragt er mich mehrmals: «Herr Straub, was war das denn?»

Er fasst den Gütetermin in seinem Abschlussbericht folgendermaßen zusammen: «Die Gegenseite hat abenteuerliche Beschuldigungen gegen Sie ausgepackt und versuchte, Sie hier unter Druck zu setzen, was aber nicht verfangen konnte. Wir konnten in aller Ruhe unsere Position behaupten und ein letztendlich für Sie akzeptables Ergebnis erzielen, insbesondere im Hinblick darauf, dass wir es in diesem frühen Stadium des Prozesses noch vermeiden konnten, in einer größeren und, wie sich abzeichnete, unsachlichen Auseinandersetzung verbrannte Erde zu hinterlassen, wenn auch die Gegenseite, was an der Reaktion abzulesen war, wenig erfreut über den Ausgang des Prozesses war. Wir alle hätten hier ein professionelleres Auftreten der Aldi-Führungsspitze erwarten dürfen.»

Nach all den Vorkommnissen kann mich in Bezug auf das Verhalten meiner Vorgesetzten nichts mehr schocken. Sie müssen mächtig Angst gehabt haben vor diesem Termin. In der Tat habe ich mir zwischendurch mehrmals überlegt, die Verhandlungen einfach abzubrechen. Es auf die Hauptverhandlung ankommen zu lassen. Eine Falschaussage bis vor Gericht durchzuziehen wäre selbst für Aldi hart. Doch was wäre für mich der beste Ausgang gewesen? Aldi hätte mich wieder einstellen müssen. Aber ich wollte nicht mehr weitermachen, das Thema einfach abschließen. Am Ende bin ich erleichtert, dass es vorbei ist. Nie wieder Aldi.

7. Schlussfolgerungen

Mit «Aldi – Einfach billig» breche ich die Mauer des Schweigens um den Vorreiter und Marktführer im deutschen Lebensmitteldiscount. Aldi – für viele Kunden beinahe eine Religion. Die Marke genießt Kultstatus.

In der ARD-Reihe «Konsummarken auf dem Prüfstand» unternahm der Fernsehsender am 22.08.2011 den großen «Aldi-Check». Die Verkaufsmaschine Aldi bietet beträchtliches Verführungspotenzial für die Kunden: Etwa 30 Prozent der Artikel, die im Einkaufswagen landen, waren vorher nicht geplant. Echte Preisvorteile gegenüber der Konkurrenz gibt es jedoch kaum noch, wohl aber dieses Image. Die Qualität der Produkte ist ordentlich. Defizite und Nachholbedarf weist das Unternehmen vor allem im Bereich der Fairness auf. Milde ausgedrückt.

Denn es ist ein gnadenloses System, das die Eigentümer, die Familie Albrecht, zu den reichsten Deutschen werden ließ. Öffentlich treten weder sie noch ihre angestellten Statthalter, die Manager, in Erscheinung. Aktuelle Zahlen gibt es nur unter der Hand. Durch juristisch ausgefeilte Gesellschaftskonstruktionen werden Veröffentlichungspflichten umgangen und gewerkschaftliche Organisation bewusst verhindert. Niemand soll den Mächtigen in die Karten schauen können. Mitsprache oder gar Kritik ist unerwünscht. Mir ist kein Unternehmen in vergleichbarer Größe bekannt, das sich derart versteckt. Heimlichtuerei gehört zur Unternehmenskultur. Wovor fürchtet sich das Unternehmen Aldi so sehr, wenn den Kaufmannsgeschäften ehrbar nachgegangen wird? Woher diese Angst vor der Öffentlichkeit?

Offenbar hat man etwas zu verbergen. Doch wie lange wird

unsere offene, pluralistische Gesellschaft, die erst die Rahmenbedingungen für den Wohlstand der Inhaber und ihrer Topmanager schuf, noch ihre Arroganz und Ignoranz gegenüber elementaren moralischen und arbeitsrechtlichen Spielregeln hinnehmen?

Discounter sorgen zweifelsohne für niedrige Preise. Viele Kunden freuen sich. Doch die niedrigen Preise haben ihren Preis. Wer bezahlt dafür? Sicherlich sind die diskontierenden Handelssysteme schlank organisiert. Das Grundkonzept ist so einfach wie genial. Discounter konzentrieren sich auf das Wesentliche und lassen das Überflüssige weg. Doch Teil der Wahrheit ist ebenso: Rangniedrige Mitarbeiter und Geschäftspartner, insbesondere kleine Zulieferer und Dienstleister, werden ausgebeutet. Sie sind es, die jedenfalls einen Teil der niedrigen Endpreise für die Verbraucher bezahlen.

Durch die geschickte Kombination von Zentralität und Dezentralität gelingt Aldi der maximale Erfolg. Die Filialleiter werden rhetorisch als «Unternehmer vor Ort» gepriesen. Dabei funktionieren sie streng nach Vorschrift. Durch den enormen Druck von oben auf die Zahlen haben sie dennoch den Anreiz, Grenzen zu überschreiten. Die Aldi-Filiale wird für sie zu einem Kleinbetrieb. Das Tagessoll muss erreicht werden. So überschreiten die einfachen Mitarbeiter Grenzen, während das Management die Hände in Unschuld wäscht. Andererseits kombiniert Aldi dies gerade im Einkauf mit den Vorteilen eines großen Konzerns. Dort werden für riesige Mengen niedrigste Preise ausgehandelt.

In einem hervorragend recherchierten Beitrag geht die «Stuttgarter Zeitung» intensiv auf die Geschäftspraktiken von Aldi ein. Der Artikel geht vor allem dem Leistungsprinzip und der variablen Vergütung auf den Grund. Es werde mit «Zuckerbrot und Peitsche» gearbeitet. Die Frage der Entlohnung sei umstritten, da es keine objektive Arbeitszeiterfassung gebe. Statt Stempeluhren, wie in anderen großen Betrieben üblich, werden die Zeiten freihändig von den Filialleitern erfasst. Im Münchner Raum beispielsweise berichteten Verkäuferinnen von einer Stunde zusätzlich, die nicht erfasst wurde, nach Geschäftsschluss. Bei Aldi Nord berichten mehrere Mitarbeiterinnen von unbezahlten Mehrarbeiten. Dass Betriebsräte unerwünscht sind, wird am Fall dreier Münchner Verkäuferinnen aufgezeigt: Als sie versuchten, einen Betriebsrat zu installieren, kamen zu den Versammlungen zunächst der Bereichsleiter, später sogar der Verkaufsleiter hinzu. Die Kollegen waren schließlich eingeschüchtert, und das Vorhaben scheiterte. (Siehe «Stuttgarter Zeitung» vom 30.12.2008; «Klappe halten, schneller, Leistung!»)

Jedoch ist die großflächige Unterschlagung von Arbeitszeiten wohl aus der Mode gekommen. Zu sehr fürchten sich die Konzerne vor öffentlicher Kritik. Um die Personalkosten niedrig zu halten, wird stattdessen für die notwendigen Arbeiten kostengünstigeres Personal eingesetzt.

Der harsche Umgangston, die Kontrollsucht, die hohe Fluktuation – all dies dient letztlich der Kostenminimierung. Doch auch Aldi wandelt sich.

Lichtenstein und Wolf, Schukowsky und Stock: Sie könnten für die alte und eine neue Aldi-Manager-Generation stehen. Die alte Generation ist noch geprägt von den Gründern: innovativ und wagemutig, schnell und hart in den Entscheidungen. Die neue Generation ist, wie mir scheint, geprägt durch die von angestellten Managern vorgelebte Unternehmenskultur: ängstlich, statusorientiert, entscheidungsschwach. Fluktuation muss trotzdem sein, um das Aldi-System aufrechtzuerhalten.

Kein Wunder, dass Mobbing und psychische Probleme bis hin zum Burn-out von Mitarbeitern immer mehr zum Thema werden. Im Jahr 2008 wurde übrigens über alle Hierarchiestufen hinweg eine repräsentative Mitarbeiterbefragung bei Aldi Süd durchgeführt. Die Ergebnisse hat Aldi Süd nie veröffentlicht. Wohl aus gutem Grund. Hier einige Befunde daraus. Im Bereich des Verkaufspersonals, basierend auf 1413 zurückgemeldeten, gültigen Fragebögen, besteht große Zustimmung zu folgender Aussage: «Es dauert oft zu lange, bis bei uns etwas entschieden wird.» Die von Aldi selbst hochgehaltene «flache Struktur mit schnellen Entscheidungen» gibt es längst nicht mehr.

Insgesamt sind die Aldi-Mitarbeiter nicht unzufrieden. Beispielsweise loben sie die Vergütung. Sie ist über dem Durchschnitt im Handel. Als Resultat des enormen Leistungsdrucks erhält andererseits der Satz «Ich fühle mich bei meiner Arbeit öfter überlastet» hohe Zustimmung. Das schlechte Betriebsklima in den Filialen wird ebenso bestätigt. Folgender Satz erhält die höchsten Zustimmungswerte: «Bei uns gibt es häufiger mal Streitereien und Konflikte zwischen den Kollegen.»

Die beschriebene Angstkultur im Unternehmen kommt in der Umfrage klar zum Ausdruck. Die meisten Mitarbeiter bestätigen folgende Aussage: «Ich habe große Angst, meinen Arbeitsplatz bei Aldi Süd zu verlieren.»

Als ich gemeinsam mit einem Bereichsleiterkollegen die Verkäuferinnen über die Ergebnisse informiere, führen sie vor allem die Testkäufe und daraus resultierende Abmahnungen als Gründe für die große Angst vor dem Jobverlust an.

14,2 Prozent der Verkäuferinnen sind in Sorge, dass ihr Arbeitgeber sie «unangemessen überwacht, beobachtet oder ausforscht». Schockierend, dass etwa jeder siebte Mitarbeiter diese Befürchtung hegt. Wohl nicht ganz grundlos. Weiterhin erschreckend: 12,2 Prozent der Mitarbeiter geben an, im letzten Jahr gemobbt worden zu sein. Allerdings kann davon ausgegangen werden, dass eine Vielzahl der Mitarbeiter, die in diesem Zeitraum gemobbt wurden, bei Abgabe der Fragebögen schon gar nicht mehr im Unternehmen war. Ich gehe davon aus, dass die tatsächlichen Werte insgesamt noch schlechter ausgefallen wären, wenn nicht viele Mitarbeiter beim Ausfüllen der Fragebögen in Sorge gewesen wären, ob die Umfrage tatsächlich anonym ist. Sie haben in ihren Arbeitgeber, der eine externe Agentur mit der Durchführung beauftragte, offensichtlich wenig Vertrauen.

Dennoch wurden die Ergebnisse intern gefeiert. Aldi sieht sich auf dem richtigen Weg. Das Aldi-Topmanagement hat sich von der Realität längst abgekoppelt und interessiert sich wenig für das, was an der eigentlichen Basis, in den Filialen, geschieht. Die kommunizierten und im Internet veröffentlichten «Grundsätze unseres Handelns» sind anders kaum erklärbar.

Aldi-Süd-Behauptung 1: «Der Mensch ist und bleibt der Mittelpunkt in unserem Unternehmen.»

Meine Erfahrung: Stimmt. Als Personalkostenfaktor.

Aldi-Süd-Behauptung 2: «Der Maßstab für den Wert unserer täglichen Arbeit ist die Zufriedenheit unserer Kunden.»

Meine Erfahrung: Stimmt nicht. Maßstab bei Aldi ist allein der wirtschaftliche Erfolg des Unternehmens. Die Kunden sind ein notwendiges Übel.

Aldi-Süd-Behauptung 3: «Lob und Anerkennung für gute Leistungen sind bei uns selbstverständlich.»

Meine Erfahrung: Stimmt nicht. Eine von Aldi selbst beauftragte Studie zur Mitarbeiterzufriedenheit belegt das genaue Gegenteil.

Aldi-Süd-Behauptung 4: «Wir behandeln die anderen Menschen so, wie wir selbst behandelt werden möchten.»

Meine Erfahrung: Die meisten Menschen wollen fair behandelt werden.

Aldi entfernt sich in den letzten Jahren vom ursprünglichen Discountkonzept. Die Wachstumsgrenzen in Deutschland sind längst erreicht. Das Filialnetz ist dicht gewebt, der deutsche Markt ist mit Discountern überfrachtet. Neue Filialen bringen kaum noch zusätzliche Erträge. Mehrumsatz muss innerhalb der bestehenden Strukturen generiert werden. Seit langem verkaufen die Discounter zweimal wöchentlich Aktionsware, mit der sie nahezu jeden erdenklichen Produktbereich abdecken: von Computern und Laptops über Kinderkleidung, Sportzubehör und Gourmetartikel gibt es alles. Das Einkaufen soll angenehmer gestaltet werden. Die schmuddeligen, spartanischen Verkaufsräume, in die die Ware gestellt wird, sind passé. Die Filialen werden heute hochwertiger eingerichtet. Warenpräsentation ist selbst bei Aldi kein Fremdwort mehr. Wo es möglich ist, werden die Verkaufsflächen durch An- oder Umbauten erweitert. Ins Sortiment werden mehr Markenprodukte und Frischeartikel aufgenommen, jüngstes Beispiel sind die Backautomaten in den Filialen.

Doch die Konkurrenz schläft nicht und nimmt Aldi in die Zange.

Von unten entsteht Druck durch die direkten Wettbewerber, allen voran Lidl. Sie kopieren das Aldi-System und nehmen einige Anpassungen vor. Lidl beispielsweise profiliert sich mit einem jüngeren Image und einer Vielzahl an Markenartikeln im Sortiment. Das Filialnetz in Deutschland von Lidl, Netto, Penny und Co. ist mittlerweile beinahe so dicht wie das von Aldi. Die Produkte sind kaum unterscheidbar, und das Grundsortiment bieten alle zu denselben Preisen an.

Von oben entsteht Druck durch die Vollsortimenter wie Kaufland, Edeka und Rewe. Sie setzen verstärkt auf Eigenmarken und machen damit Aldi Konkurrenz. Ein hochrangiger Edeka-Manager nannte das mir gegenüber «Anti-Aldi-Sortiment». Sämtliche Basisartikel des täglichen Bedarfs lassen sich mittlerweile bei Vollsortimentern zum selben Preis wie bei den Discountern erwerben.

Das spiegelt sich bereits in Zahlen wider: Im Jahr 2010 verlor Aldi gemäß den Zahlen der Gesellschaft für Konsumforschung (GfK) gut ein Prozent Umsatz. Etwa ein Drittel ging an Lidl, zwei Drittel an Rewe und Edeka.

Aldi sitzt in einer strategischen Falle. Die Wettbewerber nehmen den Discounter in die Zange, und das Management weiß keinen Ausweg. Es gibt keine – zumindest keine kommunizierte – Strategie. Das Management reagiert auf Angriffe der Konkurrenz, bringt aber selbst keine Innovationen voran. Wenig verwunderlich, denn bei Aldi werden alle höheren Positionen ausschließlich intern besetzt (vgl. «WirtschaftsWoche» vom 2.3.2010: «Das strategische Dilemma des Aldi-Imperiums»).

Der Mut, etwas Neues zu wagen, wird bei Aldi nicht belohnt. Belohnt wird, wer sich anpasst und seinen Vorgesetzten ähnlich ist. Die Manager klonen sich quasi selbst. Seit die umtriebigen und wagemutigen Gründer sich aus dem operativen Geschäft zurückgezogen haben, herrscht strategischer Stillstand. Die angestellten Manager sind faul und ängstlich. Sie sichern lieber ihre Position und genießen ihre Freizeit. Zwar wird die weltweite Expansion vorangetrieben, aber über das «mehr» – mehr Filialen, mehr Umsatz, mehr Gewinn – kommt die Unternehmensleitung nicht hinaus (vgl. «Manager Magazin» vom 20.6.2010: «Störet meine Greise»).

Aber längst nicht jeder schafft es ja in die obere Managementetage. Im Gegenteil: Die Fluktuation, gerade auf den unteren Managementebenen, ist enorm. Aber wohin gehen diese jungen Manager, wenn sie bei Aldi «rausgenommen» worden sind? – Diese jungen Absolventen haben Aldi für drei bis fünf Jahre kennengelernt und setzen ihr Wissen nun im Regelfall in anderen Handelsbetrieben ein. Nur wenige wechseln die Branche. Daher ist Aldi, genauer: der Geist von Aldi, überall. Wenn es in deutschen Handelsbetrieben «übel» zugeht, ist Aldi eine Wurzel dieses Übels. Die Misstrauenskultur, der schikanöse Umgang mit Personal, das Ausquetschen bis zum Gehtnichtmehr verbreitet sich mit ehemaligen Managern, die nie etwas anderes gelernt oder erlebt haben. Seit Jahren und Jahrzehnten pflanzt sich daher die Aldi-(Un-)Kultur fort. Das eigenwillige Verständnis von Mitarbeitermotivation und der absolute Fokus auf Personalkosten. Einige Beispiele:

Klaus Gehrig, Aufsichtsratsvorsitzender und starker Mann bei Lidl, ist ein ehemaliger Aldi-Verkaufsleiter, dessen Wechsel zu Lidl sich auszahlte. Er legte eine steile Karriere hin und ist seit Jahren die rechte Hand von Unternehmensinhaber Dieter Schwarz. Das System Aldi kennt der Lidl-Vormann Gehrig freilich in- und auswendig. Er hat es kopiert und bei Lidl implementiert. Kein Wunder, dass die Zustände dort ähnlich sind. Bereits 2004 deckte die Gewerkschaft ver.di im «Schwarzbuch Lidl» unhaltbare Zustände sowie die systematische Verletzung von Arbeitnehmerrechten auf. Drill und Hetze im Job, Verhinderung von Betriebsräten, unbezahlte Mehrarbeit, mieses Arbeitsklima, unangemessene Überwachung, schwer durchschaubare Konzernstrukturen, Heimlichtuerei und bewusste Verdunklung – kommt uns das bekannt vor? In einem «Europäischen Schwarzbuch Lidl» dokumentiert die Gewerkschaft ver.di, dass es auch jenseits der deutschen Grenzen nicht besser zugeht. Vielmehr wird das System im Zuge der aggressiven Expansionspolitik verbreitet: «Das Prinzip Ausbeutung wurde exportiert», sagte Agnes Schreieder, Handelsbeauftragte bei ver.di, der Zeitung «Die Welt».

Alles andere wäre unlogisch: Weshalb sollte ein vermeintliches Erfolgsmodell verändert werden? Ich war selbst nie für Aldi im Ausland tätig, weiß aber aus Berichten, dass die Zustände dort ähnlich sein sollen. In einem Artikel über das zweite Lidl-Buch («Erniedrigung gehört zum Alltag») schreibt die «Welt» zutreffend, das «Gebaren der Billigkette» sei «typisch für die ganze Branche».

Ende 2010 enthüllte die «WirtschaftsWoche» in mehreren Artikeln die Zustände bei Netto. Die angriffslustige Nummer drei der Discountbranche und Tochter von Edeka setzt ebenfalls auf eine robuste Personalpolitik «à la Kasernenhof». Netto hat zahlreiche Aldi-Manager übernommen. Kein Wunder, dass die Zustände ähnlich sind, jedoch zahlt Netto seinen Mitarbeitern deutlich geringere Stundenlöhne. Dafür sind Betriebsräte vorhanden. Von «Preisschlachten, Brutalo-Management und internen Grabenkämpfen» ist die Rede. Die vorherrschende Angstkultur und bedingungslose Akzeptanz von Obrigkeit wird besonders schön am Fall eines Betrügers illustriert, der sich als Revisor der Zentrale ausgab. Anweisungen von oben sind nicht zu hinterfragen. Dementsprechend fügten sich die Netto-Mitarbeiter in mindestens neun verschiedenen Märkten bedingungslos einer «unangekündigten Überfallübung», mit der der Täter mehr als 200 000 Euro erbeutet haben soll – «netto, versteht sich» (siehe «WirtschaftsWoche» vom 8. 9. 2010: «Billigriese Netto lehrt die Discounter das Fürchten»).

Der ehemalige Aldi-Bereichsleiter Armin Rehberg brachte es bis zum obersten Chef von Norma, später von Penny. Die Zustände bei Norma gelten sogar in der Handelsbranche als skandalös. Selbst die Vollsortimenter greifen gerne auf ehemalige Aldi-Mitarbeiter zurück. Edeka ist voll von ihnen und wird daher gerne als «Ende der Karriere» verspottet. Auch bei Rewe sind es viele. Der Vorstandsvorsitzende beispielsweise, Alain Caparros, war vorher Aldi-Nord-Manager.

Ich könnte die Liste schier unendlich fortsetzen. Kurzum: Sie sind überall und mit ihnen das System Aldi. Logisch, dass sich die immer wieder aufgedeckten Skandale und Skandälchen in allen Handelsunternehmen ähneln. Logisch, dass sich die Erfahrungen der Leidtragenden ähneln. Echte Verbesserungen lassen sich nur durch Druck der Kunden und der Öffentlichkeit erreichen.

8. Coda: 2 Stunden, 33 Minuten und 45 Sekunden Lidl

Gut zwanzig Minuten vorher bin ich da. Pünktlichkeit ist wichtig. Es ist ein frühlingshafter Donnerstagnachmittag. Ich bin in Neckarsulm, einem Städtchen in der Nähe von Heilbronn, Keimzelle und Zentrale des weltweit operierenden Handelskonzerns Lidl. Vor dem Lidl-Hauptquartier sind alle Parkplätze belegt. Direkt neben dem Eingang sind noch zwei frei. Die Schilder darüber sagen «Aufsichtsrat». Ich sehe davon ab, durch eine solche Parkplatzwahl bereits vor dem eigentlichen Bewerbungsgespräch meine Zielstrebigkeit zu untermauern. Daher parke ich etwas abseits.

Lieber würde ich meine Zeit anders verbringen, als jetzt dieses Bewerbungsgespräch zu absolvieren. Es gibt wohl wenige Arbeitgeber mit einem schlechteren Image als Lidl. Ich kenne Lidl-Mitarbeiter, darunter einige Manager in der Verkaufsorganisation, und weiß, dass die Wirklichkeit sogar noch schlimmer ist als der Ruf. Dennoch habe ich mich beworben, zu verlockend klingt das Angebot. In der Stellenausschreibung für die Position «Einkaufsleiter International» verspricht Lidl vollmundig: «In direkter Abstimmung mit der Geschäftsleitung führen Sie internationale Einkaufsverhandlungen, entwickeln gemeinsam mit der Geschäftsleitung die mittel- und langfristigen Einkaufsstrategien und verantworten ein Einkaufsvolumen in bedeutender Umsatzhöhe.»

Klingt nicht schlecht? Es wird noch besser: «Nach umfassender und systematischer Einarbeitung wird Ihnen Prokura erteilt, und Sie arbeiten selbständig und eigenverantwortlich in direkter Abstimmung mit der Geschäftsleitung. (...) Wir bieten eine angenehme Arbeitsatmosphäre in einem dynamischen Team und hervorragende Entwicklungsperspektiven.» Weiter ist von einer «überdurchschnittlichen Vergütung» und von einem «Firmenwagen» die Rede, der auch privat genutzt werden darf.

Wer würde einen solchen Job nicht gerne übernehmen? Aber ich habe meine Erfahrungen mit Discountern und ihren Versprechungen und bewerbe mich mehr aus Neugier. Nach einer Eingangsbestätigung habe ich zwei Wochen lang nichts von Lidl gehört. Am Dienstag ist dann eine E-Mail gekommen, man wolle mich persönlich kennenlernen. Am Donnerstag, also heute, finde ein «Gruppengespräch» statt. Was zur Hölle ist ein Gruppengespräch? Immerhin räumt Lidl ein: «Es ist leider etwas kurzfristig, aber vielleicht haben wir Glück, und Sie können doch teilnehmen.» Lidl hat Glück, ich kann teilnehmen.

Ich bin vorbereitet, ich habe heute Morgen den neuesten Lidl-Prospekt durchgeblättert. Die Zeit läuft, als ich das Firmengelände von Lidl betrete; ich habe den «Start»-Knopf meiner Stoppuhr gedrückt. Ich will mal sehen, wie lange ich durchhalte.

Die Lidl-Zentrale ist ein repräsentativer, gläserner Neubau – nichts zu spüren von Discountermief. Adrette Empfangsdamen begrüßen die Besucher. Sie weisen mir den Weg in ein großes Besprechungszimmer. Ich staune nicht schlecht, als ich den Raum betrete: Etwa zehn Namensschilder von Bewerbern stehen auf dem Tisch und weisen ihnen die Plätze zu. Langsam dämmert mir, was mit «Gruppengespräch» gemeint sein könnte. An der Stirnseite sind drei Namensschilder von Lidl-Mitarbeitern aufgestellt.

Ich setze mich an meinen Platz. Ganz vorne übrigens, dicht am Lidl-Management. Wenigstens gibt es Kaffee. Nach und nach trudeln die Bewerber ein. Alle scheinen von der unerwarteten Wettbewerbssituation überrascht zu sein. Aus dem Augenwinkel betrachte ich meine Gegenspieler. Es herrscht minutenlang betretenes Schweigen, bis einer fragt, wo man denn so herkomme und was man denn bis jetzt so arbeite. Die Stimmung bleibt angespannt, aber das Eis ist gebrochen. Es ist ein buntgemischter Haufen: von einem 24-jährigen Internet-Start-up-Unternehmer bis zum 40-jährigen Einkäufer eines mittelständischen Maschinenbauers. Mindestens zwei Teilnehmer sind bereits an dieser Stelle brüskiert: Lidl hat neben mir noch einen weiteren Aldi-Manager eingeladen. Wir kannten uns bis dahin nicht. Das versteht Lidl also unter Persönlichkeits- und Datenschutz. Wenn Aldi von einem Mitarbeiter erfährt, dass er sich auf externe Stellen bewirbt, zweifelt man an seiner Motivation und Vertrauenswürdigkeit. Schließlich gibt es nichts Besseres als Aldi. Wer andere Optionen in Erwägung zieht, wird freigesetzt. Konsequenz nennt sich das. Ich bin zu diesem Zeitpunkt noch bei Aldi angestellt, aber von meinen Aufgaben entbunden. Wie es wohl meinem Kollegen geht?

Die Lidl-Leute lassen auf sich warten. Etwa fünfzehn Minuten nach dem eigentlichen Beginn betreten sie den Besprechungsraum. Sie hetzen an uns vorbei, ohne uns zu grüßen oder uns gar die Hand zu geben. Andere Unternehmen sorgen sich angesichts der demographischen Entwicklung um ihren Nachwuchs, feilen an ihrer Arbeitgebermarke («Employer Branding») und präsentieren sich gerne von ihrer Schokoladenseite. Lidl ist da ehrlicher: Man gibt den Bewerbern von Anfang an das Gefühl, dass sie dem Unternehmen gleichgültig sind.

Immerhin ist der Einkaufsvorstand persönlich gekommen, flankiert von zwei Abteilungsleitern. Sie tragen Anzüge, aber ohne Krawatte. Nach der Bespitzelungsaffäre wurden sie bei Lidl abgeschafft. Mit «sie» sind die Krawatten gemeint, nicht deren Träger. Die Manager sollen jetzt Bodenständigkeit und Offenheit demonstrieren. Ich weiß von der «Dress-down»-Anweisung und habe mir demonstrativ eine knallrote Krawatte umgebunden. Der Vorstand ist Holländer, einer der Abteilungsleiter Schwabe, der andere sagt kein Wort. Er wird die ganze Veranstaltung über schweigen und mit ausdruckslosem Gesicht dasitzen. Der Holländer nennt die Namen der Lidl-Vertreter, die Namen der Bewerber interessieren niemanden. Zuerst wird ein fünf Jahre alter Imagefilm abgespielt, man wolle Kosten sparen und könne nicht ständig neue drehen, erklärt der Holländer. Vermutlich ändert sich ohnehin nichts, abgesehen davon, dass es jedes Jahr ein paar Filialen mehr gibt und die Umsätze jedes Jahr etwas höher sind. Ich lümmle gelangweilt auf dem teuren Besprechungssessel herum. Der Film läuft, und ich sinke immer tiefer ein. Schnell noch mal Kaffee nachschenken.

Es wird Zeit für die erste subtile Provokation. Ich packe mein lilafarbenes Notizbuch aus und schreibe auffällig mit. Weniger aus Interesse für die Position als vielmehr für diesen Bericht. Aber die anderen Bewerber fühlen sich jetzt unter Druck gesetzt, packen ebenfalls Notizblöcke aus. Alle schreiben fleißig mit. Bis auf meinen Nebenmann, den 24-jährigen Start-up-Unternehmer. Der Film ist zu Ende. Jetzt wissen wir, wie toll Lidl ist. Nach dem Film trällert der holländische Einkaufsvorstand vor sich hin, alle schreiben mit. Nun hält auch mein Tischnachbar dem sozialen Druck nicht mehr stand, packt schließlich ein iPhone der neuesten Generation aus und macht sich dann Notizen. Allerdings nicht unbemerkt vom Holländer, der ihn lautstark anfährt: «Packen Sie sofort dat Ding weg!»

Stille. Man könnte in diesem Moment eine Stecknadel fallen hören. Alle sind erschrocken, von manchen Gesichtern ist dies deutlich abzulesen. Andere freuen sich: ein Konkurrent weniger. Wenn man hier so schon mit Bewerbern umgeht? Unbeabsichtigt zeigt Lidl sein wahres Gesicht.

«Ich mache mir nur ein paar Notizen», rechtfertigt sich mein Nebenmann kleinlaut.

«Man weiß nie», murrt der Holländer. «Sofort weg mit diese Ding!»

Eingeschüchtert wird der digitale Notizblock wieder eingepackt. Ich spende eine Seite aus meinem lila Notizbuch. Aber die Lidl-Leute sind jetzt in Rage. Im Duett schimpfen sie auf moderne Technologien.

«Wir sind hier kein Laptop-Firma», stellt der Holländer klar.

«Genau, diese ganze Internetsache macht uns noch kaputt», klagt der schwäbische Abteilungsleiter. «Schauen Sie, wenn ich mir überlege, wann ich die Grillartikel bringe, brauche ich nicht ins Internet zu gehen. Da reicht der gesunde Menschenverstand.»

Ob sie befürchten, der Bewerber könnte alles mitschneiden? Aber was eigentlich? Sie sagen ohnehin inhaltlich fast nichts.

«Sie können Fragen stellen», eröffnet der Holländer das Gespräch.

Darauf bin ich nicht vorbereitet. In meinem Lidl-Prospekt heute Morgen stand nichts von Fragen. Wie in der Schule bei einer schwierigen Frage des Mathelehrers schauen jetzt alle Bewerber auf den Tisch; bloß keinen Blickkontakt aufbauen und möglicherweise aufgerufen werden. Mein Aldi-Kollege prescht vor und legt los: «Ich habe drei Fragen.»

Gute und sachlich interessante Fragen stellt er, finde ich, aber die Lidl-Leute kanzeln ihn ab. Ihr herablassender Tonfall muss dem Bewerber das Gefühl vermitteln, dass seine Einlassungen völlig unangebracht sind. Zu seinen Verhaltensgrundsätzen im Umgang mit Geschäftspartnern schreibt Lidl auf seiner Homepage: «Wir gehen fair und partnerschaftlich mit unseren Geschäftspartnern um und treten nicht überheblich und arrogant auf.» Eigenartig, dass Lidl so etwas schriftlich festlegen muss. Überheblichkeit und Arroganz scheinen ein Thema zu sein. Dennoch ist das Eis gebrochen, und die Fragen sprudeln. Ich halte mich noch ein wenig zurück.

Wie hoch die Fluktuation sei, wird gefragt.

«Extrem hoch», geben sie zu. «Die höchste im ganzen Unternehmen.»

«Dat is gut so», freut sich der Holländer. Es sollen keine persönlichen Bindungen zwischen den Einkäufern und den Lieferanten entstehen. Die höchste Fluktuation, somit auch höher als in der Verkaufsorganisation. Traditionell ist der Job des Verkaufsleiters bei Lidl ein Schleudersitz. Wenn heute zehn Kandidaten als Trainees eingestellt werden, ist nach fünf oder sechs Jahren erfahrungsgemäß gerade einmal einer übrig. Noch höher also soll die Quote im Einkauf sein. Lidl fährt ähnlich wie das Vorbild Aldi die Strategie, Gehälter über dem Marktdurchschnitt zu bezahlen. Einerseits, um gute Mitarbeiter überhaupt in leitende Positionen zu den Discountern zu locken, andererseits, weil ihnen ein enormes Arbeitspensum abverlangt wird, nicht selten 60 bis 70 Stunden pro Woche. Zwar ist das Gehaltspaket im ersten Moment schön für die Mitarbeiter, andererseits sorgen die Angstkultur und die enorme Fluktuation in diesen Unternehmen für miese Stimmung. Jeder ist der Willkür von unberechenbaren Vorgesetzten ausgeliefert. Da die Positionen arbeitsrechtlich als «Leitende Angestellte» definiert werden, genießen sie kaum Kündigungsschutzrechte. Die Mitarbeiter müssen ständig befürchten, ihren Job und ihr schönes Gehalt zu verlieren. Und das macht sie gefügig.

Wie viele Stellen es denn zu besetzen gebe, möchte ein Bewerber wissen.

«Vielleicht stelle ich Sie alle ein, vielleicht keinen», bescheidet der Holländer.

Der Einkäufer des mittelständischen Maschinenbauers, ein sympathischer Kerl und vermutlich einer der wenigen Bewerber mit Fachkompetenz, fragt nach «INCO Terms», also standardisierten Liefermodalitäten.

«Dat is kein Thema», stellt der Vorstand klar.

So geht es eine Weile, schließlich mische ich mich ein, stelle zunächst recht offene Fragen. «Welche Strategie verfolgt der Internationale Einkauf von Lidl?», möchte ich wissen.

Antwort: «Wir haben kein Strategie.»

«In der Stellenbeschreibung steht, als Einkaufsleiter International bestimme man gemeinsam mit der Geschäftsleitung die Einkaufsstrategie.»

Antwort: «Da steht viel.»

Die Herren an der Stirnseite des Tisches grinsen. Dem einen oder anderen Bewerber legt sich ein Sorgenfältchen auf die Stirn. Nun wissen immerhin alle, wie ernst die Stellenbeschreibung zu nehmen ist. In diversen Internetforen klagen ehemalige Lidl-Einkäufer anonym ihr Leid. Die Arbeit sei unmenschlich, der Tonfall hart, und die meisten würden innerhalb des ersten halben Jahres wieder gehen. Ein ehemaliger Einkäufer fasst die Atmosphäre als ein «ständiges Unwohlsein» zusammen. Den Eindruck gewinnen wir sogar im Bewerbungsverfahren. Weiter geht's.

«Wie viele Lieferanten haben Sie insgesamt?»

Antwort: «Ein Haufen. Wahrscheinlich ein paar hundert. Ich weiß es nicht.»

«Wie viele davon würden Sie als strategische Partner bezeichnen?»

Antwort: «Dat sin sicher einige.»

«Welche Ziele verfolgen Sie im Einkauf?»

Antwort: «Wir haben kein Ziele.»

Die Aussagen des holländischen Vorstands werden jeweils vom schwäbischen Abteilungsleiter im Einkauf, seinem treuen Jünger, unterstützt. Er nickt die ganze Zeit und formuliert die Antworten anschließend ein wenig um.

«Wie oft sind Sie bei den Lieferanten vor Ort?», frage ich weiter. Antwort: «So gut wie nie.»

«Weshalb nicht? Aus meiner Zeit im Einkauf bei BMW weiß ich, dass dort Lieferanten regelmäßig besucht werden.»

Eine gewagte Aussage, denn ich war nie im Einkauf bei BMW. Aber das fällt keinem auf, niemand scheint sich unsere Lebensläufe angeschaut zu haben. BMW ist ein bedeutendes Unternehmen. Der Vergleich sollte die Lidl-Leute unter Druck setzen. Es funktioniert. Jetzt erklären sie ihre Strategie. Lidl möchte mit den Lieferanten so wenig Kontakt wie nur möglich haben. Die Hersteller der billigen Artikel, die Lidl unter Eigenmarken vertreibt, sollen fast keine Informationen über die Einkäufer und ihre Beschaffungssituation haben. Persönliche Beziehungen oder langfristige Bindungen sollen unbedingt vermieden werden. Durch Besuche oder längere Telefonate könnte der Lieferant dem Discounter durch eine unachtsame Äußerung des Einkäufers möglicherweise in die Karten schauen. Man habe wenige Markenhersteller, die für Lidls Eigenmarken produzieren. Die meisten seien kleinere und mittlere Betriebe, die oft ganz von Lidl abhängen. Dadurch könne man besser verhandeln.

Sehr schön, ich lege nach: «Wie stellen Sie die Qualität sicher? Wenn Sie so gut wie nie bei den Lieferanten sind, wie gewährleisten Sie, dass die Produkte unter vernünftigen Bedingungen produziert werden?»

Der Holländer hat genug: «Dat sin alles Scheiß-Laptop-Fragen.»

Jetzt habe ich genug. Ich stehe auf. Alle schauen mich erschrocken an. Haben sie einen weiteren Konkurrenten weniger? Nein, so schnell gebe ich nicht auf. Lächelnd hole ich einen neuen Kaffee.

Die Fragen und Antworten plätschern weiter vor sich hin, ich gönne mir eine Pause. Uns wird erneut erklärt, dass man nur aus dem Fenster schauen müsse, um zu wissen, wann man Grillartikel ins Sortiment aufzunehmen habe. In der Praxis sei man den ganzen Tag in der Küche und teste Artikel durch. Ein toller Job sei das. Unbemerkt vom Holländer und seinen Jüngern werfe ich einen Blick auf meine Stoppuhr. Erst 1:42:17 sind vorbei. Es ist Zeit für ein letztes Aufbäumen, Schluss mit Scheiß-Laptop-Fragen. Der schwäbische Abteilungsleiter erzählt gerade von seinem Haus mit kleinem Garten und von seinen Himbeeren und was man davon lernen könne, da unterbreche ich ihn: «Wo wir gerade bei Himbeeren sind: Aus Himbeeren wird ja auch Eis gemacht.» Irritierte Blicke treffen mich. Wahrscheinlich fragen sich die anderen Bewerber jetzt, was in meinem Kaffee ist. Aber ich muss punkten. Banalitäten sind gefragt. Schnell füge ich hinzu: «Ich kann mir gut vorstellen, dass Eis im Sommer mehr verkauft wird als im Winter und dass man das im Einkauf berücksichtigen muss.»

«Genau, genau», überschlägt sich der Holländer fast. «So is dat. So müssen Sie als Einkäufer denken.» Nur zur Erinnerung: Es geht hier um eine Prokuristenstelle mit Verantwortung für Hunderte Millionen Einkaufsvolumen. Sein schwäbischer Jünger stimmt ein, lobt meinen Scharfsinn. Genau so müsse ein Einkäufer denken. Nicht im Internet recherchieren. Der gesunde Menschenverstand sei gefragt.

Ich rutsche in meinem Ledersessel empor, richte den Oberkörper auf: Den Job habe ich quasi schon in der Tasche. Ich sehe mich bereits – ohne Krawatte, versteht sich – als den neuen Lieferantenschreck und lasse schon mal einen siegessicheren, arroganten Lidl-Managerblick über den restlichen Bewerbermob schweifen. Ob ich noch einen nachlege, nach dem Motto «im Winter würde ich mehr Glühwein bestellen als im Sommer»? Nein, die anderen sollen auch noch eine Chance haben.

Der Holländer fügt in meine Richtung an: «Wenn Sie mal Eis einkaufen sollten. Ich sage Ihnen: Eis is de letzte Hurenartikel.»

Die Bewerber horchen entgeistert auf. Wir trauen unseren Ohren nicht. Hat er das gerade wirklich gesagt? Er bemerkt unsere ungläubigen Blicke, wiederholt: «Eis is de letzte Hurenartikel. Wenn es warm ist, wollen alle, sonst keiner.»

Wir lachen. Tatsächlich hat er das gerade gesagt. Dieser Mensch bekleidet, nochmals zur Erinnerung, eine Vorstandsposition.

Es wird weiter schwadroniert, eine Bewerberin stellt die Frage, welche Eigenschaften man als Lidl-Einkaufsleiter haben müsse.

«Sie müssen de Einkäuferblut haben», erklärt der Holländer.

Aha. Ich frage nach, was genau darunter zu verstehen sei.

«De Einkäuferblut halt.»

Langsam haben die Lidl-Leute und vor allem wir Bewerber genug. Der holländische Vorstand beendet die Veranstaltung. Er will schon aufstehen, als ihm etwas einfällt: «Ach ja. Jetzt können Sie sich noch kurz vorstellen.»

Brav sagt jeder ein paar Sätze über sich und warum er den Job möchte. Ich bemühe mich um eine enthusiastische Rede, in der ich den Begriff «Einkäuferblut» zweimal aufgreife.

«Dat war's. Wir melden uns bei Ihnen. Sie können gehen», beendet der Holländer das Gruppengepräch. Die Hand gibt uns keiner. Sie warten, bis alle weg sind. Nicht, dass sich hier noch jemand einschleicht. Beim nächsten Termin würde ich es auf die Spitze treiben. Ich plane, mich der Unternehmenskultur optisch anzupassen. Im weit geöffneten, blumenverzierten Proletenhemd, mit Goldkette und Brusthaartoupet würde ich zum nächsten Termin erscheinen. Mit einer gefälschten Rolex am Arm würde ich in diesem Outfit dem Lidl-Einkaufsvorstand und seinen Jüngern das Discountprinzip näherbringen und einige wegweisende Empfehlungen zur Einkaufsstrategie, die es ja nicht gibt, aussprechen.

Ich bin stolz auf mich, bis zum bitteren Ende dieser Veranstaltung geblieben zu sein. Beim Verlassen des Betriebsgeländes drücke auf die «Stopp»-Taste. 2 Stunden, 33 Minuten und 45 Sekunden habe ich durchgehalten. Keine schlechte Zeit für «dat Gruppengespräch» bei Lidl.

Nachwort

Über drei Jahre war ich Aldi-Manager. Ich konnte viele Erfahrungen sammeln, habe viele, teils auch harte Entscheidungen getroffen und tiefe Einblicke in die Abläufe und Strukturen dieses verschwiegenen Unternehmens bekommen. Über die Jahre habe ich mir viele Gedanken über meine eigene Rolle in diesem System gemacht. Ich habe funktioniert. Immer wiederkehrende Zweifel wischte ich weg. Bis es nicht mehr ging. Ich habe eine große persönliche Krise erlebt. Die erste in meinem Leben, das bis dahin beinahe schnurgerade verlief. Ich war tief gekränkt und wütend.

Mittlerweile fühle ich mich erleichtert. Heute bereue ich nur eines, nicht schon viel früher ausgestiegen zu sein. Aber wenn auch die kritischen Aspekte in diesem Buch überwiegen, es gab etliche schöne Momente in meiner Laufbahn, an die ich gerne zurückdenke. Und niemand ist perfekt. Auch ich habe meine Schwächen und Fehler. In diesem Buch geht es mir keinesfalls darum, einzelne Personen anzugreifen. Im Vordergrund steht, die Verhältnisse, in denen die Handelnden ohnehin wie Marionetten wirken, sichtbar werden zu lassen. Ich wollte die Zustände, so wie ich sie erlebt habe, für die Leser dieses Buches «miterlebbar» machen. Meine Eindrücke und Erlebnisse schildern. Meine Erfahrungen teilen. Ein realistisches Bild zeichnen.

Das Ende meiner Aldi-Karriere, gerade weil es bitter war, sehe ich heute als große Chance. Ich wurde gezwungen, neu nachzudenken. Mich neu auszurichten. Meinem Herzen und meinem Verstand zu folgen. Als Autor, das hoffe ich, kann ich ein klein wenig bewegen. Ein Umdenken. Eine Veränderung zum Besseren.

Dank

Mein Dank gilt allen, die diesem Buch skeptisch gegenüberstanden. Denjenigen, die argumentierten, das Thema sei uninteressant. Denjenigen, die mich vor weitreichenden Konsequenzen für meine Karriere warnten. Denjenigen, die mich kritisierten. Sie alle haben Positives bewirkt. Mich zu einem noch intensiveren Nachdenken gezwungen und darin bestärkt, meinem Herzen und meinen Gefühlen zu folgen.

Meine tiefste Anerkennung gilt all denen, die mir halfen, nie aufzugeben und in Rückschlägen neue Chancen zu sehen.

Meiner Familie und meinen Freunden dafür, dass sie immer für mich da waren.

Günter Wallraff für die Inspiration zu neuen Ideen und die Hilfe bei der Veröffentlichung.

Frank Strickstrock für die vertrauensvolle Zusammenarbeit und das kompetente Lektorat.

Meinen lieben Aldi-Kollegen für ihre tatkräftige Unterstützung bei diesem Buch und dafür, dass sie in der Hoffnung auf grundlegende Verbesserungen noch immer die Stellung halten.